大夏书系·教师专业发展

自己 培养自己

李镇西 著

华东师范大学出版社
全国百佳图书出版单位

图书在版编目（CIP）数据

自己培养自己 / 李镇西著 . —上海：华东师范大学出版社，2017
ISBN 978–7–5675–6681–1

Ⅰ.①自 ... Ⅱ.①李 ... Ⅲ.①师资培养 Ⅳ.① G451.2

中国版本图书馆 CIP 数据核字（2017）第 175577 号

大夏书系·教师专业发展

自己培养自己

著　　者	李镇西
策划编辑	李永梅
审读编辑	张思扬
封面设计	奇文云海·设计顾问
出版发行	华东师范大学出版社
社　　址	上海市中山北路 3663 号　邮编　200062
网　　址	www.ecnupress.com.cn
电　　话	021 - 60821666　　行政传真　021 - 62572105
客服电话	021 - 62865537
邮购电话	021 - 62869887　　地址　上海市中山北路 3663 号华东师范大学校内先锋路口
网　　店	http://hdsdcbs.tmall.com
印 刷 者	北京季蜂印刷有限公司
开　　本	700×1000　16 开
插　　页	1
印　　张	16.5
字　　数	244 千字
版　　次	2017 年 9 月第一版
印　　次	2023 年 7 月第十六次
印　　数	66 101 - 69 100
书　　号	ISBN 978 - 7 - 5675 - 6681 - 1/G · 10500
定　　价	49.80 元
出 版 人	王　焰

（如发现本版图书有印订质量问题，请寄本社市场部调换或电话 021-62865537 联系）

目录 Contents

序　用一生的时间去寻找那个让自己惊讶的"我"　　001

观念与情怀

名师是"打造"出来的吗？　　003
"教育学就是迷恋他人成长的学问！"　　007
何以迷恋"应试教育"的锁链？　　011
我是怎么成为所谓的"教育名人"的？　　013
和教育恋爱，并结婚　　016
因为单纯，所以幸福　　018
教育要有"儿童视角"　　031

智慧与技能

班主任要善于讲故事　　037
我追求成为这样的语文老师　　047
自然而然的教育　　053
还有比操作性更重要的　　057
成长是最好的奖励　　059
把评语写进孩子的心灵深处　　062
"以人的方式去爱"　　068

讲述与演说		
	语文教师的人文情怀	105
	留下充满人性的温馨记忆	111
	教育，请给人以心灵的自由	115
	发掘一个卓越的自己	122
	"人"是学校文化的主角	126

阅读与反刍（一）		
	雷夫是怎样炼成的？	143
	充满诗情画意的学校生活	149
	诲人不倦的"朱老师"	153
	唯有爱才能拯救世界	156
	首先做一个好人	161
	"人要生活在'人'当中"	166

阅读与反刍（二）		
	教育的魅力是永恒的	171
	知识分子的尊严和一个国家的荣光	174
	与苏霍姆林斯基精神相遇	180
	告诉你一个更加真实丰满的苏霍姆林斯基	184
	教育之爱，呼唤民主与智慧	190
	把好书化作自己的灵魂	192

行走与思考		
	一所让人惊奇和感动的学校	203
	新竹道禾实验教育学校印象	208
	台北市奎山中学掠影	212
	与"真爱梦想"的老师一起飞翔	225
	他居然把国家领导人的车拒在了校门外	240
	首尔印象点滴	244

序　用一生的时间去寻找那个让自己惊讶的"我"

这本书汇集了有关年轻教师成长的随笔。当然不敢说每一个观点都绝对正确，但我可以问心无愧地说，每一个字都是从我心里流淌出来的，因为我所说的都是我自己成长的切身感受。

说到人的成长，我们总喜欢说是"领导的培养"。如果这里的"培养"指的是热情鼓励、真诚批评、提供平台、创造机会……那么，这"鼓励""批评""平台""机会"对每一个人都是一样的，但最后并非每一个人都成长起来了。就像这地球上的空气、阳光和水无处不在，但并不是每一颗种子都能发芽，每一朵花儿都能结果。所以，成长与否全在自身。也正是从这个意义上，我说每一个教师的成长，都是自己培养自己的结果。

所谓"自己培养自己"倒不是——或者说，至少不完全是——为了达到某些外在功利目标："教坛新秀""市优青""学科带头人""特级教师"，等等。这些东西作为意外的收获，我们当然也可以坦然接受。但我说了，这只是"意外的收获"，并非我们的初衷。那么"初衷"是什么？我想，就是通过职业除了获得相对比较体面的物质生活条件，更赢得精神上的价值实现感。或者，干脆通俗一点说，就是获得一种源于人性的成就感和尊严感。再说得更加"大白话"一些，就是为了在我们离开这个世界的时候，觉得自己"这一辈子没白活，值啦！"

当然不是一开始就想那么远，而是在人生的路途上，一步步走着便不断地想再往前走一步，再走一步，看自己究竟能够走多远。

写到这里，我想到十年前我刚做校长不久和年轻的数学教师唐真的一次谈话——

我问他："你觉得你有没有理想和志向？"

他说："我没有明确想过要达到什么目标，但我总是告诉自己，每一天都不能重复昨天！"

我说："非常好！永远不满足于现在。你可以用自己的每一天乃至一生来实验：我的教育究竟可以做到怎样的高度？"

十年过去了，现在唐真已经是一名很优秀的老师了，但他还在继续"实验"自己：我的教育究竟可以做到怎样的高度？

我又不禁想到了我的年轻时代。作为中国77级大学生，我是1982年春天毕业参加工作的。由于我的单纯和热情，当然加上有一点小聪明，所带的第一个班就让我"小有名气"：由谷建芬老师谱写班歌的"未来班"的事迹上了1984年7月的《中国青年报》，一些报纸跟我约稿，还有杂志给我开专栏，有学校开始找我去作报告……总之，在一些人眼中，我俨然是一名"教坛新秀"了——虽然那时还没有这样的"荣誉称号"。当时二十几岁的我，如果止步不前，再学会点"处世智慧"，我也会过得不错的。但我问自己：我还能不能再往前走一步？

于是，我大胆地审视自己的教育，甚至以批判的眼光审视整个中国教育（当然，这和80年代自由的学术风气有关），结合自己的教育实践，写下了包括后来发表在《中国青年报》的《沉重的思考》等一些有分量的教育文章，几乎每一篇都引起较大的反响和争议。所有的文章都指向"人"的心灵——青春期心理、个性与创造性……与此同时，我在语文教育和班级管理两个方面同时进行民主教育的探索。这样又过了十来年，我的教育获得了新的突破，不但在应试成绩方面达到了一个高峰——我的高95届一班创造了"高考神话"，而且在语文教育方面，我成了国内小有名气的"优秀青年语文教师"，在班主任管理方面也独树一帜……这一切的标志，便是拙著《爱心与教育》《走进心灵》《从批判走向建设——语文教育手记》《教育是心灵的艺术》等的出版，并获得多项国家级大奖。一时间，包括中央电视台在内的媒体对我进行采访报道，我一下子"出名"了，虽然当时我没有任何教育荣誉头衔。如果我到此止步，只要在工作中没有大的失误，仅仅凭《爱心与教育》这本不断重印的畅销书的版税，我都可以生活得很有滋味也很有品位。但我问自己：我还能再往前走一步吗？

于是，我在42岁那年报考了博士，重新开始了由早读、上课、晚自习构成的大学校园生活。三年后，在付出每天早晨都能在寝室里看到满地落发的代价之后，我硬是以"优秀"等级的毕业论文获得了博士学位。回到成都，市教育局安排我进了成都市教科所，并专门为我设立了"成都市教育发展研究室"，由我担任主任。而且我还很顺利地评上了特级教师。如果我就此止步，我会成为一个经常"下基层"到学校去"视察""指导"的"专家"，没有了课堂教学，没有了班级管理，没有了应试任务，没有了升学压力，我可以很清闲很悠闲同时也很体面并受人尊敬地度过我余下的15年教育生涯。但我再次问自己：我还能再往前走一步吗？

于是，我多次给时任市教育局局长的杨伟写信打电话，要求"回学校去"，上语文课，当班主任。我坚信，虽然还是上语文课和当班主任，但经过博士学习和深度思考研究的我，不可能重复自己，一定能够超越自己。果然，重返学校后我以更加自觉的民主情怀和人文眼光带班上课，我的教育、我的课堂完全刷新了我的过去。《与青春同行》《心灵写诗》《听李镇西老师讲课》《做最好的老师》等新一批教育畅销书，便是我"重返校园"后实践与思考的结晶。如果我继续留在教科所，是不可能有这些成果的。

2006年，我48岁，无论我如何"谦虚"，在别人的眼中，我都是所谓"全国著名"的这个那个。不再年轻的我，完全可以"退居二线"，当当这个"顾问"，那个"参谋"。总之完全没必要那么"拼"了。如果我真的从一线退下来，没人会说我什么。但我自己依然不满足，我问自己：我还能再往前走一步吗？

于是，我接受了武侯区教育局的任命，在一天中层干部都没有当过的情况下，出任成都市武侯实验中学校长。这是一所地处城郊的涉农学校，88%的学生来自当地失地农民家庭和进城务工人员家庭。在这里搞教育，以世俗的"应试标准"看，简直就是难上加难。有人甚至认为我在"砸自己的牌子"。但我觉得这正是挑战我，更是激发我教育智慧的机会！这一干就是九年，九年过去了，虽然还有不少遗憾，但这所学校发生了翻天覆地的变化，这是事实；一大批（当然不是"所有"）教师成长起来并享受着职业幸福，这是事实；我们的平民教育获得了社会的普遍认可，并得到国务院总理的高度评价，这是事实。

2015年7月4日，在学校的阶梯教室向老师们发表了告别演说之后，我卸下了校长职务。我也可以像有些"退居二线"的老同志一样，很轻松地当个挂名的"巡视员"。但我问自己：我还能不能再往前走一步？于是，我主动承担起了武侯区的新教育实验推广使命，将武侯区的新教育搞得红红火火，再后来我又出任全国新教育研究院院长，为中国的新教育实验继续效力……

明年我就退休了，但这只是从年龄意义上说的。其实对我来说，所谓"退休"只是一个职业手续，而教育本身是无所谓"退休"的。所以，前方还有什么精彩等着我，我不知道。但我知道的是，每一个"明天"都是一个值得我期待的"诱惑"……

35年就这么过去了。并非一直都顺风顺水，其间的艰辛、困苦、挫折、"打击"，还有种种所谓的"不公"，有时候甚至似乎山穷水尽、兵临绝境……一言难尽，但我从来没有停止过前进的脚步，因为我所做的一切都不是为了别人，而是为了自己。我既非党员，也非领导（我从来不认为当个校长就是"领导"了），我不用为别人"负责"，我只忠实于自己内心就可以了——干干净净地做人，简简单单地教书，多好！80年代我读到过一句话："内心的宁静可以抵御外在的任何风暴。"因此，"评价不公"也好，"环境恶劣"也罢，甚至各种"恶语中伤""流言蜚语"，比起我执着的信念，都微不足道。

20多年前，我在成都石室中学工作时，老校长王绍华先生曾经把我的成长经历概括为"4+1模式"——"四个不停"加"一片爱心"。所谓"四个不停"，即不停地实践、不停地思考、不停地阅读、不停地写作；所谓"一片爱心"，即爱教育，爱孩子。我接受王校长这个评价。我坚定不移地认为，任何人的成长，都是一种自觉选择、自我培养和自由发展。

当然不能说我今天就如何如何"功成名就"，但和30多年前的那个大学毕业生相比，现在的"我"的确远远超越了当初的那个"我"。其他不说，就凭69本记录着我教育实践、教育思考、教育智慧与教育情感的著作（还不包括"主编"的书籍），就足以让1982年春天那个青涩而纯真的小伙子惊讶得目瞪口呆了！

　　从某种意义上说，所谓"自己培养自己"，就是用一生的时间去寻找那个让自己惊讶的"我"，而这个"寻找"的过程是没有止境的。

2017年4月13日晚

观念与情怀

名师是"打造"出来的吗？

把"打造"一词用于"名师"是近几年的事。我第一次听到这个说法，就觉得挺别扭。"打造"是一个工业车间流水线作业的概念，是和模具化操作相联系的。独具个性的人，怎么可以像生产什么机械部件一样被"打造"呢？想象一下——活生生的教师，被输送到流水线上，规范于某种模具，然后"哐当"一声，所谓"名师"就被"打造"而且是成批量地"打造"出来了。这不荒唐吗？

也许有人会对这种质疑不以为然：不就是一个比喻吗？犯得着那么"钻字眼"（甚至是"钻牛角尖"）吗？曾经就有校长对我说："'打造'嘛，不过就是强调学校对教师培养的力度而已。"

但我还是要继续质疑：名师是"打造"出来的吗？

好，我们就说这所谓"打造"的"力度"吧，这"力度"意味着什么呢？意味着学校已经明确了"打造"对象——当然是校领导认为"有潜质"的"好苗子"，然后有针对性地给他"搭建平台"，"提供机会"，比如帮着打磨公开课或参赛的班会课，各级"骨干教师"的培训机会都给他，各种评优选先的机会都给他。还有相应的"培养计划"和时间表，以及集中的包装炒作，电台电视台，报纸杂志，封面人物，专题采访……既宣传培养对象，又提升学校形象，等等。

我充分肯定学校乃至教育行政部门培养优秀教师的良好初衷和高昂热情——无论怎样，将经费投入到教师队伍建设上，是一件好事。但如此"打造"实在是太急功近利了，而且违背人才成长规律。

那么，"人才成长规律"是什么？我这里只想简单地说说我的理解——所有人才的成长都是一个自然而然、自由自在的过程，这或许应该是"人才成长的规律"吧。"自然"和"自由"是其关键词。"自然"说的是给人才成长以宽松的生态环境，"自由"说的是尊重每一个人的个性，让他们的灵魂得以舒展飘逸。一切刻意的（非自然）、规范的（不自由），甚至"工程式"的"培养"都只会阻碍人才的成长。

我想到自己刚参加工作的 80 年代初期，那时的风气和现在相比有许多不同。比如，对年轻人好像缺少"激励机制"——除了学校期末评选优秀教师，几乎没有任何其他的评优选先，也没有职称一说（中学教师的职称评定是 1986 年才开始的）。隐约听说过"特级教师"，但全国凤毛麟角，远没形成后来每个省三年一评的机制，总之离我们遥远得很。另外，那时候的工资不高，而且是"大锅饭"——无论工作量多少，每个月的工资都不会增加或减少。比如，无论当不当班主任，无论教几个班，每个月工资都是 52.5 元（四川省当时一位大学毕业生工作转正后的工资标准）。这种体制和氛围，不好的一面当然就是干好干坏一个样，让懒人有空子可钻；但好的一面就是让想干事的人心态平静而从容，不浮躁。只要你想干事，就专心致志地去干，别有什么杂念，静下心来，不急不躁，不慌不忙，潜心于教育教学本身，而不是老想着"获奖""晋升"。

那时候校长对我很好——应该说校长对所有年轻教师都很好，人也正派——善良、仁慈、厚道、博学、儒雅……这好像是那一代校长的共性。我说校长对所有年轻教师都很好，意思是他关心我们每一个人的成长，爱来听我们的课，和我们一起做教研，还爱找我们聊天，包括一对一的促膝谈心，有时也严肃甚至严厉批评我们的错误。但他没有刻意地要"打造"谁，更不会集中精力"包装"谁，"推出"谁。他所做的一切，都是维护一个原生态的自然而然的教师成长环境。

举一个例子。当时我搞"未来班"，应该说有声有色，校长多次鼓励我，有时还来参加我班的活动。记得学生毕业前我编班级史册，校长还资助了 50 元钱——那时候这可是一笔巨款。但是，他没有在学校大力宣传我，更没请媒体来宣传我，包括谷建芬老师给我班谱班歌，校长也没有刻意张扬。无论当时还是现在，我都非常理解校长。不是他不重视我的成长，而是他力图让我有一个常态的成长环境，也让我能够保持一颗平常心。试想，谷建芬老师给我谱班歌的事放在今天任何一所学校，会是怎样的"轰动"？就算我不请媒体宣传，校长这一关也通不过——这不正好宣传学校吗？这不正好提升学校形象吗？这不正好扩大学校知名度吗？于是，著名作曲家给一个年轻教师谱班歌的事会被无限放大，反复炒作，最后让事情失去了它本身朴素的价值。当今社会就是这么浮躁，现在的教育就是这么功利！

现在，年轻教师机会很多，比如在成都，一个刚参加工作的年轻教师，在30岁以前，可以争取评"教坛新秀"；35岁以前，可以争取评"市优秀青年教师"；然后还有区市省各级"骨干教师""学科带头人""特级教师"等头衔在前面等着；40岁前，如果想"进入管理层"还可以去报考"校长助理"……从好的方面说，这是"激励机制"；但事情的另一面则是在某种程度上助长了年轻教师的功利心。现在一些年轻人连参加一次主题班会竞赛都有明确的功利目标，每参加一次教学公开课大赛都非常计较获奖等级，因为他们太渴望"建功立业"了，太渴望"一炮打响""一举成名"了。不少刚参加工作的年轻人，都有诸如"三年拿下教坛新秀，五年拿下市优青"的"人生规划"，于是每一堂课、每一次班级活动都有教育以外的目的，如"扩大影响""提升形象"。教师急切地想"率先创立"什么什么"模式"，或"国内第一个提出"什么什么"理念"，学校也愿意通过媒体宣传、帮助出书等方式"打造"这个"名师"以"提升学校品牌"。怀着这种心态，想从容不迫地做教育，想耐得住寂寞做真教育，我认为是不太可能的。

因此，我之所以反对"打造"，就是因为这两个字意味着迫不及待的速成和急功近利的浮躁。

我发自内心地庆幸，当年我经历的几位校长都没有"打造"我——幸好没有"打造"我呀，我因此得以自然而然、自由自在地成长。我评上特级教师时，已经45岁。设想一下，当年校长要刻意"打造"我，把那么多的机会都给我，那么多的荣誉都给我，然后给我"打磨"课堂，给我"规划"人生……于是我不得不削足适履地去配合领导的打造，每一次展

观念与情怀

示、每一次汇报，都得按领导的统一口径，都得服从"学校大局"，于是个性磨灭，自由丧失，同时又孤峰卓立遭人嫉恨。如此一来，我即使"名利双收"了，也感受不到半点教育的幸福，何况这样的"名师"也不是真正的名师。

一次，我和吴非聊到"人才培养"的话题。他说："人才不是培养出来的。我就不是谁培养的。"我完全同意他的观点。人才是"生长"出来的，而不是"培养"出来的，更别说什么"打造"了——如果一定要说"培养"的话，那这个培养者是自己。"生长"的过程的确需要空气、阳光和水，但这些条件都是普惠于每一个人的。那为什么并不是人人都能"生长"（成长）呢？因为"生长"是生长者自己的事。既然如此，那么作为年轻教师，就不要寄希望于别人的"打造"，而应该有"自己培养自己"的信念、行动和毅力。陶行知是谁"培养"的？晏阳初是谁"打造"的？还有斯霞、钱梦龙、于漪、孙维刚……不都是自己"生长"起来的吗？作为校长局长，如果一定要说"培养"，那么这"培养"的含义应该是尽可能给"苗子"以自由宽容的人文环境——形象地说，就是尽可能提供生长所需要的土壤、空气、阳光和水，然后就让年轻人自由自在地"生长"吧！既不要吹毛求疵、横加干涉，也不要指手画脚、过度关照，更不要揠苗助长、豪华包装、大肆炒作。只有最朴素最宁静的田园，才能长出最肥美的庄稼。

自由，自由，还是自由！——让理想自由高扬，让心灵自由绽放，让个性自由舒展，让思想自由飞翔，让每一个教师成为他自己价值和尊严最本色也最灿烂的标志而不是学校的"形象"和领导的"政绩"……如是，"名师"必然生机勃勃且源源不断。

2013年1月25日初稿，2017年4月13日修订

"教育学就是迷恋他人成长的学问!"

这两天因为要培训参加梦想课程大赛决赛的选手老师,所以我要听几位老师试讲。上午是在武侯实验中学附属小学六(1)班听课。我一走进教室,就有同学跟我打招呼,我没反应过来,有个男孩说:"李校长,您给我们上过课呢!"我正回忆着,另一个孩子提醒说:"《一碗清汤荞麦面》。"哦,我想起来了,这就是当年的二(1)班孩子啊!不知不觉之间,他们已经从二年级升到六年级了。

有一个叫邓心悦的女孩,特别可爱,当年我拍过一张国旗下的照片,其中就有她。今天她也认出了我,跟我打招呼。课堂上,她积极发言,做的名片还被老师表扬,她站在讲台上展示呢!下课时,老师说:"请同学们把自己的名片送给你们想送的人。"邓心悦跑到我的面前把她手工制作的名片送给了我。随后,我把我的电话号码告诉了她和几个同学。邓心悦说要加我的微信,我很吃惊:"你有微信?"她使劲点头。我说:"好,我会加你的。"课后,这个班的孩子很亲热地跟我合影留念。看着他们长大,真是开心。

下午第三节课,在武侯实验中学"梦想中心"听陈红老师讲梦想课程——陈红老师也是这次参加决赛的选手,在我这组培训。好久没回武侯实验中学了。今天在教室里,有陌生孩子跟我打招呼,我才想起来,初一时我曾多次给他们上过课的。于是,我从孩子们的脸上回忆出了他们当年的模样,不由感慨,时间真快,他们长大了。

下课后,孩子们准备走出"梦想中心"回教室,我把他们叫住:"同学们,我跟你们说几句话。"同学们纷纷聚在我的周围。我说:"好久没见面了，大家还记得我吗?"

同学们都说:"记得。"

我问:"那你们想到我，首先会想到什么呢?"

"你给我们讲《一碗清汤荞麦面》!"

"你的和蔼可亲。"

"你很幽默!"

……

同学们七嘴八舌地说着。

我说:"嗯，我希望你们记住我给你们说的一句话和一篇小说。一句话是……"

同学们大声地说:"让人们因我的存在而感到幸福!"

"对的。哪一篇小说呢?"

同学们又大声说:"《一碗清汤荞麦面》!"

"好，同学们记性真好!那我再问，当时我给你们讲这篇小说时布置了三道作业题，第一道题完成了吗?"

同学们说:"完成了!"

我问:"第一道题是什么?"

"让我们回家给爸爸妈妈讲《一碗清汤荞麦面》的故事。"

"很好!"我表扬道,"那第二道题完成了吗?"

"没有。"大多数同学说。

可有个别同学说:"完成了!"我估计这个别同学要么是说"完成了"成了惯性，要么是有意开玩笑。其他听了的同学哈哈大笑。

我也笑了:"完成了?你怎么完成的?"

同学们还在笑。我问:"第二道题是什么?"

"让我们把《一碗清汤荞麦面》的故事讲给我们的孩子听。"

我说:"对。这道题现在你们还不能完成，没法完成，但以后一定要完成哦!"

同学们点头。

我继续问:"第三道题完成了吗?"

同学们哈哈大笑："没有完成。"

我也笑了："你们当然没有完成。第三道题是……"

"让我们将来把这个故事讲给我们的孙子听。"

"好，一定要记住哦！将来一定要完成！"

同学们依然点头，表示记住了。

我说："李老师不当校长了，但依然惦记着你们。你们一晃也长大了，进入初三了。明年的现在，你们也已经离开武侯实验中学了，但我希望你们永远记住你们的陈红老师！我可以非常认真地告诉你们，我离开武侯实验中学，有许多老师让我非常舍不得，陈红老师就是其中一位。陈老师是经常让我感动的老师之一。在这个物欲横流、浮躁喧嚣的时代，陈红老师朴实，善良，敬业，超越流俗，且真正爱着你们，真的让我感动。如果以后有人在你们面前说，这个世界上根本就没有不计名利、无私奉献的人，你们可以理直气壮地对说这话的人说：有！我们的陈红老师就是！"

孩子们静静地听着，一双双眼睛凝视着我。我从他们的眼睛里，读到了他们对陈老师的爱和尊敬。

我说："当今中国教育，一个人要遇到一个真正的好老师不容易，而要遇到像陈红老师这样的好老师，更是不容易。你们遇到了，这是你们的幸运！你们一定要珍惜陈老师，并永远记住陈老师。明年你们就要参加中考，我希望你们能够在陈老师的带领下，在中考中取得好成绩，报答你们的陈老师！"

同学们用热烈的掌声回应我。

我说："我也会永远惦记你们，关注你们！同学们记一下我的手机号，用这个手机号可以加我的微信。注意，这个手机号和微信号千万不要告诉别人，因为我太忙，我的微信只加我最好的朋友，你们当然是我最好的朋友啦！"

同学们认真记下了我的手机号。

我讲完后，同学们簇拥在我身边，和我一起拍照。

同学们走了之后，真爱梦想公益基金会的陈溯悦老师对我说："李老师，刚才您给孩子们讲话的时候，有孩子流泪了。您看，这是我拍的一个女孩。"我一看她用手机拍的照片，果真，一个女孩正含着眼泪听我讲话。

我真感动。

从"梦想中心"出来，我带着老师们去看我的教育资料博物馆。突然手机响起，我一接听，是一个女孩稚嫩的童声："李老师，我是邓心悦，我加了你的微信。"我一下想到上午在小学听课时，邓心悦对我说过的话。我赶紧说："好的，我现在忙着，一会儿我一定接受你。心悦，有了微信，我们就可以天天'见面'。你可不要和李老师断了联系哦！明年你小学毕业读哪所初中，以后初中毕业读哪所高中，然后读哪所大学，都要告诉李老师哦！"邓心悦说："好！"

我的眼前又浮现出当年照片上邓心悦那可爱得不得了的模样，再次想到马克斯·范梅南的话："教育学就是迷恋他人成长的学问。"

2015 年 12 月 15 日

何以迷恋"应试教育"的锁链?

"带着锁链跳舞"常常是应试教育下一些老师无奈的自嘲,意思是说在应试教育的桎梏下搞素质教育。多年来,许多一线老师在应试教育的高压下,于妥协中坚守理想,艰难而执着地探索素质教育,并取得了不错的成果。但也有一些老师,跳着跳着却迷恋上了应试教育的锁链。

当然不会有人公开反对素质教育而赞美应试教育,但羞羞答答为应试教育说情的却不少。最典型的言论就是:"应试教育和素质教育其实并不矛盾,不要把二者截然对立起来。素质教育难道就不要考试了吗?学生的应试能力不正是最重要的素质之一吗?"前段时间,当人们抨击某些名校为"高考工厂",是应试教育的"集中营"时,就有人出来辩护,说这些学校培养的学生"恰恰有坚忍不拔的意志和超强的抗挫折能力,这正是当今社会最需要的心理素质"云云。

不得不说,这些辩护者连基本的概念都没弄清楚。在素质教育正式提出已经20年的今天,我们还有必要重申一下常识。

应试教育以升学考试为唯一目的,一切教育教学活动均围绕"应试"开展,是一种片面的淘汰式教育。应试教育的内容也偏重于升学考试科目的书本知识,而忽视学生的德育、体育、美育、劳动技能教育以及多方面的创造能力。与此相对,素质教育以全面培养学生高尚的思想道德情操、丰富的科学文化知识、良好的身体心理素质、较强的实践创新能力和健康的个性为宗旨,面向全体,教育学生学会做人、学会求知、学会劳动、学会健体、学会审美,使学生在德智体等方面得到全面协调的发展。毫无疑问,素质教育也包括求知的教育,自然也有考试,但知识与考试绝不是唯一目的。由此看来，应试教育和素质教育反映了两种根本不同的教育思想。二者怎么不是"截然对立"的呢？

不少自称"深受应试教育之害"的一线教师，喜欢抨击"教育体制"，喜欢剖析应试教育背后文化的、历史的、国家意志的、民族性格的等等"深层次原因"——这些抨击当然有一定的道理。但有一个原因被忽略了，那就是抨击者本人对应试教育锁链情不自禁的迷恋。

这些老师为什么会迷恋应试教育的锁链呢？道理很简单，应试教育最简单，最容易，最省事。尤其是长期在应试教育中成长起来的老师，对这种训练死记硬背的机械操作驾轻就熟，得心应手。而素质教育需要高素质的教师，因为"人只有靠人来建树"（苏霍姆林斯基语）。

何为"高素质的教师"？这又是个很大的话题，涉及教师人格、学识、视野、能力等等。这篇短文难以展开细说。但我想着重强调的是，在深化素质教育的今天，课程改革对应试教育的高手们就是一个不小的挑战——对时代发展潮流的把握，对最前沿人文科技成果的关注，对跨学科知识的整合，对不同学生个性与潜质的分析，对课程的设计、研发与实施，等等，都会让那些习惯于依赖教参与教辅"年年保高三"的教书匠们束手无策，因而哀叹"不会教书了"。过去引以为豪的看家本领统统失去了用武之地，于是所有因应试教育而获得的勋章都编织成了对抗素质教育的盔甲。他们怎么会不迷恋应试教育的锁链呢？

但是，什么时候所有老师都不迷恋应试教育的锁链了，中国的基础教育才算真正挣脱了束缚，迎来了春天。

2016 年 1 月 20 日

我是怎么成为所谓的"教育名人"的？

标题有些冒险，"冒"被人讥讽"狂妄自大""自我感觉良好"之"险"。但事实就是这样，不知是从什么时候开始——也许是10多年前，也许是20多年前，我的名字渐渐在越来越广的范围内让许多人眼熟，我有了一些追随者或者说叫"崇拜者"——那时候还没有"粉丝"这个词。

每当读着那么多素不相识的老师对我的崇高评价，每当我讲学时被许多老师簇拥着合影，尤其是近几年常常有一些不再年轻的老师对我说："李老师，谢谢您！我是读着您的著作成长起来的！"坦率地说，我还是很开心的，或者干脆说是我的虚荣心得到了极大的满足。现在无论我怎样真诚地说"我只是一个普通的老师"，老师们也会认为我是"谦虚"或"故作谦虚"，因为客观上，我就是许多老师心目中的"教育名人"。

这的确是事实。因此，我忠于事实写下真诚的文字，无所畏惧。如果别人要讥讽，那就由他去！

但是，看着那些关于我的高大上的滚烫文字，我却隐隐不安：这写的是我吗？我真有这么完美吗？前不久，我在一位老师写我的文章后面评论道："谢谢您！但您写的不是我，而是写了一个和我同名同姓而且同职业的人。您笔下的这个'李镇西'太值得我学习了！"

无论是老师们对我的"崇拜"，还是他们文中对我的赞誉，都是非常真诚的。但老师们"崇拜"和赞誉的依据仅仅是我的著作和我的报告。在这些著作和报告中，我所写所谈的都是我的教育情感、教育思考和教育故事，这些当然是真实的，但毕竟是经过"过滤"的——"过滤"了我日常生活中的许多琐碎的喜怒哀乐，比如我有时"茶不思饭不想"的郁闷、

"拍桌子打板凳"的烦躁、"灰溜溜"的沮丧和"气不打一处来"的恼羞成怒等等。这些寻常生活中的"另一面"我是不可能写进书里或在讲座中说的。比如，我老婆曾说我"公共餐桌上吃相很差"，还说我在家里"有时候不冲马桶"（我随时都在想问题，所以其实是偶尔忘记了）……哎呀呀，写到这里我都脸红了。如果我的粉丝们知道了这些，还会那么"崇拜"我吗？

我经常对我的"崇拜者"说："其实我和你们差不多。论实践，许多老师不比我差；论思考，许多老师不比我弱；论阅读，许多老师也不比我少。我可能仅仅比你们多写了一些文章，多出版了一些著作。如此而已。"是的，许多老师和我的差距，也许就是几本书的差距。中国历来有文字崇拜的传统，一个人发表了文章，甚至出版了著作，别人对他就特别羡慕，进而崇敬之情油然而生。我有幸成为其中一位。

当然不是说我就没有一点"过人"之处，我更不会一味贬低自己。我对教育，第一，很纯粹很真诚，而且至今没变；第二，很专一很执着，同样至今未变；第三，有浪漫情怀，我一直把教育当作诗来写；第四，有儿童视角，我喜欢站在学生的角度看问题；第五，勤于思考，我细腻而敏锐，能够从一些琐碎的或者说人们司空见惯的地方思考一些问题；第六，乐于写作，再加上我笔头很快，于是我记录了许多原汁原味的"教育现场"。这些也许都算我的"过人"之处吧！

我的著作中有许多我刚参加工作时和学生的黑白照片，我作报告有时会播放 30 年前学生的声音。这让很多老师感动和感慨。有人问我："李老师，您是不是从教之初就立志成为教育名人，所以那时候就有意识地积累资料，为今天著述讲学作准备？"我总是忍俊不禁地回答："当然不是！那时候谁想得到啊？"相反，如果我一开始就按"成为名人"的目标来"设计"自己的"路线图"，那么我每走一步都要"算计"，我会怀着非常功利的心去上每一堂课，去带每一个班；我脑子里随时会盘算如何在某次课堂大赛中"一炮打响"，会随时琢磨如何通过班级管理"在全国率先创立"一个"××教育模式"进而成为"中国××教育第一人"……可以断言，如果那样，我走不到今天。因为我很可能早就因名利心太重而"栽"了。

事实上，到现在为止，我都还没形成自己的"教育思想体系"和"教育操作模式"。仔细想想，无论《爱心与教育》还是《做最好的老师》，无论思想还是实践，我都毫无新意——蕴含的思想都是常识，无非就是"爱心""尊重""民主"，这哪是我的"首倡"呢？书里所呈现的实践都是常规，无非就是"谈心""鼓励""活动"，因为教育哪有那么多的"创新"？我也没有想过为中国教育提供什么"原创性"的理论或模式。但我一点都不觉得遗憾，更不自卑。至于有人说"其实李镇西的层次很低的，没有什么理论原创"，我一点不生气，人家说的就是事实嘛！我本来就从没想过要"超越"谁。30多年来，我就想着自己如何将我所敬佩的中外教育家们的思想有机地运用到我的班级实践和课堂教学中——如果做到了，我就满足了；如果还做得很好，那我这一辈子就很"了不起"了。

尽管如此，教育依然给了我丰厚的回报。我说的"回报"还不只是指国家给予我的各种荣誉称号，也不只是指我自己写的六七十本虽然肤浅却很真诚的教育著作，更是我和历届学生共同拥有的充满人性故事的温馨记忆——这是教育给我最重要最珍贵的"酬劳"。各种荣誉称号都是我从教之初没有想过的，因此它们对我来说就是额外的奖励，是意外的收获。当初没想过这些，所以就算我后来没有这些，我也不会失落，因为在教育的过程中我已经感受到了幸福！但后来各种荣誉从天而降纷至沓来，我也不会拒绝，给我我就接着，没什么不好意思的。我认为，刻意的拒绝和刻意的追求，都证明你太在意了。一切顺其自然。

从教30多年，莫名其妙地成为了别人眼中的"教育名人"。回想自己走过的路，不由感慨：其实"名人"也好，"专家"也好，都是一种自然而然瓜熟蒂落的结果，并不是功利般"孜孜以求"的"成果"。当我们怀着浮躁的心去计较每一次得失，过于在乎自己是不是"名师"，到头来可能什么都会失去——这叫"多情总被无情恼"。相反，什么都别去想，只要守住自己朴素的教育心，善待每一个日子，呵护每一个孩子，岁月总会给我们以丰厚的馈赠——这是"道是无晴（情）却有晴（情）"。

2016年7月5日

和教育恋爱，并结婚

对教育职业而言，年轻时我觉得技术最重要，因为每天面对那么多事儿，我得知道怎么做而且得做好；后来我感到超越具体技能的，是一个人的智慧，即包括知识、理解、联想、情感、逻辑、辨别、分析、判断、包容、决定等多种元素在内的综合能力；再后来我发现比智慧更重要的，是爱心；而现在，我认为超越爱心而居于首位的，是"职业认同"。因为如果连自己的职业都不认同，再多的爱与智慧，都没用。

我经常给我校年轻老师说一个比喻：求职就像恋爱，入职就像结婚。

谈恋爱，更多的是憧憬、甜蜜、浪漫。你看恋爱中的青年人想的都是未来的美好，同样，求职也更多的是对美好的期待甚至幻想。但结婚后，经过一段时间的蜜月，生活就渐渐现实起来，没那么多浪漫，每天都是琐碎的柴米油盐，夫妻双方相处也恢复到平静，有时还拌嘴吵架，这都是常态。而婚姻的推进，可能还会遇到许多想象不到的人生风浪，哪会依然天天"浪漫"呢？

刚参加教育工作的年轻人也是这样的。没来之前，对教育对学校都充满浪漫的憧憬。一想到学生就是"天真烂漫"，一想到学校就是"欢声笑语"。再实惠一点想，教师工作稳定，每年还有两个假期，多好！于是刚工作的年轻人，往往也纯真热情，全身心地投入。这是"恋爱"和"蜜月"。但真正走进教育，许多年轻教师会感到，教育不仅仅有浪漫，还有许多实实在在的问题需要自己去解决，更有许多难关需要攻克。教育的日子更多的时候是很平常的，很平淡的，甚至是很艰难的。比如，某位年轻女教师刚刚读了《爱心与教育》，热泪盈眶，激情澎湃，豪情万丈；可她一走进教室，就有学生捣蛋、打架，老师批评捣蛋的学生，学生却公然骂老师，第一次考试，就有那么多的学生不及格——这多让人沮丧！也许还会遇到蛮不讲理的家长，和老师纠缠，还对老师破口大骂。到了期末，学校评估考核不公平，结果做了那么多事却不被认可，没有得到应有的评价。还可能兢兢业业工作、真诚地爱着学生，却被办公室里个别老师说风凉话……

然而，我以从教30多年的老教师的资格说，这就是教育的全部，就是教育本身。上面说的那些情况，我都遇到过，而且更严重。我还要说，未来几十年还有许多意想不到的情况等着刚入职的年轻教师。但成就感和幸福感就在其中。实际上，教育的艰辛和教育的快乐是融为一体的。正是伴随着这一切，年轻教师才成长起来，才获得了教育的幸福。如果还是把从教比成"结婚"的话，那么这门"婚姻"是你自己的选择——浪漫也罢，甜蜜也罢，平淡也罢，艰难也罢……都是你自己的选择。选择了其中一项，就选择了全部。我们不能说，我只选爱人的优点，而不要他的缺点。有这样的婚姻吗？既然是自己的选择，你在享受的同时，也要承受。

当教师对职业的认识达到了这个高度，那么教育的一切——喜悦与烦恼、成功与挫折、赞誉与非议、欣慰与委屈……都是自己的，与别人无关，因而这一切都丝毫不会影响我们的教育心态与行为，更不会挫伤我们对孩子的爱和对教育理想的追求。因为我们把教育当作自己的事，是与自己生命融为一体的事。

教育，不是外在的强迫，而是自己的选择；不是为别人做，是为自己做。这就是我所理解的"职业认同"。

2016年7月27日

因为单纯，所以幸福
——关于"李镇西研究会"

一

我们追寻着，或许已是满心疲惫，正在坚持与放弃间挣扎……

我们期待着，或许已是疑窦丛生，正在叩问与麻木间犹豫……

我们行动着，或许已是伤痕累累，正在前行与退缩中徘徊……

可我们相信——

相信种子，相信岁月。种子意味着希望和愿景，岁月代表着坚守和成长。

人心不会熄灭，但它可能蒙上灰烬而不再燃烧。拨开灰烬，你会看到重新燃烧的人心。如果你迄今依然没有放弃拨开灰烬的努力，欢迎与我们一起行走。

心为火种。

这是今年"李镇西研究会"年会的最后一天，老师们在会场发出的集体誓言。当时因为有事提前离会，我不在现场，后来老师们通过微信语音发给我。年轻而激情的声音，铿锵有力，表达着一群来自全国 16 个省市的一线教师同样铿锵有力的教育信念。

五年前，一群年轻的老师自发组织了一个网络团队，取名叫"李镇西研究会"，领头的并不年轻，他是已经退休的全国著名优秀班主任蒋自立老师。当他告诉我这个消息时，我坚决不同意。我倒不是怕谁说什么——从年轻时到现在，围绕我的争议和各种说法多了去了，我从不在意；我是担心这个"研究会"做出什么违规的事，或者成为一个打着我的旗号牟利的机构。我曾写过一组抨击教育浮躁的文章，包括批评有人热衷于占山头、当盟主，拉帮结派、追名逐利。但现在如果我居然同意成立"李镇西研究会"，岂不是自相矛盾吗？

但蒋自立老师把我打动了。我这里首先说的是"打动"而不是"说服"。蒋自立老师年近七旬，他本人早在20多年前就已经是闻名全国的优秀班主任和教育专家，可现在如此热心地联络全国热爱班主任研究与实践的志同道合者，希望为中国的教育做一点点事，他说："这是我余生一定要做成的一件大事！"当然，我也不仅仅是被"打动"，还被他说服了。他认为，现在表面上看，班主任工作的研究很热闹，但其实真正脚踏实地研究真问题，解决小问题（只有解决了无数个小问题，才能解决大问题）的研究并不多，能够潜心静气地探讨班主任工作的人更少，既然大家都认可李镇西老师，为什么不以此为纽带把大家组织起来呢？大家一起研究班主任工作，这不是坏事啊！蒋自立老师说："让一群热爱教育并且志同道合的人一起行走，就是我们最纯粹的动机。"

二

已经是高级教师、教育部国培专家的杨富志老师曾这样回忆自己的成长：

有一日，读到一篇李镇西老师的文章《谈青年语文教师素质的自我提高》，内容是李老师和徒弟交流青年教师如何成长，李老师认为，教师成长，关键在自己，要学会自我成长，自己培养自己。最入我心的是这句话——苏霍姆林斯基是谁培养的？叶圣陶是谁培养的？魏书生是谁培养的？还不是他们自己培养的！这不就是我苦苦寻求的成长之路吗？我为何不自己培养自己？怎么自我培养？李老师特别强调写作，他语重心长地说："写作，它与实践相随，与阅读同行，与思考为伴。换言之，实践是它的源泉，阅读是它的基础，思考是它的灵魂。"

这些朴实的话语，为一位迷惘的教师，点燃了心灯。于是，我照李老师所言去做，不停地读书，不停地反思，不懈地写作，一步一个脚印，一天一点进步。没想到，我这么一个没有任何荣誉头衔的人也能够翩翩起舞，不仅在《中国教育报》《中国教师报》《语言文字报》《中学语文教学参考》《语文建设》《语文教学通讯》等颇有影响的刊物上立言布道，还在全国各地的教师培训会上传经送宝，发出了自己的声音，为普通教师的成长打开了一扇窗。曾经的流言与蜚语，污蔑与轻视竟然在成长中悄然溜走了。

恐怕远在千里之外的李老师根本就不知道，有那么一个年轻的教师，在聆听了他和徒弟的一番对话后，竟趟出了一条属于自己的崭新的教育之路，而且是一条有意义的路——为那些既无经济基础又无政治背景还无圆润交际能力的普通教师开辟了一条自我成长的道路。

现在想来，有时候，一个人对一个人的影响可能既不是什么宏论，也不是什么训导，而仅仅是一个鼓励的眼神，一句发人深省的话语，抑或一篇震撼人心的文章……

蒋老师说"让一群热爱教育并且志同道合的人一起行走"，这句话让我怦然心动。我想，全国各地一定还有许多像杨富志当年这样渴望成长的年轻教师，如果能够因我而聚在一起，这的确是一件有意义的事。

蒋老师还拟定了研究会的工作形式：（1）推心置腹：每年与李镇西零距离接触一次，促膝恳谈，分享成长体会，共话人生前程。关键词：信仰。（2）QQ群体：建立会员QQ群，实行线上定期交流，每期一个主题，线下准备，线上交流。关键词：分享。（3）博客群体：会员均在新浪开博客。每年年初布置研究主题，年中召开小型研究会、博客会，年终评选新锐论文，并出版专集。关键词：以文会友。（4）与师切磋：凡看了李镇西老师的博文，有话要说，不同见解，真诚争鸣。关键词：爱师更爱真理。（5）建立网站：到一定阶段建立"李镇西研究会"网站。关键词：话语权。（6）公益活动：每年组织N次，如支教、咨询、献爱心等。关键词：感恩。（7）实地考察：每年选1~2个确实有看头的学校，组织会员考察。关键词：走出去。（8）评先奖勤：每年评选先进会员、新锐博文，并给所在单位报喜。关键词：激励。

三

既然如此，我便不再反对。但我一再表明自己的态度：第一，我不参与研究会的任何运作，不担任研究会任何职务；第二，研究会的一切活动都是公益，一律不许收费；第三，我答应每年给研究会的成员至少作一次公益讲座。

我还在心里对自己提出了一个要求：绝不以"李镇西研究会"的名义向任何成员推销自己的著作和有关资料。

后来这个研究会在蒋自立老师的带领下，居然有模有样地做起来了，不但在民政部门正式登记注册，而且还有一套比较完善严格的管理运作机制，活动也开展得颇有规模和实效。比如，建立了两个QQ群，加入的会员达三千人，每周六都由会员中的优秀老师通过"呱呱社区389968"开讲座，还建立了荔枝网络电台，给会员们推荐诵读优秀的教育文章；每年评选一次成长显著的优秀教师——"中国李镇西式好教师"，并颁发证书；每年在暑假期间召开一次"李镇西研究会"年会。

而以蒋老师为代表的研究会核心团队都是志愿者，他们大多是所在学校的骨干教师，也有校长和主任。为了研究会的日常工作，他们花费了大量的时间和精力，但分文不取，就只有一个愿望——为全国各地的普通老师搭建一个互相交流和学习的平台。后来，蒋老师主动辞去了会长职务，由年轻的杨富志老师担任，这是一位很有追求也很单纯的老师。常务副会长张学勇是一名乡村小学校长，其事迹被多家媒体报道，感动了许多人。后来他辞去了校长职务，原因很多，但其中重要的原因之一，便是为了有更多的时间打理研究会的日常事务。因为平时和研究会接触不多，研究会的老师们各司其职，所以还有许多工作细节我不太清楚，但我知道，他们的确在默默无闻地无私奉献着。

虽然名为"李镇西研究会"，但更多的时候是老师们之间互相学习。平时通过QQ群，通过呱呱社区，通过博客，通过微信公众平台……大家展开读书交流、案例展示、经验分享，有时候是围绕一个教育话题或难题展开研讨。我有时候也在网上和大家交流，但这种情况不多，毕竟我太忙。

因为我一开始就定下了"不许以任何名义收费"的规矩，因此一年一度的年会，对承办者来说，就不是一件容易的事。还好每年都有教育局或学校愿意承办。五年来，四川成都市武侯区教育局、甘肃庆阳市教育局、湖北仙桃市仙源学校、山东新泰市教育局、广东中山市纪中雅居乐凯茵学校，都先后提供经费和场地承办年会。需要说明的是，每次年会不但不收取会务费，而且有些承办方还免费提供食宿。为此，我心存感激。

四

一年一度的年会，成了全国各地研究会成员相聚的盛会，老师们从四面八方赶赴会场，为的就是互相学习，互相鼓励。为了参加年会，许多老师克服路途遥远的困难。大多数老师都是自费参会，还有许多老师先坐汽车，然后坐几十个小时的火车，一路颠簸，其艰难程度是我以前难以想象的。

来自山东平原的袁建国校长在网上这样记叙他带着老师们的一路奔波："我们往返乘车都是五人硬卧、五人硬座，原以为可以轮换，既能保证休息，又能节省资金，到了车上才知道，这样轮换是不允许的，没办法，买硬座的老师只能 24 小时在硬座车厢熬过来。因硬座车厢空间狭小，拥挤不堪，到达目的地时，许多老师的腿脚都肿了。好在我与老师们是一样的待遇，返程的时候也是硬座，心里才坦然了许多。许多老师后来还饶有兴趣地说：'这种经历是痛苦的，也是幸福的，这是我们炫耀的资本。'"

来自甘肃庆阳的张瑾这样记录她的追梦历程：

清楚地记得那天我们出发的情形，许多县上的老师比我们城区的更早到达集合地。这里面有几个路途遥远而又地形偏僻的老师，他们是凌晨二点就起床，先坐农用车到小镇，再坐班车到县城，然后又转车到市区,然后又打出租车才赶过来的。更有最为偏远的环县一名老师,已是提前一天到达市区,在集合点附近找了间招待所临时歇脚。我们28个人,兴高采烈、手挽肩扛,在集合点汇合齐后又一起坐上了开往西安的大巴。在又经历了6个小时的车程后,我们才在西安火车站踏上了真正意义上的梦想之旅。

大家都是自费参会,加之庆阳的老师原本收入就不高,所以我们不约而同地选择了硬座出行。第一个黑夜,在火车的"哐哧哐哧……"声中,我们勇敢地以欢声笑语战胜瞌睡。但当我们又在"哐哧哐哧……"声中迎来第二个黑夜时,大部分人着实支撑不住了。先是一个,两个,后来纷纷倒下。回看与困神勇敢作斗争的偷拍者的杰作:在火车有规律的晃动中衣衫不整、摇头晃脑睡觉的姿态真是太好玩了。第三日,我们终于拥抱着朝阳到达了目的地。在出站台的一瞬间,大家才发现腿脚肿胀得不能踩地。任何困难也不能阻挡我们前进的脚步,在拥挤的泰安火车站稍事休整,我们又依然踏上了开往新泰的大巴,欢天喜地地来到了年会会场。

五

别以为老师们都只是冲着"李镇西"来的——这当然是一个原因,但更重要的是研究会聚集的来自全国各地的一线老师,本身就形成了一个教育理想主义者团队。大家彼此欣赏,互相激励。所以,虽然名义上是"李镇西研究会",但实际上并不是围绕我大谈"如何学习李镇西",而更多的是他们谈自己的成长经历和教育故事,我也结合自己的成长经历,给年轻老师们讲教育故事,或提出一些建议。

比如,今年在中山纪雅学校的年会上,我作了一个题为"新教育和教师幸福"的讲座,结合新教育实验给老师们讲教育成长和职业幸福。然后蒋自立老师给大家讲了自己的成长经历"我和自己有个约会",接下来的两天时间里,杨富志老师、袁建国校长、谢华老师、李素怀老师、任秀波老师等讲述了他们各自成长过程中的精彩故事。

吉林省公主岭市秦家屯镇的李素怀老师在讲述中，谈到自己曾经在和"后进生"斗智斗勇的过程中连连失利因而开始倦怠、沮丧、焦虑、失眠，患上了抑郁症。后来在网上偶然结识了蒋自立老师，又在他的推荐下加入了"李镇西研究会"，参加了第一届年会，一下子感到进入了一个充满理想与活力的团队。她说她找到了教育方向，并决定改变自己的教育生活。"在'李镇西研究会'这个团队里，我和大家利用周六进行研讨共读，自己培养自己，利用网络打通了我与天南海北老师的界限，开阔了我的教育视野。"李素怀老师开始勤奋地阅读，并用笔记录自己的教育。她重新审视自己的教育，根据农村的特点，尽可能多地和孩子一起玩一起乐，一起成长："我们去田野里捉小鱼，我们去田埂采菊花，我们开垦荒地，我们为小鸟筑巢，我们烤地瓜，我们烧土豆，冬天我们跑到河边滑冰。我也学着李老师买相机，为农村孩子们照相，我开始不再写发泄的文章，而是记录孩子们的成长故事，我渐渐找到了当教师的感觉。"渐渐地，她的心和孩子们越贴越近，她的班越带越好，媒体开始报道她的事迹，后来她还成了《新班主任》杂志的封面人物。她这样结束她的讲述："四年前，这些我根本无法想象，然而我现在的每一天，都感到快乐和幸福。"

六

任秀波老师同样来自吉林，她的讲述也感动了大家。她一开始便讲述自己对"幸福"的理解："教师的幸福有很多种，获得成功是一种幸福；取得好成绩是一种幸福；转化一名学生是一种幸福；得到家长、社会认可也是一种幸福……"然后她谈到自己开发课程的幸福："我喜欢和孩子们一起活动，喜欢把一些常识、一些知识放在一系列活动中，跟孩子们一起做着、玩着、成长着、收获着。有人告诉我这就是课程，这些活动就是课程研究。我突然发现课程研究原来是这么简单、这么好玩的事情。我们班的'课程'还真的不少：'种植''过生日''过节''绘本汉字''图说课文'……我和孩子都从中得到了无限快乐！今天跟大家分享我们班的'剪纸与吉祥文化'课程。"任老师饶有趣味地讲着她和孩子们通过"剪纸与

"吉祥文化"课程所发生的故事以及所收获的快乐，还给大家展示了她特意为这次年会所创作的剪纸作品。听着任老师的讲述，我不由得想，哪怕是一个普通老师，其创造的潜力也是无限的，只要有发自内心的追求，任何人都能够把自己培养成一个"卓越的自己"。

老师们的发言让我感动。当时我在微信上写道：

> 听老师们讲述着他们"读李老师的著作成长"的故事，催人泪下，我一下感到了我的存在对许多普通老师的成长还是有一定意义的。在这里，"李镇西"与我已经没多大关系，而只是个符号，用于凝聚一群在这浮躁时代依然理想不灭的志同道合者。年轻的教育伙伴们，我怀揣一颗同样年轻的心，与你们风雨同行！

很快我收到一位朋友的手机短信，说我这样说"不太谦虚"。其实，我这里所谓的"意义"，并不是说我给他们"指明方向""提供理论""传授方法"之类的"引领"，而是说，我给他们展示了我 30 多年走过的教育路程。而他们从我的成长经历中，看到了一种可能：一个教师，只要不停地实践，不停地思考，不停地阅读，不停地写作，是可以成为一个享受职业幸福的人的。

七

不少没上台发言甚至没有参加年会的老师，也通过文字讲述着研究会对自己成长的影响。

安徽砀山的崔娴老师这样写道："加入研究会一年半的时间，我从不读书到读几十本书，从不写博文到在新浪安家，开始零零散散地记录自己生命的轨迹，从对现在的学生无所适从到与他们相处和谐融洽，想想自己都觉得幸福。一年来，我和孩子们相处愉快，彼此珍惜一起度过的每一天，星期天、节假日，不时有孩子通过 QQ 留言咨询一些自己遇到的问题，或者诉说思念。其实每一次看到，心里都充溢着幸福与感动，感谢孩子们对我的信任，感谢一年来有孩子们的真诚陪伴，我才过得如此充实，如此幸福！"

山东泗水的张学勇老师说："研究会就像一个充满动力的平台，给了我成长的动力和展示的舞台，也彻底改变了我的教育观。我跟着团队一路走来，一直在努力，一直在成长，一直在改变——虽然我不知道我们能走多远，但是我相信：只要走在路上，早晚都会遇到盛典。"

山东曲阜的刘芬老师说："年会过去已有十多天了，可一颗激动的心还没有平复下来，留在脑海的除了老师们的专业报告、认识的几位朋友，剩下的就是那么多让我热泪盈眶的瞬间。李镇西老师的报告中，讲到了学生王露琳的故事，王露琳同学的坚强乐观让我感动不已。杨富志老师的'你只管去努力，至于回报，那是老天爷的事'这句话，让我记在心里，只问攀登不问高，什么都别去想，守住朴素的心，在成长别人的同时也成长了自己。任秀波老师为研究会、为蒋老师、为李老师送去了剪纸作品，当会场掌声不断时，我忍不住流下了眼泪，为任老师的执着付出、无私奉献精神感动不已。刘沛华老师的教育故事《一个网瘾学生的365天》，让我在惊讶中再次被感动。当全体会员齐唱《隐形的翅膀》、齐诵《我们在呼唤》时，我无形中感到一股凝聚的力量，一股奋斗的力量，眼泪又忍不住地在眼眶里打转。"

……

的确有不少老师说，是我"引领"他们成长。其实真不能说是我"引领"了他们，这不是我"谦虚"。他们说我"引领"的理由，是他们读了我的书，听了我的报告，然后就怎么样了，但读过我的书听过我报告的人显然不止他们，可为什么他们获得了成长呢？那是因为他们本身有着不灭的理想，有着成长的欲望，于是他们选择了成长，选择了理想。这刚好印证了我的一个观点，就是任何人都是"自己培养自己"的结果。成长是一种自觉选择、自主发展和自由生长。如果没有我的著作，他们也会选择其他他们所认可的优秀教师作为学习榜样。

八

但我也有我的不安。尽管我最后还是同意了"李镇西研究会"的存在，但我一直警惕这个团队过于突出我个人。我曾在群里给研究会负责人写道："我总的想法是，这个研究会是以我的名义聚集老师们共同成长，不要把我弄成'教主'之类。大家尊敬我，我理解，也很感动很感谢。但人格上我们都是平等的。"

"李镇西研究会"每年都要在全国评选一次"中国李镇西式好教师"。应该说，尽管我没有参与这件事，但据我了解，这件事他们做得很严肃很认真。不但有具体的标准，还有严格的程序，而且从效果来看，的确是积极的，起到了激励年轻老师成长的作用。山东青岛平度市常州路小学的刘爱玲老师，也曾经在群里这样交流过："虽然我在群里经常说'中国李镇西式好教师'评选不评选无所谓，入选不入选无所谓，虽然两次评选两次落选，但如果明年还评选，我会一如既往地报名参加。因为参评本身就是一种勇气，更因为在参评达标的过程中修炼的是自我，成长的是自己，感受的是团队的温暖。这一切足矣！"

我从第一届评比开始就反对以我的名字来命名这个荣誉称号，他们也同意了。但他们后来依然用这个名字，也许是因为他们没有想到更好的名字吧。这次年会后，我再次提出换名，并书面表达了我的强烈愿望——

> 研究会诸老师：我一直有个想法，就是"中国李镇西式好教师"这个名称让我不安。不是今天才有的。第一届年会我就提出改个名称，大家也同意了。后来却一直没改，于是我一直不安。当然，我也没想到更好的名字。今天我想到一个名字，我觉得挺合适的，就是"孩子爱戴的幸福教师"，简称"幸福教师"。这个称呼既体现了教育的宗旨是为了孩子，也表达出"幸福比优秀更重要"的理念。希望能够考虑。

我对他们说:"现在全国各级评优选先,有'优秀教师',有'骨干教师',有'特级教师',就是没有'幸福教师'。我们就用这个称呼,不也很好吗?"我还说,别在这个荣誉称号上冠以"中国"二字,虚张声势,没有意思。

九

这次我的呼吁得到越来越多的老师的理解与认可。广东中山的高级教师黄建军在博客中回忆自己参评"中国李镇西式好教师"的经过与感受:

> 2013年加入"李镇西研究会"的时候,就知道有一个"中国李镇西式好教师"的评选活动,但我一直都没有参评的想法,因为我觉得自己无论如何也配不上这样一个称号。本人生性寡淡,并不热衷外在荣誉和名利。加入研究会,纯粹为了成长,并没有以此积累资历,换取评选筹码之类的考虑。2015年3月,在杨富志老师的"怂恿"下,我终于申请参评。在团队的两年多,通过研究会扎扎实实的读书研讨写作等活动,我这个已经获得"高级教师"职称的老教师也得到提高,多读了一些书,多写了几篇文章,更加乐享教育生活,尽管我依然配不上"中国李镇西式好教师"这样的荣誉称号。这如同我清楚拿到了"高级教师"职称并不等于我真的"高级"了,我也知道获得"中国李镇西式好教师"不等于我就有多优秀。我没有把这一民间荣誉视为闪耀的桂冠,而是把自己申请的称号当成富志所说的"紧箍咒"——时时刻刻都记得用心做一个"自己培养自己,坚守常识,坚持朴素,幸福比优秀重要"的老师,懂得并寻求教师职业的内在尊严与职业幸福。我的参评是态度,更是选择。参评不是我有多优秀,而是我想选择和大家一起走向优秀。随着我对李镇西老师更深入的了解,我越来越不再担心这样做被人指责为不成熟或幼稚。研究会并不像那些不了解的人所说的"搞个人崇拜""造神""拉帮结派",这些也是李老师不认可的。对于各种质疑与非议,我可以理解,但是有

时候"旁观者迷,当局者清"。在我们研究会,大家都是李镇西的粉丝,但是我们不是脑残粉。我们不搞人身依附,也不把李镇西老师当"教主"膜拜。一群有梦想的教师,以镇西为名而聚集在一起,有何不可呢?我想对于倡导民主教育的李老师来说,他也不希望看到一群没有自我的教师,他支持鼓励研究会并不是因为大家对他的崇拜,而是赞赏团队的运行活力,感动于一线教师的成长渴求。李镇西老师多次提出研究会评选"中国李镇西式好教师"称号应改名,我认为应该尊重。

最初提议用"中国李镇西式好教师"这个名称的蒋自立老师也对我表示理解与赞同,他还帮着我说服大家:"我们应该尊重李老师!"当然,是不是用"幸福教师"这个名称,大家说还可以再想想,说不定还有更恰当的名称,但无论如何,明年的评比肯定不会再用"中国李镇西式好教师"这个名称了。

十

当然,"李镇西研究会"毫无疑问将继续存在,因为这个平台属于我们大家。研究会不会给任何老师带来任何功利方面的好处。互相鼓励、自我成长就是它唯一的功能。从一开始,它就引起一些人的误解,没关系,也没有必要用语言去解释。朴素的行动,执着的追求,坚守的姿态,成长的足迹……就是最好的"解释"。

最近,"不忘初心"二字被频频提及,我一直跟老师们强调——当然,也这样告诫自己,我们当老师的一定要随时提醒自己工作之初的情怀。第一天踏上讲台的时候,我们是那样的纯粹,没有功利心,没计较过收入,没想过如何算"工作量",也没想过什么"教坛新秀""市优青""省级骨干教师"之类,想的只是怎样把眼前的这一堂课上好,怎样把眼前这群孩子带好,那时候,教育就是教育,而不是"荣誉",不是"职称",不是"论文",不是"课题"……课堂上孩子们一双双亮晶晶的眼睛,下课后孩子们一声声无邪的笑声,就是我们全部的追求。因为单纯,所以快乐。

我愿意把我曾经在网上写过的一段文字作为本文的结束语——

天各一方的老师们,也许我们很难见面,甚至一辈子没机会握手拥抱,但有了这个研究会,我们便心心相印,息息相通。在这个嘈杂喧嚣的时代,总有一群人愿意互相携手默默前行,不为名不为利,就为保持内心的童真,就为自己从教之初的教育憧憬!

有人曾悲观地说:"这个浮躁的时代,理想处处碰壁,要想不浮躁都不可能!想真正静心做事很难!"

"不可能"吗?"很难"吗?那好,愿我们一起为这个时代创造一个"例外"。

2016 年 7 月 31 日

教育要有"儿童视角"

"儿童视角"本来是文学创作领域的一个概念,指的是小说作者借助于儿童的眼光或口吻来讲述故事,故事的呈现过程具有鲜明的儿童思维的特征,小说的叙述调子、姿态、结构及心理意识因素都受制于作者所选定的"儿童的叙事角度"。相对于成人视角,儿童视角在观察、描摹事物,讲述和理解事件时表露出儿童所特有的思维习惯、认知方式和价值取向。因此,儿童视角是一种叙事策略,一种独特的话语表述方式。

我想到了教育。最近我们常常听到"学生立场"这个概念,其含义大致和"儿童视角"类似——通俗地说,就是要善于站在孩子的角度看问题。但"学生立场"这个短语比较容易让人想到"教师立场",并可能在潜意识里将二者对立起来——而事实上,"学生立场"和"教师立场"并非完全对立。因此,我更喜欢用"儿童视角"这个概念。

什么是教育学意义上的"儿童视角"呢?我不是理论工作者,没有能力从理论的高度下定义。但我可以这样来表述我对"儿童视角"的教育学理解:用儿童的眼睛去观察,用儿童的耳朵去倾听,用儿童的大脑去思考,用儿童的兴趣去探寻,用儿童的情感去热爱……这个理解,也不是我的"原创",而是读两位我十分尊敬的教育家的著作所受到的启发。

苏霍姆林斯基在其不朽著作《帕夫雷什中学》中这样深情地写道:"一个好教师首先意味着他热爱孩子,感到跟孩子交往是一种乐趣,相信每个孩子都能成为一个好人,善于跟他们交朋友,关心孩子的快乐和悲伤,了解孩子的心灵,时刻都不忘记自己也曾是个孩子。"(《帕夫雷什中学》,教育科学出版社1983年版第44页)记得当我读到"时刻都不忘记自己也曾是个孩子"时，怦然心动，想了很久很久。教师应该多想想自己曾是孩子时的欢欣、恐惧、喜好、憎恶，想想小时候自己喜欢怎样的老师，以及老师怎样上课，这不就是"儿童视角"吗？

陶行知在《师范生的第二变——变个小孩子》中，这样告诫未来的教师："您不可轻视小孩子的情感！他给您一块糖吃，是有汽车大王捐助一万元的慷慨。做了一个纸鸢飞不上去，是有齐柏林飞船造不成功一样的踌躇。他失手打破了一个泥娃娃，是有一个寡妇死了独生子那么悲哀。他没有打着讨厌的人，便好像是罗斯福讨不着机会带兵去打德国一般的怄气。他受了你盛怒之下的鞭挞，连在梦里也觉得有法国革命模样的恐怖。他写字想得而没有得到'优'，仿佛是候选总统落了选一样的失意。他想你抱他，一会儿您偏去抱了别的孩子，好比是一个爱人被夺去一般的伤心。"（《陶行知教育文选》，四川教育出版社2005年版第257页）读到这里，我无比感动：陶行知之所以成为不朽的教育家，与其说因为他首先有一颗伟大的爱心，不如说他首先有一颗纯真的童心——"变个小孩子"。某种意义上说，童心，就是"儿童视角"，没有这样的"视角"，绝对当不好老师。

几年前，我80年代教过的一个叫赵刚的学生来看我。我俩在城外的一条绿荫道上散步聊天，谈社会，谈国家，谈人生……他对我说："李老师，刚进入初三时，有一件事我对你很有意见，但当时没说，现在可以说了。"我说："好呀，你说。"他说："那是进入初三的开学第一天，你在班上表扬很多男同学经过一个暑假都长高了，你还说×××长高了多少厘米。我当时好想你表扬我啊，因为我一个暑假长了7厘米，可是，你表扬这个表扬那个，就是没表扬我！我当时气了很久！"

我听了哈哈大笑，心想：这都值得你生气？我当时是随便点了几个同学表扬，我怎么知道你也长高了呢？这事都要生气，也太小气了嘛！这哪值得生气呢？但我转念一想，觉得赵刚"小气"，这是成人的想法，而当时，赵刚是一个小男孩，一个暑假长了那么高，多么希望老师能够知道并表示欣赏啊！可我却没有如他所愿表扬他。这事仔细一想，至少说明：第一，我没有关注他，如果报名那天我仔细观察他，长了7厘米我应该能够看出来的；第二，在我表扬其他男生的时候，我没有觉察到坐在下面的赵刚脸上那渴望的表情。于是我对赵刚说:"是我的不对。虽然30多年后的今天你才对我说,你也早就不为此事感到委屈了,但你说出来是有意义的,因为我还在当老师,这对我以后更加细心地对待学生,特别要以儿童的心理去理解儿童,是有帮助的!"

正是我的学生赵刚告诉我,什么叫"儿童视角"。

加拿大学者马克斯·范梅南在其《教学机智——教育智慧的意蕴》中,写了这样一个教学现场:

> 在其他同学面前演示一个十年级的科学实验的结果时,考瑞完全失去了他的潇洒和信心。现在他感到十分尴尬,简直就希望能钻到地底下去,这样他就永远也不要见到他的同学们了。孩子们注意到了他内心的斗争,有的开始窃笑,而其他的同学则为考瑞感到尴尬,于是假装不去注意,这使得情形变得更糟。考瑞僵立在那儿,脸上抽搐着,那种安静变得让人无法忍受。就在这个时候,老师打破了这种尴尬,递给考瑞一支粉笔,并问他是否用两三个要点将主要的结果弄出来。考瑞这时有了一个机会转过身去,镇静一下自己,不面对其他孩子。同时,老师作了一些评论,以帮助考瑞回忆和梳理结果。结果,考瑞的实验结果陈述作得还不错,老师最后说:"谢谢你,考瑞。你刚才经历了一个很艰难的时刻,我们都经历过类似这样的时刻,你做得很好。"

在这里,考瑞的老师是机智的,更是善解人意的,她巧妙地将考瑞从尴尬中解救了出来。而这样做,源于她有一颗能够细腻感受儿童内心世界的心,即我今天所说的"儿童视角"。站在成人的角度,老师也许关心的只是答案的"对"与"错",以及为什么"对"或"错",眼睛里只有冷冰冰的知识,而没有活生生的人。但考瑞的老师不是这样的,她理解考瑞的脸红、心跳、不好意思、无地自容⋯⋯她觉得当务之急不是帮助学生弄清知识,而是给孩子以尊严,让孩子恢复自信。所以她才找了一个理由,让孩子"转过身去,镇静一下自己,不面对其他孩子",最后获得了"陈述作得还不错"的结果。设想一下,如果不是这样,即使教师不批评、指责,而是请考瑞"坐下再想想吧",那也会让考瑞特别难受。考瑞老师的高明和充满尊重的办法,是给考瑞创造一个机会,让他自己去面对,去处理,并获得成功。

北京十一学校的李希贵校长曾谈到"当学生提出不上课、不做作业、不考试的时候,怎么办?"的问题。这个问题,在许多教育者看来简直就是"乱弹琴"。是的,如果从"成人视角"看,学生不上课、不做作业、不考试,那还叫什么"学生"?但李希贵的回答是:"在十一学校,我现在面对最多的挑战就是,有学生会找到我,说他找老师商量,希望这两个月不上课了,但是老师看上去不太同意。还有学生找到我,希望这个学期不做某学科的作业了。这样的学生为什么会出现?在今天互联网的影响下,学生不仅仅通过一个渠道学习,当他变得不一样的时候,我们有什么理由让他在课堂上做一样的作业、考一样的卷子?没有理由,就是习惯,就是制度,就是掌控。要打破这个是很困难的一件事,但我们真正研究每一个学生的成长链条时,就会发现我们必须打破。"

想一想吧,我们的教育中,我们的课堂上,是不是缺少了一些"儿童视角"呢?我们制定过那么多的校规,有哪一条跟孩子商量过呢?我们有太多整齐划一的要求,不就是为了方便教育者管理,甚至"看起来舒服"吗?我们空洞乏味地给孩子灌输那么多超越他们年龄特点因而他们根本听不懂的这个"思想"那个"价值观",想过孩子的感受没有?

在今天这个背景下,提出教育要有"儿童视角"是有特定针对性的。但这绝不意味着我主张绝对的"儿童中心主义",即一味地迁就儿童,放任儿童……绝不是的!如果那样,等于是取消了教育。从另一个角度看,教育的"成人视角"依然重要,这意味着我们的教育使命,教育目标,教育内容,教育方法,教育的过程、智慧和艺术,等等。但任何一个时代所强调的,总是该时代所缺乏的。今天,我们时代的教育缺乏的不是"教师的大脑",而是"孩子的心灵",因此,我呼吁——

教育要有"儿童视角"!

2016年10月7日

智慧与技能

班主任要善于讲故事

班主任有许多基本技能,"善于讲故事"就是其中之一。

孩子喜欢听故事而不愿听说教,这是每个班主任都明白的常识。所以善于讲故事对于班主任工作的意义不言而喻。问题在于,许多班主任也愿意多给孩子讲故事而不是空洞地讲道理,却不会讲故事。所谓"不会"并不是不明白讲故事要"主题鲜明""针对性强""语言生动"等道理,而是不知道具体该怎么"讲"。今天,我想根据自己多年班主任工作的实践,给大家谈谈我的体会。

一、把自己放进故事里

讲自己的故事肯定就"把自己放进故事里"了。所以,我一直主张班主任要善于给学生讲自己的故事。老师给孩子们讲自己当孩子时的故事,最能引起孩子们的兴趣和共鸣——每次我给孩子们讲我学生时代的故事,他们总是最兴奋的。我们的成长经历,我们的学习经验,我们的兴趣爱好,我们学生时代的成功和教训……都是一笔丰富的教育资源。

多次给不同年级的学生讲"在错误中成长"的话题时,我总是撩起袖子亮出胳臂,给学生们看胳臂上的一块伤疤,那是我初中时打架留下的"纪念"。学生感到很惊讶:"李老师小时候也打过架啊!"我说,其实我从小学到大学,都是老师眼中的"乖孩子""好学生",但也打过架,然而我后来战胜了自己,懂得了文明与教养。我还给学生讲过一个我不尊敬同学的故事。那是我读高中时,班上有一位来自农村的同学,长得比较老相，我便恶作剧地用毛笔在他的课桌上写了一行字："××同学，祝你安度晚年！"结果我被班主任老师公开严厉批评，让我羞愧了很久。我通过这些故事，告诉学生们："没有人不犯错误，人总是在犯错中成长起来的。"孩子们听我小时候的故事觉得特别有趣，因而我自然而然的教育也特别有效。

但班主任所讲的故事并不都是自己的，很多时候我们讲的是别人的故事。因此，所谓"把自己放进故事里"，是说要把自己的情感、思想融汇在故事之中。永远不给学生讲自己不相信的话，这是我的教育信念之一。因此，我给学生所讲故事的意蕴，一定要是我真心信服的，否则我不会给学生讲。或者说，这故事首先是把我自己感动了，让我情不自禁地产生要给学生讲的欲望。故事也许是别人的——是我读来的或听来的，但故事的精神内涵是我自己认同的。因此，我在讲的时候，每一个字都是从我心里流淌出来的。比如，我曾经给学生讲傅雷父子的故事，傅雷父子和我显然隔着一个时代，但他们身上的纯真、气节、风骨、坚韧……却是我由衷敬佩的，也是我自己的精神追求。因此我给学生讲的时候，许多学生都热泪盈眶，他们是被傅雷傅聪感动了，也是被我感动了。这就是我说的"把自己放进故事里"。唯有这样，我们给学生讲故事，才能体现出教育的真诚。

二、要自然切入

苏霍姆林斯基曾建议教师们要把教育意图尽可能隐蔽起来，不要让孩子每时每刻都感觉被大人"教育"。给孩子讲故事，就是追求一种不露痕迹的教育。因此，我们在给学生讲故事时，最忌讳这样说："为了让同学们明白这个道理，我给大家讲个故事吧！"这样一本正经的开头，一下子就让故事的效果打了折扣。所以，给学生讲故事，一定要自然切入，让孩子不知不觉地进入故事之中，进而不知不觉地受到感染和启迪。

《一碗清汤荞麦面》是一个家喻户晓的感人故事，主题是爱与坚强。因此，每年9月开学第一天的第一节课，我总会走进我校初一年级的课堂，给孩子们讲这个故事，作为爱与坚强的启蒙教育。但怎么开头呢?"同学们,为了让大家学会爱心,学会坚强,我今天给大家讲一个故事……"这样开头显然是最笨的。根据不同的情况,我一般有这样几种开头——

其一:"刚才在开学典礼上,全校同学都齐呼了校训——"同学们往往情不自禁地齐声回答:"让人们因我的存在而感到幸福!""怎么理解这句话呢?"我问。刚小学毕业的小家伙们往往争先恐后、叽叽喳喳地回答。"嗯,不错。我这里再给大家提供一个例证,请大家吃一碗'面',等大家吃完这碗面之后,对我们的校训一定会有更深刻的理解。这碗面来自日本北海亭面馆……"

其二:"今天是9月1日,我问大家一个问题,后天,也就是9月3日是什么日子呢?"很少有人回答出。我说出答案:"9月3日,是中国人民抗日战争胜利纪念日。"接着我会说说这个日子的来历,然后我自然会说到现在许多"爱国愤青"对日本(而不仅仅是日本右翼军国主义者)的仇恨,这个话题最能引起大家的共鸣。我说:"日本侵华的历史的确不能忘记,我爷爷就曾经是一名抗日军人。但是今天,我要说,作为中国人,你可以不喜欢日本这个国家、这个民族,但你一定要知道我们和他们的差距有多大!'二战'之后,日本能够在一片废墟上迅速崛起,原因当然有很多,但日本民族的凝聚力是重要原因,《一碗清汤荞麦面》这个故事可以告诉大家一些答案。一个民族之所以能够走向强大,就在于这个民族能够向对手学习!"

其三:"刚才我进教室前,听你们的班主任老师告诉我……(这里我举该班的例子。只要班主任善于观察与捕捉,这样的例子绝对是有的,而且不少)我非常感动。开学第一天,班上就有这么好的同学,未来三年咱们班一定会非常温馨。其实,有时候给人以温馨、让人感动并不需要惊天动地的壮举,更不必大张旗鼓地宣扬,而往往只是一句话、一个动作、一个眼神、一个笑容,而且不露痕迹,自然而然。比如,我现在要给大家讲的《一碗清汤荞麦面》……"

……

只要了解学生,熟悉他们的生活,并能够随时敏锐地感受他们的精神世界，我们就一定能够找到讲故事的自然切入点。

三、要善于展开

一些老师讲故事总讲得干巴巴的，不能感染学生，这自然达不到讲故事的效果。故事讲得生动有许多要素，比如语言的绘声绘色，声调的抑扬顿挫，表情的眉飞色舞，肢体的手舞足蹈，等等。其中还有一个要点，就是要学会"展开"。

有的老师讲故事往往只说"发生了什么"，于是，再生动有趣的故事，讲出来也就那么三言两语。比如，我曾经给学生讲我初一时学习英语的经历，如果让不会讲故事的老师来讲，可能就是这么几句话："我最初英语成绩不好，后来发奋努力，一学期便取得了惊人的进步。"这样"简洁精炼"，当然不能感染学生。

我给学生讲这段经历显然不是这样三言两语只说"发生了什么"，我还着重讲了"怎么发生的"。我讲了我初一时语文、数学等各科成绩如何优秀——有我保存至今的初中成绩单为证，但就是英语成绩不好。讲到这里，我还讲了当时班主任老师对着我"38分"的英语考试成绩叹息："李镇西，你其他科的成绩都那么好，为什么英语学不好呢？"我又讲了当时我受到刺激，决定奋起直追的心理活动。我还详细讲了我努力的行动，包括一些细节：放学路上、上学路上、晚上躺在床上入睡之前等。我随时见缝插针地利用时间记英语单词；连学校开大会，我坐在下面，脑子里都在默记单词；我还把常用单词的卡片贴在家里的墙上、饭桌桌面上、蚊帐上方等处，还有我的手背上也常常写着英语单词，这样我目光所及之处都是英语单词……最后我讲了期末我83分的英语成绩，让我和老师都有点不相信。讲到这里，全班同学都惊叹不已。"从此以后，英语成了我的强项。一直到后来考上大学，我的英语成绩在班上也是名列前茅。包括40多岁读博士时，我还在学英语。博士毕业后，其他学习资料都扔了，但上千张手写的英语卡片我至今保留着。"对此孩子们再次惊叹不已。

我还给学生讲过这么一个故事——

那是 1975 年，我在离家几百里的一所乡村中学读高一。有一次，老师要求我们为学校养猪场割猪草，还规定了任务，每个学生要上交 10 斤猪草。那是严冬时节，我的手长满了冻疮，肿得像个馒头，而且从小在城里长大的我，也不认识什么叫猪草，所以，尽管对其他农村同学来说，割 10 斤猪草是很容易完成的任务，但对我来说，却比登天还难。

不过我还是不得不拿着一个竹兜和镰刀走出学校来到田野上，四处游逛。我听说猪要吃油菜叶，于是只好在油菜地里摘一些发黄的油菜叶往竹兜里扔，但离 10 斤的任务还远得很！手越来越痛，我实在受不了了，便灵机一动，捡了两块砖头，放在竹兜下面，再将油菜叶覆盖在砖头上，这样，我的任务便"完成"了！回到学校，我把竹兜拿去过秤，居然蒙混过了关！

可我只高兴了几个小时，我的作弊行为便败露了。养猪的大伯在切猪草时发现了我的砖头。一时间，我的行为被作为笑话传遍了全校："那个城里来的娃儿居然连猪草都不认识！""他以为猪要吃砖头呀！"……不仅仅是被人取笑，更让我难受的是，我遭到了班主任的严厉批评："看上去你很听话，原来你会搞欺骗！"……校长专门找到我，同样给了我严厉的批评。校长是我父亲的同学，也是我父亲的入党介绍人，记得他当时说了一句在我看来很重的话："李镇西，做人第一！我不指望你将来长大后成为多么有出息的人，只希望你成为一个正直的人！"几十年过去了，校长这句话到现在都还一直在我耳边回响着，时时激励着我。

讲故事就要这样"展开"。写作中有"叙述"和"描写"两种手法。"叙述"是简单的交代，"描写"是形象的刻画。比如"太阳出来了"，这是叙述；而"一轮红日从东方冉冉升起"，则是描写。我说的"要善于展开"，就是指讲故事要善于描写。

四、要有曲折波澜

"文似看山不喜平"。讲故事其实就是口头作文，同样"不喜平"。如果故事平铺直叙，自然味同嚼蜡；或者老师说了第一句，学生就知道接下来的第二句,这故事同样索然无味。对于会讲故事的老师来说,情节平凡的故事也能摇曳多姿;而对于不会讲故事的老师来说,跌宕起伏故事也会被讲得一马平川。

说到"曲折波澜",总会想到扣人心弦的"悬念"和出人意料的"包袱"。问题是,有的故事并没有什么"悬念",也没有什么"包袱",怎么办呢?

倒叙是产生悬念的方式之一。因此,有时候我们将故事的顺序变一变,曲折波澜便出现了。对此我就不举例了。关于"包袱",其实有时候只需将叙事角度变换一下,故事就会产生令人捧腹的"包袱"。

有一年,我在给我校班主任作技能培训时,说到讲故事的技巧时举了这样一个例子:"古代有一个眼睛近视得厉害的读书人,一天他去买东西,到了店铺却发现大门紧闭,一个人也没有。他模模糊糊地看见门板上方贴着一张告示,却看不清写的什么。于是他吃力地爬上柜台欠起身,几乎全身都贴着门板了,终于看清告示上面的一行字:'店铺装修,注意油漆未干。'"讲到最后一句,全场爆笑。我说,其实这故事本身并没有"包袱",最后抖出来的"包袱"是由我的叙事角度产生的,这个角度就是读书人的角度。如果我们换一个角度,换成掌柜的角度,再讲这个故事,什么"包袱"都没有了:"古代一个掌柜的装修了铺面,暂时停业。他怕顾客弄脏衣服,便在门板上写了一则告示:'店铺装修,注意油漆未干。'但第二天一个读书人来买东西,见店门没开,又看不清告示,便吃力地爬上柜台看告示,结果把油漆弄了一身。"我当时跟老师们说:"同样一件事,你给学生讲的时候,可以从老师的视角讲,也可以从学生的视角讲,也可以从家长的视角讲,还可以从其他的视角讲……讲之前,你可以比较一下,从哪种视角讲更能让故事吸引学生。"

当然,有时候遵循故事本身的自然逻辑也可以让叙述引人入胜。我曾经给学生讲过一件80年代我班上发生的事。

开学之初,由50多名同学组成了一个崭新的班级——初84届一班,新当选的学习委员王红川建议在教室里放一个小书柜,号召同学们捐献书籍,同学们立即响应。第二天,韩军同学从家里搬来了一个小木箱算是书柜,不少同学纷纷捐献了《外国童话选》《少年文艺》《十万个为什么》等近200本书籍。

但是,怎么管理这些书呢?我建议学生们凭借条借阅。可大家不同意,说:"李老师,让我们自由取看吧,想看时自己拿,看完后放回书柜。这多方便啊!"

我担心地问:"万一书丢了怎么办?"

学生们纷纷说:"不会的!不会的!"个子矮矮的陈建同学满脸不高兴地说:"哼,李老师一点都不相信我们!"

"是啊,李老师,您就相信我们吧!"学生们这么恳切,我终于同意了。不过,我还是指定王红川每天在放学前负责清点书柜里的书。两天、一周、两周甚至一学期都过去了,书果然一本不少,反而多了起来——因为捐书的同学还在不停地捐书。

我抓住学生们良好的道德风貌,不断表扬鼓励他们:"看来李老师以前真没想到我们班的同学这么纯洁。希望大家保持这颗童心,永远不要给班级抹黑!"外班的同学老师知道后,也赞叹道:"初一(1)班真是一个诚实的集体!"而且渐渐地,外班一些同学也利用午休时间来我班看书。

但是,有一天,一本《故事会》却丢失了。同学们都不愿相信,这事会发生在我们班。

放学了,大家都不愿走:"再清理一遍!""清理仔细些!"他们自信而又担心地催促图书管理员王红川同学再将小书柜清理一遍。

我尽量耐心地对大家说:"同学们知道,我们班一直是个诚实的集体啊!可今天,一本《故事会》的丢失,可能使她染上污点。外班同学知道了会怎么说呢?又还有谁愿意捐书呢?我希望这位同学能够勇敢地退还这本书,同学们会原谅你的!"

学生们你看我,我看你,却没有一个人承认。我忍不住叹息起来:"唉,还让我相信你们!"

教室里静默得让人难以忍受,每个人的心里都很难过。

突然,坐在前排的陈建同学站了起来,说:"李老师!《故事会》……是我……拿了。"

学生们不禁惊叫起来，连我也不太相信，一向关心班集体的陈建同学会做这样的事。

我诧异地问他："你怎么会拿呢？"陈建红着脸说："我……中午拿回家去看，忘了带来。"

学生们嗡嗡议论起来，我却立即表扬了他："很好，陈建能主动承认错误，便没有给集体抹黑。他的诚实还是值得大家学习的！"

第二天，陈建果然从家里拿来了一本《故事会》，交给王红川。

几天后的一个下午，初一（2）班的一位女同学给我一本书："李老师，这是您班的《故事会》。"我非常惊讶："我班的？"我心里想，怎么会多出一本《故事会》呢？

她说："是您班的。那天中午，我到您班教室借来看的，可忘了还。今天清书包才发现。真对不起。"

我一下子明白了，立即找来陈建问："那天你带来的《故事会》究竟是谁的？"

"班上的啊！"他还在"撒谎"。

当我一拿出刚找到的《故事会》时，他什么也不说了。

我当时真想问他："你为什么要这样做呢？"可终于没问。因为答案很清楚：他"欺骗"了老师和同学，恰恰是因为他有一颗非常善良的心！

我讲述的顺序，就是故事本身的顺序。但是，在讲的时候，有几个地方我还是刻意"讲究"了一下的。比如，我先突出了我最初对同学们不放心和后来图书一本不少的欣慰，这是一个对比；我还突出了我的信任与后来书却少了一本的"痛心"，这又是一个对比。这双重对比，让故事有了一些涟漪。又如，在说同学们希望我相信他们时，特意讲了陈建的请求，这既是伏笔——为他后来的"犯错"埋下伏笔，又是对比——他言与"行"的对比。再如，陈建的"认错"，让我和同学们大吃一惊，这是一次跌宕；事态"平息"之后，邻班女生还书，让我意识到陈建的"撒谎"，又是一次"无风起浪"……我在讲的时候，都不动声色地突出了这两次转折，故事便显得生动起来。

五、让学生走进故事

所谓"让学生走进故事",就是在讲故事的过程中,让学生参与——引导他们思考,组织他们讨论,或者让他们推测故事的发展以及结局等等。注意,不是讲故事之前的问题思考,也不是讲完之后的讨论,而是一边讲一边结合故事让学生很自然地参与。

我曾经给学生讲过一个故事。有一年我在课堂上读雨果的《悲惨世界》,讲主人公冉·阿让如何战胜自己。我就问同学们"战胜自己"的意思是什么。同学们七嘴八舌,发表看法:"就是跟今天的自己和昨天的自己告别。""就是克服自己的弱点。""就是两个'我'打架!"我抓住最后一个答案追问:"哪两个'我'打架?"同学们又纷纷发言:"高尚的我和卑下的我","坚强的我和懦弱的我","勤奋的我和懒惰的我","诚实的我和撒谎的我"……同学们在回答的时候,其实心里也在思考:"我"如何战胜自己?

我接着给学生们讲,读了《悲惨世界》之后,没想到第二天会发生一件让我意想不到的事,什么事呢?同学们能猜一猜吗?教室里又是一片热闹,一个一个的答案从学生嘴里说出来,但最后我说:"一个都没猜对!"同学们大失所望的同时,听故事的欲望更强烈了。我说:"第二天,我的办公桌上放了一封匿名信,信里有220元钱!"同学们情不自禁张开了嘴。他们目瞪口呆的表情让我看到了他们内心的震惊,同时他们又用眼神急切地催我快快讲下去。"这是一封匿名信,写信人开头便说:'过去,我是一个非常卑鄙的人,但是我在老师和同学的眼里却是一个品德高尚的人。是的,同学们都认为我是好同学,老师也认为我是好学生,可是,他们哪里知道我这个公认的'可爱的人',竟是一个小偷!'"这个同学以前偷了班上同学的钱,一直没人发现,但昨天他听了《悲惨世界》,听了"两个'我'打架"的讨论,他经过激烈的思想斗争,决定"战胜自己"给李老师写信主动承认错误。

这个学生在信中这样写道:

昨天，您给我们念《悲惨世界》时，教育我们要向冉·阿让学习，向过去的罪恶告别，做一个人格高尚的人。您在说这些的时候，并没有具体地批评谁，但我听了却总觉得是在敲打我可耻的心灵！

如果我不承认，别人也许不知道；但我就彻底堕落了。终于我决定鼓起勇气，承认我过去的偷盗行为，并且开了一张清单，写明我曾偷过的同学和所偷的金额，连同赔偿的220元钱，悄悄地放在了您的办公桌上。请您代我退给这些同学。

我非常感谢李老师在危急关头，把我从罪恶的深渊拯救了出来，为我以后的人生点燃了一盏明亮的灯！

我一边讲，一边问聚精会神听故事的同学们："能否推测一下这个同学决定写信认错时的思想斗争？""如果是你，你会这样做吗？""他希望李老师为他保密，但李老师该不该在班上读这封信？""他的同学们会怎么看他呢？""这个同学能够战胜自己，最根本的原因是什么？"……这个故事很长，也很感人，限于文章篇幅，我在这里不便细写，但当时我在讲故事的时候，每一个同学都被震撼了。

作为班主任，一定要有强烈的教育意识，否则是失职；但"教育意识"的体现却一定要润物无声，讲故事最能自然而然地走进孩子的心灵。愿每一位班主任都成为讲故事的高手。

2015 年 2 月 21 日

我追求成为这样的语文老师

语文教改搞了这么多年，我们的课堂依然对学生没有足够的吸引力。这是我最近一次在网上调查所得出的结论。当然，所谓"吸引力"并不是评判一堂语文课唯一的标准。但无论如何，如果孩子们连语文课都不爱听，这课还有什么意义？

让语文课堂对孩子有吸引力，这对语文老师的素质提出了挑战。我认为，一堂好的语文课是语文教师综合素质的体现——有学问，有思想，有情趣，有才气，有胸襟。

第一，有学问。

课堂的魅力就是教师的魅力，而教师的魅力主要就是学识的魅力。教师在讲台上一站，就要让学生感到你有一种源于知识的人格魅力。这种魅力，更多地来自阅读。

我有一个不一定严谨的说法：只要教师肚子里真的有学问，那他无论怎么教，甚至哪怕他"满堂灌"，都叫"素质教育"，都叫"新课改"！旁征博引，信手拈来，俯视古今，联通中外……这样的课不但能吸引学生，而且能震撼学生的心灵，打开学生的视野，激发他们的思考与创造。比如钱梦龙老师，只有初中文凭，但因为他善于自学，读了很多书，所以成了学问大家，他的课自然就有一种超出一般教师的境界。你们看他80年代的课堂实录，那不是"素质教育"是什么？不是"新课改"是什么？虽然那时候并没有"素质教育"和"新课改"的说法。如果教师肚子里空荡荡的，只会根据教参来备课上课，课堂上必然捉襟见肘。

我又想到几年前去世的老岳父。他年轻时学的是法律，后来改行当老师，教了一辈子的语文。虽然不是师范院校中文系出身，但自小打下的私塾功底，让儒家关于修身养性的思想，化作他自然而然的生活方式。他的旧学功底相当深厚，"二十四史"是读通了的，文史哲融会贯通，好书法，擅长写古典诗词。因此，他的课非常受学生欢迎。直到最近，他的一个已经80岁的学生还说起他当年讲《鸿门宴》的情景："旁征博引，信手拈来，眉飞色舞，精彩得很！"而老岳父之所以能够这样，自然得益于他广博的阅读。

作为语文老师应该读什么书呢？教育经典，专业读物，都是应该读的，我就不多说了。我这里特别要强调的，是多读人文书籍：政治的，哲学的，历史的，经济的，人物传记，长篇小说，等等，都应该在我们的视野之内。我们阅读，不要有"明确的"功利色彩，不是说为了备课找资料才去阅读什么书。我们阅读是为了充实我们作为知识分子的精神世界，为了让我们能够站在人类文明的精神高地俯瞰我们的每一堂课。

第二，有思想。

这里的"思想"既是动词也是名词——指能够独立思考，并形成自己独到的见解。通俗地说，语文教学就是教会学生通过语言文字准确把握领悟其中的思想情感，并能够熟练地运用语言文字表达自己的思想情感。这就要求教师要有自己的思想情感，而不是只会复述教参，人云亦云。学生思考的火焰只有用教师思考的火种去点燃。

我们常说要培养学生独立思考的能力，那教师自己就必须是一个独立思考的人。马克思的战友威廉·李卜克内西曾这样评价马克思："他是一个彻底正直的人，除了崇拜真理之外他不知道还要崇拜别的，他可以毫不犹豫地抛弃他辛辛苦苦得到的他所珍爱的理论，只要他确认这些理论是错误的。"我认为，教师也应拥有这样一种追求真理、崇尚科学、独立思考的人文精神。我们实在无法设想：一个迷信教材、迷信教参的教师会培养出富有创造精神的一代新人。

应该说，现在还有不少语文教师离开了教材就不知道该怎么上课。而"有思想"的语文教师最直观的体现，就是对课文有自己理性的分析，并带着学生一起思考。与其教给学生现成的思想，不如教给他们思考的习惯。我想到了深圳中学已故的马小平老师。讲授课本时，他总是有着不同于教参的解读。他的一个学生至今记得他讲《孔乙己》的情景，他始终关注着在一旁冷冷讲述故事的、年仅12岁的小伙计。按照常规解读，小伙计贯穿始终，"既是旁观者，又是参与者，以喜写悲，使悲更悲"。但谈起那个孩子时，马老师却在讲台上深深叹了口气："他还只是个孩子，却与成人社会的视角没什么不同。失去了天性的悲悯，真是悲哀。"

马小平没有任何荣誉和头衔，钱理群却这样评价他："马老师以其全球教育眼光，高瞻远瞩，思想深邃，而让我格外关注。"我们的中学语文教学讲台，呼唤着更多这样"思想深邃"的"马小平"。

第三，有情趣。

有的语文课，重点突出，条理清晰，知识准确，但就是枯燥沉闷，学生依然不喜欢。这样的课让人说不出什么问题，但总觉得哪里不对劲。细想起来，是因为这样的课少了一点情趣。

多年来，我们研究思考教育教学，往往是站在成人的角度，或者说站在教师的角度，而忘记了"儿童立场"，即要符合儿童的特点，要站在儿童的角度来设计我们的教学。

我曾经对"什么是好的教育"有过通俗的解说，就是"既有意义，又有意思"。所谓"有意义"，是站在教育者的角度说的：我们的责任、使命、理想，我们的教育目的，我们所要传递给学生的真善美品质，还有要培养的公民意识与创造精神……所谓"有意思"，是站在孩子们的角度说的：情趣，浪漫，好玩儿，其乐融融，心花怒放，欢呼雀跃，心灵激荡，泪流满面……

顺着这个逻辑，我对"什么是好课"也有过通俗的理解，就是"有效"加"有趣"。有效，就是教师完成了教学任务，而学生有收获。有趣，就是能够吸引学生，让学生在课堂上兴趣盎然，心情愉悦，如沐春风，觉得时间过得很快，下课后盼着第二天再听这位老师的课。如果只是有趣而无效，上课就成了看小沈阳演小品，搞笑而已。但如果课堂没趣，只追求所谓的"有效"，一味地灌输，这样的课学生不爱听，也很难达到真正的有效。

如何才能达到"有趣"？语言的风趣机智，让课堂活泼和谐；将知识和学生的生活相联系，让学生觉得学知识其实就是学生活；引导课堂讨论甚至争鸣，让学生的思想碰撞；组织学生参与课堂教学，让学生自主学习……这些都能让学生感到课堂有趣，因而全身心地投入。

课堂的情趣取决于教师的情趣。语文教师应该是一个特别有情趣的人——热爱生活，爱好广泛，激情澎湃，诙谐幽默，妙趣横生，潇洒浪漫……他在的课堂上，或开怀大笑，或热泪盈眶，或古典雅致，或新潮时尚，总之让学生感到既受益又好玩，不仅喜欢语文而且喜欢甚至迷上语文课。

第四，有才气。

我经常对我校语文组的老师说："如果放在过去，你们都是文人，而文人就应该有文人的才气。现在我们喜欢说某位会写文章的人是'才子'或'才女'。其实，语文教师人人都应该是才子或才女。"

我现在依然坚持这个说法。在我的心目中，语文教师就应该是才华横溢的人。我说这话的时候，想到的是我中学时代的喻仲昆老师。那时是"文革"时期，语文书上多是大批判文章，毫无文采可言，但喻老师依然把这些枯燥的文章讲得有声有色，有滋有味。特别是他的一手好字，一手好文章，还有一副好口才，让我对他佩服得五体投地。喻老师去世很多年了，可我至今还珍藏着他40多年前给我批改过的作文。

语文教师应该写得一手好文章。我们当然不一定是诗人，但我们应该具备诗人的气质；我们也不一定是作家，但我们应该拥有作家的情怀。而这里的"气质"和"情怀"都应该体现在自己得心应手的文字中。现在，究竟有多少语文教师能够写好文章？没有语文能力或者语文能力不强的教师，是很难培养学生真正的语文能力的。在这里，"培养"同样首先意味着教师本人语文能力的示范。从某种意义上说，我们不是给学生讲语文，也不是带着学生学语文，而是用自己的语文气质去感染学生。教师本人应该"语文化"，并自然而然地去"化"学生。

语文教师还应该有一副好口才。课堂上，或丝丝入扣，或诙谐幽默，或慷慨激昂，或娓娓道来，或令人开怀，或催人泪下……总之，语言一定要有感染力。语文教师还应该是讲故事的高手，无论多么深刻的道理，他都能通过生动形象的故事深入浅出地表达出来。他还能够根据需要，恰当地将自己的生活经历化作教学资源甚至课程资源，以故事的方式注入孩子的精神世界。多年以后，学生也许忘记了一篇完整的课文，但课堂上老师的几句特别的话语，或一段有趣的故事，却一直印在脑海中。

语文教师的才气当然还可以体现在其他方面，但出色的写作水平与高超的演讲或讲述能力应该是语文教师的"标配"。

第五，有胸襟。

这里说的"胸襟"，是一种尊重、平等、宽容的气度。也就是说，所谓"有胸襟"，指的是语文教师应有的民主教育的情怀。

毫无疑问，民主教育不能仅仅由"语文"来承担，而应该是所有学科的共同任务；但语文作为"发展儿童心灵的学科"（叶圣陶语），在民主教育中所起的特殊作用也是不言而喻的，苏联伟大的教育家苏霍姆林斯基曾给教育下了这样一个定义："教育——这首先是人学。"而语文，正是一门解放心灵、唤醒自我、发展个性的"人学"。因此，"人"——人的思想、人的感情、人的精神提升、人的个性发展，应该是语文教育的生命。而教师是否真正有民主的胸襟，就是看他能否尊重学生心灵的自由。

尊重学生心灵的自由，就要帮助学生破除迷信。这里所说的"迷信"主要是指学生长期以来形成的对教师的迷信、对名家的迷信、对"权威"的迷信和对"多数人"的迷信。尊重学生心灵的自由，就要让学生在课堂上畅所欲言，特别是在阅读教学的课堂上，教师应该为学生提供一个思想自由的论坛：面对课文，教师和学生之间，学生和学生之间，教师、学生和作者之间应该平等对话；在平等的基础上，交流各自的理解甚至展开思想碰撞——尤其应该尊重学生发表不同看法的权利，并且提倡学生与教师开展观点争鸣。还应该鼓励学生公开指出教师教学中的错误，教师应该心悦诚服地接受来自学生的批评指正。尊重学生心灵的自由，就应允许学生写他们自己的文章。文章应该是思想感情的自然体现，写文章应该是心灵泉水的自然流淌。尊重学生心灵的自由，就是尊重学生思想的自由，感情的自由，创造的自由。自由精神当然不是语文教育所独有的内核，也不是语文教育的全部内容，但没有自由精神的语文教育，便不是真正的语文教育。

只有尊重能够培养尊重，只有平等能够造就平等，只有自由能够放飞自由。今天我们怎么民主地对待学生，明天学生就会怎么民主地对待他人。未来的公民，正诞生于今天的课堂中。

2015 年 12 月 25 日

自然而然的教育

有一年，我又带了一个初一新班。

开学第一天，我点完名之后，对同学们说："今天第一次见面，我想送大家一份礼物，这份礼物是什么呢？就是我昨晚写的一封信。"这是我当班主任的一个传统。每带一个新班，我都会给新生写一封信，表达我的期待与祝福。

同学们听了我的话，都静静地等待着。本来，我完全可以请几个同学上来帮我发信，那样我的信就会很快到达每一个孩子手中。但多年的教育经历告诉我，如果由我亲自发信，或许在发送过程中，会出现一些教育因素和教育契机。如果我让学生帮我发，这些因素和契机将会白白流失。于是，我对同学们说："这样，我念一个名字，就上来一位同学拿信。这样也便于我再熟悉一下大家！"

我开始叫孩子们的名字。第一个被叫到的男孩看上去很淳朴，上来的时候对着我傻笑，但显然没有礼貌的习惯，因为我双手送过去的信，他并没有用双手接，更没有说"谢谢"。

这第一个孩子就送给我一个"教育机会"。我本来可以立即就他的没有礼貌对全班同学进行一番教育——我相信，如果我那样做，接下来每一个同学接过信时都会很有礼貌地对我说"谢谢"的，但这第一个孩子的尊严将受到伤害。进入新集体的第一天就在全班同学面前被当作"反面典型"教育，这对一个孩子来说，多么丢脸啊！于是我没有批评他，因为此刻，维护一个孩子的尊严，比"教育"全班同学更重要。

我继续发信。接下来几位同学都没说"谢谢"，但我依然不动声色，笑眯眯地把信双手递给上来的每一个孩子，并等待着某种时机。

终于，发到第七个同学时，她接过信之后对我说："谢谢！"我马上对大家说："这个同学多有礼貌！跟我说'谢谢'！"接下来的每一个同学拿过信之后都对我说"谢谢"。

但没有一个同学用双手接。我想，退一万步说，发到最后一个同学也没有人双手接信，那时候我再提醒也不迟。我一面继续发信，一面等待着……

到第十一个同学的时候，他用双手接过信，说："谢谢！"

我马上对大家说："大家看，这个同学更有礼貌，他不但对我说'谢谢'，而且是用双手接信的！"

之后的同学上来，都是用双手接信的。直到最后一个上来的同学也是双手接过，并说"谢谢"。

整个过程大约20分钟，我却进行了一次不动声色的教育。

其实，我本来可以在发信之前对学生说这样一番话："同学们，下面我要给大家发信了。但我担心有的同学没有礼貌，所以我这里提醒一下大家，一定要有礼貌。上来接信时应该双手接，并且对老师说声谢谢。"

如果我这样做了，相信也有"很好的效果"，每一个孩子一定会做得非常"规范"。但和我实际的做法相比，并不是最佳的教育方式。为了表述方便，我姑且把我的"事先提醒"叫作"A方式"，而把我实际的做法称作"B方式"，然后作一个比较分析——

第一，A方式是基于批评的教育，是假设（虽然这种"假设"是可能发生的）学生没有礼貌而实施的教育；B方式则是基于表扬的教育，是发现学生有礼貌时通过表扬进行的教育。

第二，A方式是教师明显而生硬的教育，因为我一开始就很明确地让学生感受到老师在教育他们，这是为教育而教育；B方式则让学生在不知不觉中受到教育，是自然而然的教育。

第三，A方式是教师对学生"说教式"的教育，B方式则是情境中的教育，是学生在实践中的体验式教育。

第四，A方式是教师对学生的教育，而B方式则是学生在教师巧妙的引导下，自己对自己的教育，即同一集体中有礼貌的学生对另一部分缺少礼貌的同学的教育——有礼貌的同学因被表扬而受到鼓励，缺少礼貌的同学则被有礼貌的同学感染，进而改变自己的行为。

我再讲一个案例。

那年我教高一。一天晚上我抱着作文本由一楼办公室朝四楼教室走去，准备利用晚自习辅导时间给学生评讲一下作文。刚走到二楼拐角处，便看到我班一对男女生在不远处的角落里拥抱，因为他们很投入，所以并没察觉老师即将走近。

怎么办？当时我的脑子急速地运转。装作没看见吗？可是我明明看见了呀，如果不阻止显然是失职。但如果我当面批评，会让两个孩子难堪，这也不是最好的教育方式。

我反应还算敏捷。手一松，作文本便哗啦啦掉了一地，我赶紧蹲下埋头捡作文本。声音惊动了两个孩子，他们跑过来帮我捡作文本——显然一点都没察觉我刚才已经看到了他们。作文本都捡起来了，我说了声"谢谢"，便和他们一起走进了教室。

不动声色，似乎一切都没发生过。这事却一直搁在我心里。下一步怎么办呢？不了了之，那我就没尽到教育的责任，这是对孩子不负责；但如果我找他们来谈话，那会让他们很尴尬：原来老师看见了呀！而且这种直截了当的教育，很难入耳入心。我决定还是不动声色地引导。

一周以后的语文课，是单元小结。那个单元的课文是女性专题：《项链》《祝福》《杜十娘怒沉百宝箱》等。在总结本单元课文时，我谈到了女性的命运，谈到了尽管现代科学已经证明男女智商并无明显差异，但古今中外杰出人才中女性所占比例较低，这是事实。原因何在？我和学生一起讨论这个问题。在众多复杂的原因中，有一点不可忽略，就是相比男性，女性过早地关注自我，而且往往把自己的命运都交给了男性。而所有杰出的女性都能超越自我，视野开阔，胸襟博大，比如居里夫人……那堂课我没有一句话涉及早恋，更没有哪怕是含蓄地批评谁，但我内心的目的很明确：我希望那个女生能够很自然地想到自己。

对我来说，教育最大的幸福就是看到自己不露声色的教育一步一步达到期待的目的。那次正是如此。在第二天交来的作业中，那个女生说她听了我的单元总结触动很大，想到了自己，想到了"这一辈子我究竟应该成为怎样的人"，"我现在应该有着怎样的精神状态"等等。她说"希望李老师能够找我谈心，我很想对您倾诉"。

接下来真是如行云流水般，在办公室里她跟我说了她和那个男生的感情，以及这份感情给自己带来的"愉悦"和烦恼。但她现在决定冷冻这份感情，"因为我觉得我还有更重要的事情要做"。三年后，她在大学里给我写信："感谢李老师在我人生的关键时刻，给我点燃了一盏明亮的灯！"

苏霍姆林斯基在其不朽名著《给教师的一百条建议》中，给我们的最后一条建议便是"保密"，即教师的教育意图要隐蔽在友好和无拘束的相互关系气氛中，在自然而然的状态中对学生施加教育影响。因为真正的教育是自我教育。苏霍姆林斯基这样写道："假如一个人处处感到和知道别人是在教育他，他的自我认识与自我完善的能力就会迟钝起来……"

我之所以似乎"小题大做"地叙述和剖析这两件小事，是想重申一个观点：真正的教育效果，总是发生在自然而然的情景中。教育者的教育目的一定要非常明确，而教育过程则一定要不露痕迹。

2015年6月4日

还有比操作性更重要的

"李老师,您好,我是一乡村中学的班主任,我看了您很多管理班级的方法,也把您的方法用在我们班的孩子身上,可是总有两个孩子和我对着干。我真不知道怎么办。"这是一位老师在网上给我的留言。每天这样的留言有很多,每条留言都是一份厚重的信任。但每当我看到这样的留言,我也是"真不知道怎么办"。

在外面给老师们作报告,结束后一些老师往往对我说:"您讲得很实在,特别有可操作性,拿来就可以用。"我当然感谢老师们对我的认可,但其实我心里明白,我讲的并不一定有"可操作性",只是我讲了许多案例和故事,比较具体而已。我作报告时常有这样的感觉,当我在讲案例时,老师们的神情特别专注,眼睛都在放光;而我稍微讲一些原则或观点——远远还谈不上是多么深刻的"思想",老师们的表情便明显倦怠,目光也黯淡了下来。

为什么有些老师那么喜欢"可操作性"?表面上看,是因为老师们很注重实践,注重方法,注重技巧,但实际上是对理论的忽略和轻视。他们不喜欢听理论,不喜欢听学院派专家的报告,认为是"空对空""从理论到理论"。固然,脱离实际的理论谁都不喜欢,但科学的理论对实践的作用是不言而喻的。比如,教育的方向与目标,教育的价值与理念,教育的特点与原则……这些都是体现在我们的每一个教育行为中的,没有了这些,任何一个教育行为便失去了意义。"教育是人的灵魂的教育,而非理性知识和认识的堆积。……谁要是把自己单纯地局限于学习和认识之上,即便他的学习能力非常强,那他的灵魂也是匮乏和不健全的。"雅思贝尔斯这段关于教育的话很抽象，但它让我们明确了我们的教育究竟要把孩子引向何方。这些"形而上"的教育论述，毫无"可操作性"可言，但它们是教育的灵魂。

　　何况即使从"可操作性"的角度看，我以及任何一位老师的做法和经验，都不可能"放之四海而皆准"。近年来，我们谈"教育的个性"谈得够多的了，可是一到具体的做法，我们却忘记了"教育的个性"，而企图将别人的做法"拿来就用"。想想，每个地区的文化环境不一样，每个学校的校情不一样，每个班的特点不一样，每个孩子的个性不一样，每个老师的性格特征、知识结构、兴趣爱好、行为习惯等等都不一样，怎么可能在具体的教育行为和教学方式的"操作"上都一样呢？从80年代起，全国教师都在学魏书生，可到现在为止，中国并未因此而出现千千万万个魏书生，而依然只有一个魏书生。记得多年前，魏书生老师在北师大作报告时，谈到任何一件事都有一百种做法，举到他刚刚上的语文课："同样一堂课，我有我的上法，李镇西有李镇西的上法，上出个性来就是最好的课。"

　　我30多年的教育经历告诉我，真正有效的教育具有不可复制性。不但不可复制别人，也不可复制自己。无论我转化过多么顽劣的学生，其经验完全不可能百分之百重复在我以后遇到的新的"后进生"身上。每一个顽童都是唯一的，教育理念可以相通，但具体的技巧方法永远是一次性的。同样，无论我带过多么成功的班级，面对又一届新生，我不可能原封不动地套用上届的做法，因为一切都和昨天不一样——不只是学生变了，我的人生阅历更加丰富了，我对教育的理解也更加深刻了，我和学生所面临的时代也不同了。因此一切都应该是新的，我的教育方法也只能因"人"而异，与"时"俱进。

　　在《和青年校长的谈话》中，苏霍姆林斯基有几句话说得非常精辟："某一教育真理，用在这种情况下是正确的，而用在另一种情况下就可能不起作用，用在第三种情况下甚至会是荒谬的。"可是，这样的"荒谬"至今还在不少老师那里绵绵不绝地重复着，这不能不说是我们教育深深的遗憾。

2016年7月25日

成长是最好的奖励
——点评王晓波

前几天,我去成都一所新教育实验学校和该校老师座谈,我提了一个问题:"新教育实验给你们最大的奖励是什么?"我预想的答案有"孩子的快乐""孩子的进步""职业幸福感"……但有一位老师的回答是:"我的成长!"把自己成长视为教育对自己的奖励,这样的老师让我感动。

当时,我想到了江苏省常州市武进区刘海粟小学的王晓波老师。她的志向是"让每个生命在教室里开花",她做到了;而且,当她让每个孩子的生命"开花"时,她自己的生命也"开花"了。她把自己成长的"花朵"作为自己对自己的奖励。回顾自己的成长历程,她说:"从刚开始一味重视发展学生的头脑,追求便于管理的共性,到关注学生的个性及情感教育,再到今天追求让每个生命在教室里能够获得道德上、情感上、智力上的成长,每一个节点,都见证着我生命的绽放。"

王晓波老师的成长,始终伴随着四个"不停":不停地实践,不停地阅读,不停地写作,不停地思考。这四个"不停"中,最核心的是"不停地思考":以思考统帅并贯穿实践、阅读和写作;最关键的是"不停地实践":以实践带动和促进思考、阅读和写作。追求"有思考的实践"和"有实践的思考",是王晓波老师成功的原因。

不停地实践。这里的"实践"就是全身心地投入到课堂之中,投入到学生之中,投入到"完美教室"之中,踏踏实实地做好每一项日常工作。和一般纯粹的老黄牛式的"干活儿"不同,作为"有思考的实践",王老师的实践有两个特点:第一是"科研性",就是不盲目地干,而是把每一个学生当作研究对象，把每一个难题都当作课题，以研究的心态对待实践；第二是"创造性"，就是在实践的过程中，既不重复别人也不重复自己，每一个阶段都要有创新，都要有超越。从王老师最初研究班级管理，到后来研究学生心灵，再后来又研究新教育课程……这些实践显然有着科研与创造的含量。

不停地思考。带着一颗思考的大脑从事每一天平凡的工作，就是教育科研；而把难题当课题，则是最好的教育科研。这里的"思考"首先指对自己的思考，即把自己当作研究对象，揣摩、琢磨、体验、品味自己教育实践的得失："我反思自己的教育行为，发现一直以来，我过于关注学生的共性，却忽略了学生的个性，忽视了学生生命的成长。我不断武装孩子的头脑，却忽略了极其重要的情感教育。"没有这种反思，王老师可能就永远停留在"管住学生"的层次，而不会有她后来对自己的超越。

不停地阅读。我经常说，阅读其实是教师专业成长最主要的途径，所有名师都有一个特点，即把阅读当作像每天都要洗脸刷牙吃饭一样的必需的生活内容。王晓波老师也不例外：《苏霍姆林斯基选集》《第56号教室的奇迹》《正面教育》等等，始终伴随着她的教育实践。作为科学老师，她深感自己的人文素养还有待加强，于是"一个理科教师开始了一段文学修炼之路"，她阅读《唐宋词十七讲》《人间词话》，还有《南渡北归》等。总之，教育名著、教学专著、教育教学报刊，以及哲学的、经济的、历史的等与教育教学"无关"的书，都成为她阅读的重点。没有教师饱满的灵魂，就不会有学生充实的精神世界。王晓波老师在打开学生广阔视野的同时，也开阔了自己博大的胸襟。

不停地写作。"支教一年，我写下了近18万字的支教日记，拍下近万张孩子生活学习的照片——这些都是有形的宝贵财富，而更让我觉得弥足珍贵的，是那些无形的资产——我对教育有了新的思考，对生命有了更多的尊重和宽容，这些变化影响了我后期的行走方式。"王老师这种写作，是建立在实践基础上的记录、总结、梳理、升华。没有这种写作，就没有王老师对教育"新的思考"。所以，我多次说过，只有精彩地"做"才能精彩地"写"，而精彩地"写"又能够促使我们更加精彩地去"做"。

我是 2007 年底认识王晓波老师的，我对晓波的第一印象是朴实、文静、低调、淡泊，但很有上进心。当时我没有想到她后来会成为如此优秀的班主任。我估计王老师自己当初也没有想到这一点。是的，没当班主任之前，她没想到自己会当班主任，而且会当得这么有声有色，这么有滋有味，这么受孩子喜欢……12 年班主任工作的经历，让她发现一个以前自己都不知道的"卓越的自己"。其实每一个教师的内心深处，都潜藏着一个"卓越的自己"；所谓"成长"，就是不断地挖掘并发展那个"卓越的自己"，而这个过程没有止境，伴随终生。每一次成功，都是起点；每一个教训，都是财富；每一次创造，都是庆典；每一次超越，都是惊喜……这样的成长，多有意思！这的确是教育对自己的人生最好的奖励。

2016 年 11 月 18 日晚

把评语写进孩子的心灵深处
——读郭文红老师所写学生评语有感

"该生热爱集体,尊敬师长,友爱同学,积极参加班上的各项活动。学习自觉性强,有一定的思考能力,成绩良好。能认真锻炼身体。不足之处是,上课发言不够积极。希望对自己有更高的标准,在德智体方面有更大的进步!"

这样的评语可能大家并不陌生。且不说期末给学生写评语是班主任的常规工作,就算不是班主任的老师看到这样的评语,可能也会想到自己读中小学时每到期末老师给自己写的评语。这样的评语,不能说不全面——"优点""缺点"和"期待"一应俱全。但总觉得缺了一点亲和力。多年以来,给学生写评语大多是这样冷漠的概念化评价,因此,孩子不爱看,家长也未必认真看。这样的评语,尽管班主任写起来未必会花多少时间——格式化的评语写多了就十分顺手,但对枯燥乏味的机械操作,班主任依然觉得心累。

越来越多的班主任不满意这种"格式评语",开始对评语的写法进行改进,追求"个性评语"。近几年,我读到一些班主任老师富有新意的评语,的确让评语换了一副面孔。比如,多采用第一人称,以显得亲切;内容尽可能写出孩子的个性;写法上尽可能采用描摹式的而非结论式的语言;而且行文尽可能活泼甚至幽默……我想到 20 年前我在这方面也进行过尝试,每条评语都是"量身定做",语言活泼,深受孩子及其家长的欢迎。

但说实话,今天看我当时写的那些个性化的评语,除了在语言形式上体现出所谓的"新意",其内容并未真正凸显孩子的个性,也没走进他们的心灵。这是最近我读了南京芳草园小学班主任郭文红老师写的期末评语后的反思。郭老师的评语让我很是感动，因为这些评语才是真正写进了孩子的心灵深处。

郭老师的字里行间浸透着真正的平等观念，丝毫没有传统意义上的师道尊严，她仿佛忘记了是在给学生写评价性的"评语"，而是俯下身子，以大朋友的身份和孩子诉说。诉说自己的开心，比如："你说'我的学习要加油，争取赶上大家'，亲爱的孩子，你知道我看了这话心里有多高兴吗？""亲爱的孩子，你知道吗，这个学期我最开心的事情就是亲手在你的期末试卷上写上了 100 分，这是我们两个共同的心愿哦，很高兴你实现了，这是你平时勤于思考的最大收获，恭喜你！"也诉说自己的矛盾、纠结与苦恼，比如："亲爱的孩子，提起笔来，心中觉得非常矛盾：一方面你是我最爱的孩子之一，敏锐的观察能力，出色的数学思维状态，分析问题、解决问题的能力都是出类拔萃的，数学水平、成绩都在班级名列前茅，课外学习也收获满满，取得了'迎春花杯'决赛一等奖的好成绩，恭喜你！我非常欣赏并期待你在数学之路上越走越好！另一方面你又是让我非常操心的一个孩子，常常因为管不住自己而影响自己也影响别人……"就这样，郭老师不知不觉把自己的心也交给了孩子。这种真诚，这份爱心，是从她心里不知不觉流淌出来的，而不是仅仅凭"语言技巧"写出来的。

郭老师当然也遵循了"鼓励为主"的教育原则，但这种"鼓励"不是简单地"多写优点"然后写"期待"，而是自然朴素的真情诉说："'心思细密的阳光小女孩'，我非常认可你对自己的鉴定哦，同学说你是一个'可以让人心变得温柔的同学'，多棒的评价啊，看到你就仿佛看到了一缕阳光，明媚、清澈、透亮，让人觉得充满希望，有你在班级真好！""我很看好你哦！待人真诚友善，乐于帮助别人，善于管理自己的情绪，拥有很多好朋友，为你高兴！期待下学期的才艺大展示中能够见到你美丽的身影，你愿意吗？"

郭老师理解的所谓"教育"，其实就是和孩子一道成长；她认为，师生互动并不仅仅是在知识学习方面，也包括人格的成长和情感的收获。因此在评语中,她多次情不自禁地感谢孩子:"亲爱的孩子,本学期最感动你在记事本里对我身体时常的牵挂,让我感到非常温暖,谢谢你!""亲爱的孩子,一直记着你上第一次社团课后送我的那朵'玫瑰',一直记着你为我亲手制作的圣诞贺卡,一直记着你一有好东西,就来问'郭老师,你要不要啊?'的小牵挂,你是多么让人觉得暖心的一个小可爱啊,非常喜欢你!喜欢你略带羞涩、紧张表情之后的粲然一笑,喜欢你轻盈灵巧的跳绳身影……"在这里,郭老师完全抛弃了师生关系中"我教你听""我管你从"的旧模式,而是通过评语和孩子展开情感交流,走进孩子的心灵。

郭老师同样特别注重在评语中凸显出每个孩子的个性,但这种"凸显"不是通过概括式的评价,而是以"描写形象"和"展示细节"来表现孩子的"独特性"甚至"唯一性":"能干聪慧的'娇'姑娘,每一学期你都有着骄人的收获,祝贺你养出了一个'百岁寿星'——蚂蚱强,这份经历让你收获颇多……""亲爱的孩子,提起笔来,我眼前就能浮现出你在家里一个人忙碌拍摄自己仰卧起坐的小小身影,那么自觉,那么认真,那么爱动脑筋,真是聪明又可爱的好孩子!……""至今还睡着'宝宝床'的'小宝贝',我期望你在下个学期能够提高自己的做事速度,加快自己的动作节奏,争取让自己每天都能有充足的睡眠时间,这样你会成长得更快,也就不用再睡'宝宝床'啦,你愿意试一试吗?"没有对孩子深入细致的了解,这样的评语是写不出来的。

而这种"深入细致的了解",绝不只是靠课堂上的"观察",更不是坐在写字台前凭空想象,而必须真正和孩子在课堂以外的时间和空间也有生活的重叠或心灵的交流。比如:"元旦迎新远足的那天,你好几次悄悄地挽起我的胳膊,依偎着并肩和我走在一起,你还用自己热乎乎的小手试图来暖我有些冰凉的大手,看着你清澈透亮的眼睛,孩子,你知道吗,那一刻,我的心中无比温暖,你的纯真笑容是我心头最亮的一抹阳光,谢谢带给我这份美好的感觉,我亲爱的好孩子。""你在妈妈过生日的时候,亲手为妈妈画画并制作生日贺卡来祝贺她,因为你说'我很开心有一个非常爱我的妈妈,让我感到温馨无比',看了这番话,我想妈妈一定又会感动得流泪了吧?""很有灵性的小伙子,家访时,你对假期旅行生活精彩的介绍，你家里摆放有序的那一桌自己的手工杰作，都给我留下了深刻印象。""难忘你书房门上'煮书'两字，那是你的乐思后的独创……"没有和孩子教学以外的共同生活，是写不出这样的评语的。

　　郭老师的视角很独特，而且非常生活化，所以语言也特别有亲和力："可爱的孩子，首先恭喜你新学期升级做了姐姐，肯定很开心吧？你知道吗，小妹妹今后一定也会和我一样特别喜欢看你的作业本，而且为你感到骄傲的，因为你的书写是那么让人赏心悦目，和你的人一样清丽可爱，最难能可贵的是从头到尾都是这样工整端正，这说明你的学习态度极其认真，做事有恒心和毅力，很棒！""亲爱的孩子，本学期最让我难忘的就是那次家长会上，你听着妈妈动情的述说，情不自禁泪流满面的模样，多有温情的一个好孩子啊，能够体谅到妈妈为你的成长付出的每一分心血，大家都被你们感动啦！"

　　郭老师的温馨评语并不是只有"你真棒"，更不是"廉价的鼓励"，她同样给孩子指出了不足和努力的方向。但这种"指出"写得很艺术："三年级时最困难的吃饭问题似乎已经完全不需要我再关注了，已经学会了用磨牙咀嚼食物，面对每一样饭菜，你都能不断挑战自我，勇敢地吃完，为你能全面吸收营养高兴！为你能够用意志力战胜自己点赞！期待你在今后的学习中能够用这份了不起的意志力挑战自己的书写，提升自己的速度，那样的话，你不仅能够保证自己每天的睡眠时间，也能享受到学习的更多快乐，你愿意试试吗？"这里，郭老师从肯定孩子的进步，自然过渡到期待他用同样的"意志力挑战自己的书写，提升自己的速度"，孩子的不足便蕴含其中，但最后落脚在"享受到学习的更多快乐"。这比简单的"希望你"不是更含蓄而自然吗？又如："上课听讲那么好的孩子，你想过没有，到底是缺少了什么才使得自己的成绩经常不尽如人意呢？如果你能明白其中的原因，相信你一定会有一个大飞跃的，我期待你能告诉我你找到的答案，好吗？先从每天都能记得带齐自己的学习用品来上学开始，好吗？"这里，郭老师以亲切的口吻提醒孩子存在的问题，但没有简单下结论，而是让孩子去思考问题的原因何在，以激发孩子进步的欲望。这样的评语把成长的主动权交给孩子，有一种开放的张力。

从郭老师的评语中，我读到了她对家长巧妙的表扬——也许她正是想通过这种特殊的方式，在给家长以感动的同时又继续影响家长："可爱的好孩子，本学期你带给我的最大感动就是你和妈妈每天坚持的记事本与家长日记的撰写，那里有你们母子浓厚亲情的自然流淌，那里定格下了生活中许多细小温馨的画面，那里有你纯洁善良、积极健康、善于思考、勤于探索、乐观向上的心灵写照，那里更有你妈妈优美流畅、功底深厚、直抵心灵深处的感人笔墨，这本记录生命、珍藏岁月的笔记本真的太宝贵啦，一定要好好珍惜哦！""亲爱的孩子，听见你告诉我'爸爸已经不打我了，有什么事情都和我好好讲'这句话时，我是多么为你高兴啊，你的爸爸妈妈是这样爱你，为了你的成长在不断改变自己，相信你一定比我更加高兴吧？"可以想象，孩子的爸爸妈妈看到这样的评语，不会仅仅是感动。没有深入学生家庭的细致感受，这样的评语是写不出来的。

据我所知，郭老师一直坚持每学期都利用晚上和周末时间进行家访。所以，这些评语的确不是在电脑前的"闭门造车"。再往深处说，班主任如此细腻温馨的评语，折射的是其平时的日常工作——从容耐心的陪伴，心灵交融的聊天，细致入微的记录，不辞辛劳的家访，童趣盎然的嬉戏……我想到苏霍姆林斯基曾在其《给教师的一百条建议》中，谈到一位历史老教师课堂出神入化的教学艺术，有人问这位老师上这堂课用了多长时间备课，这位老师回答："对这节课，我准备了一辈子。……不过，对这个课题的直接准备，或者说现场准备，只用了大约15分钟。"我也可以这样说，写期末评语本身也许不过是几天的事，但要真正写进孩子的心灵，则需要每一天和孩子息息相通。

这就是有温度的教育，这就是充满人情味的班主任工作。做到这点，已经不是一般意义上的"敬业"了，而是高度的职业认同——用心做教育，不是为了校长表扬，不是为了评优选先；从教育中获得幸福本身就是最高的"奖励"，所以一切都是心甘情愿的。如果一个班主任连老师都不愿当，整天牢骚满腹，抱怨不断，他怎么可能这样用心写评语？因此，郭老师给每一个孩子都写了四五百字甚至更长的评语，这些评语折射出来的教育精神和职业状态，的确让人敬佩。作为一名新教育实验的践行者，郭老师一直追求走进心灵的人性教育,写出这样的评语是很自然的。我知道,这样写评语的老师绝不只有郭文红老师,在全国像她这样视教育为自己选择的生活方式的老师还有很多很多,我向他们表示由衷的敬意。

2017 年 1 月 24 日从成都至首尔的航班上

"以人的方式去爱"
——《致女儿的一封信》课堂实录

时间：2016年5月10日
地点：四川师范大学学术厅
学生：四川师范大学附属第一实验中学初二（8）班

"我为母校献堂课"是母校四川师范大学70周年校庆系列活动之一。我接到邀请后犹豫了一下，因为我一直不喜欢"借班上课"，很反感那种表演式的"公开课"。可一想到这是母校的邀请，我不应该拒绝，至于是否"表演"，全在于我怎么上，于是，我最后答应了。

课文选定的是苏霍姆林斯基的《致女儿的一封信》。因为和课文中的"女儿"苏霍姆林斯卡娅有过交往，我执教这一课有着得天独厚的资源。我曾多次讲过这篇课文，但过去更多的还是从教师的角度设计教学的。现在我越来越认为，真正地尊重学生应该是从他们的角度来设计教学，这里的"学生"不是抽象的，而是具体到那一节课上坐着的几十个孩子——我们备课就是要针对他们的心灵需求而设计教学，而不能够拿一份"精心打造"的教案到处上，"以不变应万变"。我愿意挑战自己，并期待能够超越自己。

开课前一周，我给学生写了一封信——

亲爱的同学们：

我叫李镇西，是5月10日将给你们上课的老师。38年前的春天，我考上了四川师范大学中文系；34年前的春天，我大学毕业踏上了中学语文的讲台。这次，我之所以答应参加母校的讲课活动，一来，我想以此行动作为对母校培养之恩的小小报答；二来，我特别喜欢上课，喜欢孩子们在课堂上叽叽喳喳的讨论和争论，对我来说，这种机会不多了，因此，有一次机会就得抓住不放。所以呀，呵呵，我们是不是有缘啊？

这次，我们上的课文是一位享誉世界的教育家写给女儿的一封信。因为我最近一直在外出差，太忙太忙，无法提前和你们见面，因此今天通过这封信想征求同学们的意见：如何来上这堂课？请同学们先看看这篇文章，然后书面告诉我——

第一，你希望李老师以什么方式来上这堂课比较好，一定要提具体的建议。

第二，你在读这篇文章的时候，查了哪些不懂的字词，请写出来。

第三，你特别喜欢、欣赏这篇文章的哪一点或哪一部分，哪一段，哪一句甚至哪一个字，也请写下来告诉我。当然，不必全文抄写，可以以"第几自然段"或"从……到……"的形式告诉我，如果能简单说说理由就更好啦！如果没有特别欣赏喜欢的地方，不要紧，不写就是了。

第四，特别重要的是，你读这篇文章的过程中，一定要提出问题！我这里说的"问题"分两类：第一类是你提出来考同学和老师的问题，但你必须知道答案，也就是说，这样的问题是你读的时候遇到的，经过思考，你觉得自己弄清楚了，然后拿这个问题去考别人；第二类是你想了很久也无法解答，只是提出来，待课堂上其他同学和老师解答的。

以上四点，算是我布置的预习作业，除了第二条可以不写（但要思考），其余三条，我希望同学们能够认真做。

另外，我发给同学们的课文后面有思考练习题，不要求书面做，但大家可以看一看，想一想，会对你们有帮助的。

亲爱的同学们，你们以前可能也上过公开课，知道一些"套路"和"规矩"，但李老师的公开课可能没有这些"套路"和"规矩"。比如，我不要求同学们坐得端端正正，自然放松最好；又比如，我不希望同学们非"踊跃发言"不可，同学们积极发言当然很好，但没话可讲，"冷场"也不要紧，如果你们不讲，我讲就是了，哪怕"满堂灌"也不一定就不好；再比如，我最不喜欢答案高度统一，或者老师说上句同学们接下句的那种异口同声的整齐划一，如果有争论甚至和李老师争论，那是最好不过的了，当然，没有争论也不要紧。总之，"真实""自然""有收获"，就是这堂课的最高标准。

好了，我要说的就这些。读到这里，可能有同学已在心里猜测这个李老师长什么样，性格怎样，会给你们带来怎样的一堂课，等等。别急，再过几天——5月10日那天就见面了。

祝好！

你们的大朋友　李镇西
2016年5月3日晚

这封信既是我对学生们教学意愿的征询，也是我给他们布置的预习作业，还是我的课堂教学提纲。

几天后，我收到全班孩子给我的回信。我开始备课了。所谓"备课"，就是仔细阅读分析每一封信，了解他们的想法和困惑，将孩子们的各种意见分门别类地整理归纳。然后考虑如何将孩子们的要求和想法，与教材的教学要求、教师的教育意愿相融合——这是我备课最关键的一点。

等我把全班同学总共两万多字的回信一一看完，这堂课怎么上，我心里便有数了。

5月10日上午，我登台的时候，孩子们已经坐好了，但上课时间还没到。我走到学生面前和他们闲聊起来："先聊几句吧。我是专门为了上这堂课，从江苏赶回来的。这堂课上完以后，我还要马上去机场。在这之前，大家都没见过面，今天第一次见，大家对我有什么感受啊？"

开始，孩子们还是有点拘谨的，但还是有一个孩子说了："很慈祥。"

我说："嗯，很慈祥，这是形容老爷爷的话！"孩子们爆笑，一下就放松了。他们听出了我的弦外之音："我有这么老吗？"于是，一个孩子马上说："很年轻！"我马上面露喜色，表扬他："哎，你的眼光真准！"孩子们哄堂大笑。孩子们又纷纷说："很幽默！""和蔼可亲！"……有一个孩子说："身材魁梧！""嗯，我身材魁梧？"我用双手抚摸一下自己，"你实际上是说我长得很胖。"大家又笑了。旁边的孩子马上更正："玉树临风！"我乐了："非常好，我发觉这个同学的审美眼光非常准。他说我玉树临风。"孩子们再次爆笑。一种轻松和谐的氛围已经形成。我忘记了台下还坐着成百上千的听众，估计孩子们也忘记了是在台上上公开课。

我用手指着自己的左胸："你们看见我戴的这个东西没有？你们仔细看，是什么？请一个同学读一下……"我朝前排一个孩子俯下身去，让他看清上面的一行小字。这孩子大声读道："四川师范学院"。我说："这是我当时在这儿读书的时候戴的校徽，今天特意戴上。"这时候，不只是孩子们，连台下的听众都热烈鼓掌。

我继续说："当时我的愿望就是有一天我毕业的时候，这个校徽由白底红字变成白字红底，就是留校了嘛。结果没有，我当时在学校是一位很普通的同学，但是今天能够在这里给大家上课，还是很激动的。说到我当年在这儿读书，还有件东西给大家展示。前两天，我在我的书房里发现的，什么东西呢？"我停顿了一下，似乎在等待孩子们猜，但我马上继续说道："算了，不要你们猜了——是我在这儿读书时候的学生证。（全场一片惊讶感叹声）学生证已经解体了，但是学生证上的照片，（我在屏幕上打出当年的学生证，大家惊叹）看见没有？还是展现出一个'小鲜肉'。（全场大笑，掌声）其实，我觉得跟当时比起来，（我抚摸我的脸庞，故作认真地）现在没多大变化。（全场大笑）34年前的这两天，我正沉浸在刚毕业当语文老师的喜悦当中，我是1982年1月毕业的。4年后，我照了一张相（我打出当年工作证上的照片），这个小伙子变成这样了——有内涵一些了（全场笑）。现在变成这样了（打出现在的照片，全场笑）——不过，主要看气质！"全场爆笑。

我感慨道："38年、34年一晃就过去了。这就是青春的燃烧，生命的流淌。刚刚四川师大发给我一本书，内容就是回忆母校的学生们当时在这儿读书时的一些故事，其中有一篇是我写的。我就想，不管岁月如何流逝，生命如何一点点地消失，但有一点不会变——童心。纯真，纯洁，纯正。就像你们现在这样。"

此刻，气氛渐渐庄严起来。

我说："好，我们今天来一起学习一篇课文。在学课文之前，先给大家说明一下，我平时上课从来不拖时的，一分钟都不拖！但这次母校让我上课时，我提了一个小小的请求，我说这堂课请给我一个小时。我先把话说在前面，为什么要一个小时？因为这堂课我要讲一些课文里的东西，还要讲一些与课文有联系但之外的东西。所以，必须延长时间，好不好？"

同学们说："好！"

"这次给大家上这堂课呀，"我继续说，"因为之前我没办法见大家，所以就写了一封信。（我拿起打印的信）在信中，我提了些要求，一个就是希望大家提出不同的建议。说实话，这堂课我上了很多遍了，但是今天这堂课对你们来说是'私人订制'。依据什么呢？依据你们给我提的很多建议。我准备了很多素材，但不一定都用，相当于我拿了很多佐料、食材，至于做怎样的一道菜，放什么，我们一起来决定。"

"好，我们看第一个问题：以什么样的方式来上课？这是同学们的建议……"我打出PPT，上面呈现出多数同学的建议——

  自由开放、畅所欲言、自由对话、互动分享、讨论争辩、众说纷纭。

我说："这是同学们最多的建议，大家希望自由、分享、讨论、互动……'众说纷纭'是一位同学的原话，非常好，这是我没想到的。如果你们在课堂上不说也不要紧，那就我说。我不认为'满堂灌'就不好。你们喜欢'李老师讲'，我就讲，你们想讲就你们讲，让这堂课真实自然。那么，提这个建议的是哪些同学呢？"

我再点击了一下PPT，亮出了这些名字——

何木炜、游曾轩、黄欣雨、唐易、周昱肖、杨润泽、向维薇、林馨仪、陈乐、李睿祺、刘昕怡、郎钰芃、刘雯鑫、胡思危、周雨婷、钟茗媛、刘雨婷、肖潇、周雪曦、您的大朋友

我说:"提这些建议的同学,举个手让我认识一下。(这些同学纷纷举手)好,既然多数同学认为这种方式比较好,那我们就采用这种方式吧,讨论、互动、争辩、对话。"

"还有两个同学也提了非常好的建议,"我说,"一个是叶璐同学,建议用表演的方式。叶璐是谁啊?(坐在第一排的叶璐举手)哦,是你,刚才夸我的那个同学。(同学们笑)她的建议非常好,实话实说,但是呢,如果要表演就要排练,来不及,如果平时在班上,而我是语文老师,那是可以的。"

"还有个同学,叫蒲柄升,是哪一位啊?(一个男生举手示意)哦,他提出朗诵。其实这篇课文朗诵是很不错的,以父亲这种口吻讲童话,非常好。可是我想,这么宝贵的时间,平时在班上是可以的,但我们现在时间不允许。所以咱们就用讨论的方式,也挺好的。"

"那么,讨论什么?同学们提了很多问题,我看了一下,总共提了49个问题。其中最重要的问题,提得比较多的,是这个——"

如何理解"从人本身来说,只有能以人的方式去爱的人,才成为真正的人"?

我又说:"提出这个问题,或者和这个问题有关的其他问题的,是这些同学——"

刘雨婷、周昱肖、杨润泽、向维薇、刘昕怡、您的大朋友、陈乐、蒲柄升……

智慧与技能

"什么叫作'以人的方式去爱'？什么叫'真正的人'？这个问题提得很棒。"我说。

"其中，还有同学试着回答了这个问题。我们能不能请三个同学，再讲讲你们的理解呢？"我看了看我的备课记录，"哪位是胡思危啊？（一个男生举手）哦，你是胡思危，来，谈谈你的理解好不好？"

胡思危同学说："我认为，只有当你以一个人的方式去爱人的话，你才能懂得如何爱人，你才能享受怎么被爱，所以你才能成为真正的人。"

我并不满意这个回答，便追问道："你还没说什么叫'以人的方式'？"

"就是……"他被问住了。

我问大家："其他同学有没有补充的？"

蒲柄升举手了，我把话筒递给他。他说："我觉得如果是一个真正的人，他去爱别人，不仅仅是因为身体上的需要，更重要的是心灵的追念，因为文中提到了，爱情包含了忠诚，还有心灵的追念。这样以人的方式去爱，是超越了其他一切生物的。我觉得这才是以人的方式去爱。"

我笑了，说："他这个研究成果，非常好！"全班大笑。我说："给他点掌声——嗯，此处应该有掌声。"大家鼓掌。

我接着评论道："他谈到一个观点，就是说，人的方式区别于动物的方式，他不纯粹基于生理，或者生物性，还有社会性、精神、灵魂、情感——人的方式。"

我注意到，刚才发言的同学都是很放松随意地接过话筒坐在原位就说，并不站起来回答。于是，我说："顺便问一下，你们平时上课回答问题，是不是要站起来啊？"同学们点头，但表情开始有点紧张，以为我要批评他们"对老师没礼貌"。可是我紧接着说："今天这样随意就很好，我表扬你们啊！"大家笑了。"我上课就很随意的。"我也笑了。

在备课看学生的回信时，我记得一个叫刘雯鑫的同学对这句话有自己的理解，于是我问："刘雯鑫同学有没有新的看法？哪位是刘雯鑫啊？（一个男生举手）哦，你叫刘雯鑫啊，我以为是个女孩儿。"大家笑了。我说："好，你给大家说一说。"

刘雯鑫站了起来："我觉得既然我是以自己的思想来爱别人的人，就不同于其他普通生物，不只是生理上的需求，更是心灵上、思想上升华了一步，就是不同于其他生物。这样才算真正的人。"

"很好，很好！"我鼓励道。

我想到杨鑫鉴同学对此也有他的理解，便问："杨鑫鉴有补充吗？是哪位？"

一个男生站起来，我估计是杨鑫鉴，但他说我把他的名字写错了。我说："我看到你给我写的回信上就是这样的。我们下来对证一下，谁的责任要分清楚。"同学们又大笑起来。"没事儿！好，那杨同学，你说。"

"我觉得，就是……"他站了起来，说着又坐下了。

我笑了，说："大声点儿。站不站起来都无所谓，不要因为我表扬了别人坐着讲，你就不好意思站着讲，站起来就站起来，无所谓的！你躺着回答都没问题。"学生爆笑。

杨同学说："我觉得人是因为有爱情，才成为万物灵长，和其他生物不一样。如果不爱别人，他就与外面飞的禽、跑的兽没有区别，就不能称之为人。"

我说："好，请坐。他说的观点跟刚才柄升的接近。关于这个问题，本来我今天讲这堂课也是根据同学们的提问开始讨论，我也没按套路来。按道理是朗读一遍课文，分段，复述一下。我觉得大家对课文很熟悉了，没必要的，就提问题。关于这个问题呢，我把它分解成三个问题。其实这三个问题，也是我们同学在提问中直接或间接涉及的。"

我打出了这三个问题。结果发现，为了便于摄像，打在我和屏幕上的灯光太强，PPT 上的字不清晰。于是我转身对工作人员说："哎呀，能不能把第一排的灯光关一下，我们的孩子都看不清屏幕上的字。摄像不是第一位的，第一位应该是让孩子看清楚。不要为了摄像方便，给孩子造成不便。"

PPT 上的字幕——

1. 结尾两段，奶奶和父亲都是在谈论"这就是爱情"，但两人所说的侧重点有什么不同？

2."只有人才能够爱。同样,从人本身来说,只有能以人的方式去爱的人,才成为真正的人。"这句话同前面哪一句话照应?

3.如何理解"做一个幸福的人,只能是在你成为有智慧的人的时候"?

(提问者:钟茗媛、何木炜、游曾轲、黄欣雨、唐易、周昱肖、杨润泽、叶璐、刘昕怡、陈乐、您的大朋友……)

学生看着屏幕,我把三个问题口头重复了一遍,让学生思考一下再回答。

"好!"我继续引导,"我们先看第一个问题。他们都在谈爱情,侧重点不一样。当年奶奶给父亲讲什么叫爱情,现在父亲又给女儿讲什么是爱情,但是,他们是怎么讲的?"

我点击出一张PPT——

探究第一个问题:

结尾两段,奶奶和父亲都是在谈论"这就是爱情",但两人所说的侧重点有什么不同?

究竟什么是爱情?课文是如何表达的?

学生们纷纷回答:"讲故事。""童话。"

"嗯,童话故事。那这问题就出来了,他们为什么要用童话来讲呢?"我问大家。

学生们一时没有声音,都在沉思。

我说:"我看到这次同学们给我的反馈里,有同学是很有见解的哦,请一个同学来说一下。我看哪个同学说得比较好。"

一位叫刘昕怡的女生说:"我认为童话能让人物形象鲜明,而且道理更浅显易懂,同时作者的奶奶用童话给小孙子讲述了什么是爱情,从中也能避免谈论这个话题的尴尬。"

我归纳她的回答:"一个是通俗,第二呢,又避免了尴尬。是吧?很好!"我问大家:"还有其他同学补充吗?你说。"

蒲柄升举手站了起来:"如果奶奶是讲童话的话,她是更想告诉小孙子,爱情像童话一样,是纯洁美好的,奶奶的侧重点是在告诉小孙子爱情的力量和美,以及爱情的纽带。而父亲更多的是在告诉女儿应该以什么方式去爱,什么样的人才配得上拥有这样的爱情。"

这孩子思路清晰,表达准确。我说:"我发现蒲柄升智商很高(众大笑),这几次回答都很精准。好像他就是这封信的作者一样(众笑),说得非常好。你们听清楚了是吧?我就不重复了。给他点掌声。"同学们鼓掌。

这时候,坐在蒲柄升旁边的女孩好像有话要说。于是,我把话筒递给她:"来,这个同学谈一谈。"

女孩站起来,说:"我觉得还有一点就是,父亲强调的是只有人才能够爱,他的侧重点在人;而奶奶说的是爱情具有的美好、含义以及能给人类带来什么好处。"

我归纳道:"对,他俩说得非常好。奶奶和父亲都在说爱情,父亲的侧重点是只有人才能够爱,才能够真的享受爱。有同学在反馈中说,他不同意这个观点,说,怎么只有人才能爱呢?动物也可以爱啊,小猫小狗也可以爱啊。这是怎么回事呢?"

一位女生答道:"我觉得因为人类是高级动物,可能人生来就有一种孤独感,他觉得自己是一个个体,但是没有别人的个体来温暖他,需要爱情来关爱个体。而动物的最终目的是个体生存和种族繁衍,为了生存而生存,没有感情上的需要。而人类需要两个人互相扶持,互相走下去,才能走完这孤独的一生。"她话音刚落,全场响起了掌声。

尽管这女生回答的还不错,也赢得了自发的掌声,但我感觉她的回答还不够准确,或者说她的思维还不够严密,因为她只是从依恋、陪伴的情感角度看这个问题的,她认为动物结合只是一种繁衍,而没有依恋的情感,而人才有孤独感,需要陪伴,这显然是片面的。在我看来,人类的爱不仅仅有情感。她应该得到的鼓励,已经由同学和下面的听课者用掌声给她了,我不妨直言。于是,我说:"我倒没有给你鼓掌,说实话。你的侧重点在于结合,动物是为了繁衍,人则需要陪伴。而这个问题在于,爱本身——当然它有生理基础，但我们这里讨论纯精神的爱，有同学说动物也有爱，不光是人有爱，我发现你对这个问题的回答还不够准确。"

下面同学开始议论。

"这里有争论了。来，你说。"我边说边把话筒给了一位举手的女生。

她说："我在想，只有人才有思考的功能，所以人在爱的时候就会想，我如何让我爱的这一方得到更好的关怀、更好的照顾。人会去思考。所以说，只有人才能够爱。"

我接着她的话说："动物之间是有一种依恋——举个例子啊，母狗生了一只小狗，那种抚慰，是出于一种生物的本能，我们很难想象，一只狗会去爱另一只狗。人的爱呢，不仅仅是基于本能，当然也有生理基础，但用苏霍姆林斯基的话说，是更有智慧、有更多精神的东西。从这个角度讲，苏霍姆林斯基这里的'只有人才能够爱'特指的是人类之爱。这样才能讲清楚。"

我已经意识到，随着学生的讨论，话题似乎已经有点"飘逸"：本来是要研讨奶奶和父亲各自谈爱情的重点以及"为什么要用童话来表达"，但现在却在谈动物的"爱"和人类的"爱"有什么不同，而在谈这个问题的时候，自然而然又已经涉及刚才列出的第二个问题中的"以人的方式去爱"，可学生刚刚开始讨论的"童话表达"的作用和意义却被岔开了。

真实的课堂就是这样，学生的思维有时候就是这么行云流水，自然而然，如果我刚才打断这自然的讨论，"条理"似乎倒是"清晰"了，但学生的"思维流"则被阻断了，鲜活的思想观点也被扼杀了。何况在这自然而然的讨论中，孩子们的思想之水已经不知不觉地渗透到了后面的问题中。这对我来说，是一种不动声色的"铺垫"。所以，我没有必要为了自己的"预想"而中止学生的讨论。

不过，当然也不能任课堂信马由缰。当大家明确了"只有人才能够爱"的真正含义后，讨论就应该回到刚才的"轨道"，接着讨论：为什么奶奶和父亲要用童话来解说爱情？

于是，我很自然地接着刚才的话说："这还有个问题，讲童话，那么童话有什么特点呢？为什么不用小说或者……"

我发现蒲柄升又举手了。我笑了:"我鼓励你,给你点阳光,你就灿烂。我话都还没说完,你就举手了。那你说!"他不好意思地笑了:"那你先说完吧!""哦,让我说完?你很尊重我。"我笑了。同学们也笑了。

我继续对大家说:"大家想一想,为什么要用童话?童话有什么好处?"同学们都在思考,我对刚才急于举手发言的蒲柄升说:"那你说吧!"蒲柄升说:"我先就正面来说……"我乐了:"你还有反面说?"同学们笑了。他也笑了:"对,还有反面。从正面来说的话,童话能够表现故事的纯真和美好,天真和浪漫。从反面来说,如果我用小说,就有情节曲折、跌宕起伏的感觉,讲爱情就没有必要过度浮夸。(同学们笑了)用议论文或者说明文也不合适,爱情又不需要这种一二三四的说明,所以就用童话了。"

他的发言让我暗暗吃惊,因为我以前曾在杂志上发表过一篇文章,谈苏霍姆林斯基为什么要用童话来解说爱情,观点就是这样的,也是以不同文体来作比较。我问他:"实话实说,你是不是在网上搜索过相关资料?"

蒲柄升坦然答道:"我原来搜过作者写这篇文章的初衷。"

学生完全可以在课前自己查找资料来辅助学习课文。我当即表扬:"非常好。利用网络完全可以,你们可以通过各种渠道来理解这篇课文,很好。"

然后我问蒲柄升:"蒲柄升同学,你说完了吗?""说完了。"他答道。

这时后面一个女同学举手了。我把话筒递给她:"好,你来补充。"

这位女生站起来说:"还有就是,因为这是奶奶给她孙子讲的,一个是贴合她孙子的年龄,小孩子一般都喜欢听童话之类的故事,以奶奶的身份给孙子讲童话,更合适一点。孩子愿意听,才会更容易理解。"

"嗯,符合儿童情趣。"我表示赞同,"假如我问你们什么叫爱情,你们给我讲童话就不合适了。(大家笑了)当然,我这是虚拟的一个例子。"

关于为什么要用童话说爱情,我掰着手指归纳道:"一个通俗易懂,一个符合儿童情趣。还有同学就说了,能够把一个复杂的或者说有一定层次的问题,通过儿童的语言,很含蓄地表达出来,没有直接说爱情是什么。"

蒲柄升刚才对为什么要用童话讲爱情的回答很不错,但我决定再将其展开:"刚才说为什么要用童话,蒲柄升同学说得非常好,有比较。我们想一想,打个比方,在各种文体中,哪种文体更接近爱情?当然是童话!这是在备这篇课文的时候我自己的发现。我越来越觉得,所有文体中在本质上与爱情最相通的,只能是童话。像小说,大起大落,跌宕起伏,而爱情并不是每天都有故事的——我这里说的故事,是那种扣人心弦的故事,所谓'平平淡淡才是真'嘛。当然诗歌也比较接近,但感情多浓烈、炽热、集中,而好像更多时候的爱情是要厮守一生啊。戏剧也不合适,戏剧更是情节高度集中,冲突。当然,爱情最忌讳变成说明文(众笑),或者议论文——什么叫爱情,还'总—分—总'?(学生大笑)所以,最恰当的形式就是童话。"

略停顿,我说:"所以我这儿有一些归纳,也是刚才同学们回答出来的。"我打出了新一页PPT——

作者为什么要用童话给女儿解释"什么叫爱情"?
符合儿童口味,富有情趣。

这是我课前准备的教学素材之一,这里恰到好处地派上了用场。

我指着刚才那位发言的女生说:"这也是刚才那个同学回答了的。哎,你叫什么名字啊?"她回答:"李姿萱。"我感觉一点印象都没有。脑子里稍微回忆了一下,我恍然大悟:"哦,我想起来了。你是不是署名'您的大朋友'?""是吗?"我乐了:"我一看'您的大朋友',哦,这位的年龄比我还大呢!"同学们都笑了。她说:"可能是班主任帮我交上去的时候给我写的吧!"

"哦。"我请她坐下,"李姿萱同学说得非常好。"我继续展示PPT上的文字——

化道理为故事,生动形象。
爱情的最高境界是"童话"!

我强调道:"我觉得最关键的是,爱情的最高境界是'童话'!刚才蒲柄升说了,爱情是纯真、浪漫、美好的。那么,这个童话是怎么讲的呢?"

我这么问的目的在于将学生们引导到研讨这个童话的讲述艺术,品味作者的语言魅力。这个"引导",不是学生们思维流向的"自然进程",因为他们刚才分析的是"为什么要用童话讲爱情",但我认为如果他们仅仅停留于这个层面还不够,还应该深入"这个童话是怎么讲的"这一层面,这才是完整的语文课。因此,我这里的"主动出击"是教师应该发挥的主导作用。

我说:"同学们在反馈分析的时候已经说了很多,我这里就不一一请同学们起来讲了,本来这里也是可以让大家讨论的。在这个童话里出现过三个场面,哪三个呢?"

同学们在下面议论回答⋯⋯

"这三个场面都很相似。"说着,我打出了PPT——

三个场面——

"那男人和女人一会儿望望天空,一会儿你看看我,我看看你,相互传情。"

"老头儿和老太婆坐在屋前,时而望望红艳艳的朝霞,时而你看看我,我看看你,相互传情。"

"他们一会儿望望火红的天空,一会儿你看看我,我看看你,相互传情⋯⋯"

不变的是人、景、情⋯⋯

我充满感情地说:"这三个场面是最感人的!年轻人,老婆婆老爷爷,最后只剩下谁呀?老爷爷。三个场面中,人没变,景没变,情没变。"

课堂气氛沉静了下来,孩子们似乎都沉浸在感动中。

我继续评论:"伴随着这三个场面,还有上帝的三次发现和三次问答。"

屏幕上打出字幕——

三次问答——

"这是什么呀?"他向大天使加夫里拉问道。

"这是爱情。"

"这是什么?"他问大天使。

"忠诚。"

"这又是什么?"他问大天使。

"心灵的追念。"

"第一次,这是什么呢?爱情。第二次,这是什么呢?忠诚。这次回答已经是老爷爷老婆婆了。第三次回答,老爷爷已经……"学生们纷纷纠正我的口误:"是老婆婆。""哦,对对对,"我赶忙改正,"是老婆婆已经离开人世了,老爷爷很忧郁很悲伤。这是什么?"孩子们情不自禁地齐声说:"心灵的追念。"

此刻,我真切地感到,我和孩子们都被这童话中的爱情感动了!这些内容都是孩子们容易理解的,他们在反馈信中都谈到了,所以我这里便简略归纳,不多费时间。我心里的重点是引导孩子们品味探究几个词,这是他们在预习中很少涉及的。

停留了几秒钟,我缓缓说道:"有意思的是——我想,同学们在这过程中印象特别深的是,上帝的那三次——(我放慢了语速,用手比画一个动作)表情,他的发现。"我打出了下一张PPT——

三次发现——

"他所不理解的美和某种从未见过的力量"——"勃然大怒"

"无与伦比的美和更大的力量"——"怒不可遏"

"不可理解的美和那种同过去一样的力量"——"久久地伫立凝视着,随后深沉地思索着离去了"

我接着说:"第一次,他发现的是'他所不理解的美和某种从未见过的力量'——他的态度是'勃然大怒'。第二次发现什么?"孩子们纷纷回答:"无与伦比的美和更大的力量。"我说:"他的态度是'怒不可遏'。注意,这次我要表扬一位同学,他发现了一个问题就是,我给你们的学习单上'无与伦比'写成了'无以伦比'——当然这也可以用,一点错都没有,但是作为成语,最好还是'无与伦比',大家把它改过来。另外,还有个同学,查了一个词'稚幼',我不知道查的结果是怎么解释的,其实它是印错了的(众笑),是'幼稚'。真是对不起!"我和学生继续刚才的分析:"好,'怒不可遏'。第三次,看看'不可理解的美和那种同过去一样的力量',按道理的话应该更加生气——第一次是'勃然大怒',第二次是'怒不可遏',就是控制不住啦,那第三次应该是……结果呢,态度是——"学生说:"深沉地思索……""对,"我说,"是'久久地伫立凝视着,随后深沉地思索着离去了'。"

这是我希望学生细细咀嚼、深入品味之处。于是我特意停顿了几秒钟,然后说:"你们提了那么多的问题,李老师还没提过问题,在这儿我提个问题。我在备课的时候想,可能对你们来说不存在这个问题,可是对我来说就存在这个问题。注意看这儿啊:第一次,'他所不理解的美和某种从未见过的力量',第二次(这里出现一个口误,应该是'第三次')又是'不可理解的美和那种同过去一样的力量',这两个'不理解'是不是重复了?它们有什么不同的含义?"

学生们并没有议论,课堂出现了沉默——思考的沉默。

过了片刻,我问:"第一次'不可理解'是什么原因不理解啊?""没见过。"有同学在下面小声说。"没见过?"我看到有学生举手了。我选她起来答:"那个同学,你说。你叫什么名字啊?"女孩站了起来:"刘雨婷。""好,你说。"刘雨婷说:"我觉得第一次不理解是因为上帝还没有见过这种爱情,所以第一次看到,觉得是非常新鲜的。"我说:"因为没有见过,自然不理解,对不对?""对,他非常好奇。"刘雨婷继续说,"第二次不理解,是因为他已经见过了,但是他觉得随着岁月的流逝,他们的情感还是没有变,这他没有体验过,这种情感是他不理解的。"

我问大家:"有补充吗?她说的对不对呀?"没有人补充。我说:"第一次不理解,是因为没见过。第二次是什么原因?多少年过去了?""50

年。"同学们说。"对，50年过去了，居然还是那么美和有力量，他觉得不可思议。第一次不理解，应该翻译成'不知道'，'没见过'；这一次不理解，是真的不理解了。在西方基督教文化里，上帝不但创造了一切，还主宰着一切。他第一次发火是什么原因？——居然出现了我没创造的东西，他们别得意，时间会消磨他们的青春和力量。可是时间过去那么久了，结果变成'无与伦比的美和更大的力量'，多么可恶啊！最后让他们死去。又过了三年，其中一个已经离开人世了，另一个还那么依恋，那么一往情深，所以上帝觉得是'不可理解的美'，他'久久地伫立凝视着，随后深沉地思索着离去了'。想一想，上帝在那一刻思索了些什么？为什么想了之后他就离去了？"

思考片刻之后，有女孩举手了。"好，你说。你叫什么名字？"我问她。"我叫肖玛晗。"她站起来说。"哦，我看着名字还以为是个男孩。你说。""我的理解是，这里的上帝是想要承认这种比他自己创造的要强大的力量，这里的不可思议还有一丝佩服和惊讶，对这种爱情力量的长久和坚韧的惊讶。这里他可能在思索，这些他没有创造的东西很美好，他或许很认同，觉得应该留下来。"她说。我说："思索里面有认同，是吧？还有同学补充吗？"

有一个男孩举手。我抽他起来："请问你叫什么名字？"他站起来却欲言又止。我打趣道："他有点不好意思说自己的名字，是因为名字取得不好，是吧？"全班同学都笑了。那男孩也笑了，说："我就是刚才把那个名字写错的杨鉴鑫啊！"我想起来了："哦，对，你看我记性太差了，是杨鉴鑫。"他点点头，说："上帝觉得这种美赋予了人类创造力。而他所掌控的一切，他掌控的时间不能摧毁这种美，人类具有了创造力，迟早有一天会取代他，或者跟他平起平坐，他觉得无法再阻止他们。""嗯，甘拜下风，是吧？"我说，"现在不能主宰你们，你们能自己主宰自己，好吧，那你们就自己主宰自己吧！太好了，还有其他理解吗？"

刘雨婷再次举手。"好，你说。"我示意她发言。她回答道："我觉得这个时候上帝可能在想爱情到底是什么，它具有一种连上帝自己都无法理解的美和力量，最开始是使他惊慌不已、迷惑不解，但是50多年之后，这种情感并没有褪色,没有随着岁月的流逝和老婆婆的离世而改变,它成了人类种族、生命永不衰败的纽带。"

"她的意思是说,上帝还在思考爱情是什么。"我说,"总之上帝想得很多。我谈一点我的体会。他觉得,人类自己创造的东西是不可战胜的,精神的东西是不可战胜的,爱情是不可战胜的,用时间、用死亡,都没有战胜它;由此我就想到,不光是爱情,所有精神都是不可战胜的——理想、信念……为什么那么多人可以为了自己的理想抛头颅、洒热血呢?因为精神的东西是不可战胜的。人可以死去,但爱情可以永恒。人在这个世界上可能只有几十年,但爱情可以穿越时空,所以当梁山伯与祝英台的生命逝去的时候,他们的爱情化为蝴蝶,一直飞翔到今天。这就是爱情,这就是上帝所无法解答的。于是他走了,'人就成了大地上的上帝'。好多同学对这句话不理解,现在理解了吧?"

孩子们纷纷点头。

我继续说:"那么这篇课文当中,大天使加夫里拉三次回答,跟上帝说这是爱情、忠诚、心灵的追念。有的同学还提出一个问题,说:'还是没有说清什么是爱情嘛。'比如说,'这是爱情',但究竟什么是爱情呢?这就涉及这篇课文对爱情的解释、阐述,本身就是符合爱情特点的,是妙不可言的。你自己给它下个定义是可以的,但当你把你下的这个定义说'清楚'了,它就不是爱情了。比如说第一次,他说爱情是针对什么说的呢?"

我一边说,一边展示PPT——

那男人和女人一会儿望望天空,一会儿你看看我,我看看你,相互传情。

"这是什么呀?"他向大天使加夫里拉问道。

"这是爱情。"

我读着课件上的文字以示强调。然后解说道:"什么叫爱情?'你看看我,我看看你,相互传情',不需要语言。这种古典爱情的表达方式,现在越来越少了,同学们!现在一来就是,'让我一次爱个够''爱你爱到骨头里'!"孩子们笑了。"其实古今中外真正爱情的表达都是很含蓄的。"我说,"我们大家最熟悉的,古人表达爱情——'红豆生南国,春来发几枝。愿君多采撷……'"孩子们不约而同地一起吟诵:"此物最相思!"

我说:"一个'爱'字也没出现。写失恋也是,当然,这首诗你们不一定熟悉啊——一个人跟远方的女朋友约会,结果她不来啦,他晚上等了很久,自己睡在凉席上,月光如水啊……"PPT出示:

水纹珍簟思悠悠,千里佳期一夕休。
从此无心爱良夜,任他明月下西楼。

"'簟',就是竹床,凉席。他睡在上面,但他睡不着,为什么?'思悠悠','千里佳期一夕休',友谊的小船说翻就翻!"全场大笑。"是呀,说翻就翻,她不来了,吹啦!"我分析道,"'一夕休',一个晚上就'休',就停止了!他很难受啊!'从此无心爱良夜',从此没有心思赏明月。再好的晚上都跟我没关系,本来是最好的一个夜晚啊,千里共婵娟,可现在就剩我一个人了,'任他明月下西楼',管它上东楼还是下西楼,跟我没关系,从此不再赏月。你看,古人这样表达失恋。现在怎么表达?——'为什么受伤的总是我?'"我一边说一边做出痛不欲生的表情。大家爆笑。"所以,你看,"我很认真地继续分析,"通过这些描写,或者刚才举的几个例子,可以说,对于爱情的表达与描写,其实从文学的角度讲,含蓄是最美的。"

我回到对"爱情"的解释,说:"好,这就是爱情。爱情和什么有关呢?倾慕,欣赏,仰慕。仰慕并不是说不平等,互相仰慕嘛!对不对?"

我继续往前推进分析:"好,看第二次。第二次是看到什么时说'忠诚'呢?'老头儿和老太婆坐在屋前,时而望望红艳艳的朝霞,时而你看看我,我看看你,相互传情。'注意这已经是'老头儿''老太婆',这是'忠诚'。第三次,只有一个老爷爷在,他很忧郁悲伤。所以,我就归纳,苏霍姆林斯基这篇童话告诉我们什么是爱情——'爱情',与'倾慕'有关;'忠诚',与'时间'有关;'心灵的追念',与'生死'有关。"

我打出 PPT——

"爱情"——与"倾慕"有关
"忠诚"——与"时间"有关
"心灵的追念"——与"生死"有关

我想到备课时一个同学的疑问："有的同学说，'忠诚为什么是这个？'是的，忠诚必须与时间相伴。比如说一对恋人，早上才相亲，到了晚上说，你看我今天陪了你一天，我对你多忠诚。才一天、几个小时，怎么能叫'忠诚'呢？几十年才算。注意，这个童话故事很有意思，三次见面，三次发现，三个场面是不是一样的啊？""一样的。"孩子们说。"都一样的，是吧？"我继续说，"表面都一样，但实际上在推进，它对爱情的解释在加深。环环相扣，前后照应。这样的结构在文学作品当中是很常见的。我不知道同学们读过一篇小说没有，如果没有读过，今天可以去百度上搜索一下，叫《一碗清汤荞麦面》。读过没有？"

下面有一个孩子说："我读过。"

"嗯，读过，是吧？这个小说还有一个名字叫《一碗阳春面》。"我说，"我在武侯实验中学当校长 9 年，每年初一新生入学，我都要到各个班去讲。这篇小说非常感人，《一碗清汤荞麦面》，我写下来……"我一边重复小说题目，一边在黑板上板书。"这小说很简单，就四个场面，除夕晚上，母子三人到一个面馆吃面，还有老板和老板娘，每次都吃一碗清汤荞麦面，第二年又去，第三年又去，一共去了四次。每次吃面，表面上情节都是雷同的，但实际上，人物故事是往前发展的，人物在发生变化，人物关系在发展变化，非常感人！"

我说："现在我们回到课文——当然我们刚才已经说了，这里就直接再强调一下。"我打出 PPT，以示强调——

这就是爱情！

奶奶强调的是——爱情是美和力量，是纽带。

智慧与技能

父亲强调的是——真正的人才能够享受爱情。

　　我说:"我们把这两段话读一下,这是全文的主旨所在。'这就是爱情',起!"
　　学生们朗读——

　　　这就是爱情,小孙子。爱情,它高于上帝。这是人类永恒的美和力量。人们世代交替,我们每个人都不免变成一抔黄土,但爱情却成为人类种族的生命力永不衰败的纽带。
　　　这就是爱情,亲爱的女儿。万物生存、繁殖、传宗接代,但只有人才能够爱。同样,从人本身来说,只有能以人的方式去爱的人,才成为真正的人。如果不善待爱情,便不能提高到人类美这一高度,就是说它不仅仅是能够成为人、但尚未成为真正的人的一种生物罢了。

　　学生读完后,我说:"估计对于最后一句话,有同学觉得不好理解。这次很多同学在反馈中也提到,这句很绕口,'如果不善待爱情,便不能提高到人类美这一高度,就是说它不仅仅是能够成为人、但尚未成为真正的人的一种生物罢了。'"
　　本来我是想让同学们互相讨论一下这句话的,这句话很有研讨的空间,但我已经感觉时间不够了,所以不得不自己直接解释:"这话其实很好理解,但是个人觉得它翻译得不太流畅。意思就是说,人有生物性,如果你没有提高到人类美的高度,那么就只是一种生物意义上的人,还不是社会意义上的人,是'尚未成为真正的人的一种生物罢了',跟动物没区别的。"
　　就这样,我几句话就把这个问题解决了,但一个很好的让学生思考与研讨的机会便没有了。这里明显有些急促。这是这堂课的不足之一。
　　我进入下一个问题:"好,咱们解决第一个问题了。那么第二个问题出来了,什么叫作'以人的方式去爱'呢?"我打出了PPT——

探究第二个问题：

"只有人才能够爱。同样，从人本身来说，只有能以人的方式去爱的人，才成为真正的人。"这句话和前面哪句话照应？

我重复了一遍问题，"'只有人才能够爱。同样，从人本身来说，只有能以人的方式去爱的人，才成为真正的人。'这句话和前面哪句话照应？看一看。"

孩子们在思考，一时没有人举手。

我不急，耐心地等待着孩子们的思考结果。我提示道："'只有以人的方式'，怎样才算是'以人的方式'？"

有两个孩子举手了。我抽其中一位女孩："叶璐同学！"叶璐站起来说："我觉得是第三自然段'但做一个幸福的人，只能是在你成为有智慧的人的时候'。"我追问："为什么你认为是和这段话照应？""因为他说的是以人的方式去爱，然后第三自然段说的是你要成为有智慧的人，那么人的方式是智慧。"她说。我对她的理解表示高度肯定："非常好！'人的方式'，人是有智慧的，有理性的，有思想的。好，以人的方式去爱，就是以人的智慧去爱。那么，这个智慧包括哪些呢？"我又抛出一个问题。这其实是今天要探讨的第三个也是最后一个问题。我打出PPT——

探究第三个问题：

如何理解"做一个幸福的人，只能是在你成为有智慧的人的时候"？

一个男孩举手站了起来："我觉得可能就是大天使加里拉夫三次说的，爱情、忠诚、心灵的追念。"

我说："嗯，就这三点，是吧？那我们来看，怎么理解这句话？刚才他说了一些。大家注意看，这篇课文后面的练习中有一段话，用苏霍姆林斯基自己的话来解释这段话吧。"我将这段话展示在PPT上——

  人的爱情应当不仅是美好、诚实、坚贞的，同时也应该是理智和慎重的、机智和严肃的，只有那样的爱情才能带来欢乐和幸福。

——苏霍姆林斯基致女儿

  "这是苏霍姆林斯基在给女儿的另一封信中写的。爱需要智慧。怎么理解这爱情？怎样看待爱和喜欢？"我问。

  蒲柄升说："我觉得喜欢，就是天真的、幼稚的，是只顾自己的一种占有。"同学们被他的回答逗笑了。"爱呢？"我问。"爱，就是一个人对另一个自己所爱的人的无私付出。"他说。

  有一个女孩举手了。我把话筒递给她："你叫什么名字啊？""我叫周雪曦。""哦，周雪曦。好，你说。"她说："我认为，喜欢是不讨厌，是对别人的一种非常单纯的感官感受；如果是爱情的话，应该是两个人之间有默契。"我评论道："周雪曦的意思就是说，喜欢就是一种简单的、肤浅的感兴趣；爱呢，是经过一段时间的交往，从心里对对方的一种感情。"

  有一个女孩迫不及待地举手了。我把话筒递给她："你叫什么名字啊？""肖瑀晗。我认为爱情与喜欢的区别在于爱情有责任。""嗯，爱情有责任。非常好！"

  又一个孩子举手。发言的越来越踊跃，看来大家都有话要说。

  一女生说："我认为喜欢是对另一方的一种欣赏，但爱情是要与他同舟共济度过余生的。""对对对。"我情不自禁叫好。

  远处一男孩举手了，我问："那男同学要说吗？把话筒给他。"但他说："我不要话筒。""哦，不要话筒。你是自带功放，是吧？"我开了句玩笑。大家爆笑。这男孩也笑了，然后说："我认为喜欢包含在爱情里面，喜欢是一种直觉，从一个动作或者一个人的性格，甚至说外表，都可以让一个人喜欢另一个人，比如说——老师，我特别喜欢你！"大家都欢快地笑了，同时掌声响起。那一刻，我感到一种突如其来的感动，但却故作遗憾地对大家说："他对我不爱，只是喜欢。""哈哈哈……"笑声更热烈了。男孩也忍不住特别开心地笑了。笑声渐渐平息后，男孩继续说："但是，爱情是需要经过考验的，比如时间，需要你的忠诚，需要你去追念。爱情应该包含喜欢，但喜欢不代表爱。"

我说："这个问题是没有标准答案的，都说得很好。好，请这位同学说。"

一位女生说："其实喜欢和爱很早就有定论，喜欢是放肆，爱情是……"这话又引得大家开心地笑。笑声中，她继续说："喜欢就是泰坦尼克号那种，情不自禁地一往情深……"她语速很快，再加上有大家的笑声，我没听清她说的几个字，于是我说："别忙，我没听清楚，请你再重复一遍，好不好？"她稍微放慢了语速，说："喜欢是放肆，爱情是克制。""哦，喜欢是放肆，爱情是克制。非常好！好像你经历过一样。"全场再次爆笑。女孩赶紧声明："没有没有。"大家笑得更厉害了。

我说："爱情的特点就是含蓄。你们说得都非常好，刚才你们的发言升华了我对爱情的认识。"孩子们又开心地笑了起来。

"刚才蒲柄升说到了两个词：喜欢和占有。"我说，"他说喜欢是占有。这个道理啊，比如说这个文具盒，（我顺手拿起面前学生课桌上的一个文具盒）喜欢就是想方设法把它变成自己的，哎哟，如果到文具店去——这文具盒多好啊，我太喜欢了（学生笑），于是把它买下来。这支笔也不错耶！（学生大笑）我喜欢它，怎么办？买呀！这个书也不错，太喜欢了，买下来！哎哟，这个小孩儿也不错！（我摸摸前排一个男孩的脑袋，全班大笑）怎么办？买下来？（学生爆笑）那不行，那成了人贩子了！"

我停顿了片刻，放慢速度，很郑重地说："但是，爱是——付出。我记得，俄国作家车尔尼雪夫斯基好像说过这么一句话：所谓爱，就是给你爱的人一切。爱就是付出啊。"

我再次停顿片刻，让孩子们回味这句话。

然后我缓缓地说："有个故事，不管时间多紧，我今天都要讲。"我一边说一边打出PPT，屏幕上出现了一条长长的长满青草和苔藓的石阶路，一级一级，由下而上，一直延伸到山巅。

看到PPT上的图片，孩子们议论起来。我指着画面，问："知道这个故事吗？谁能够讲一讲这个故事？"好几个同学举手。我请其中一位女生讲，她站起来说："这条路叫'爱情天梯'。一对夫妇在山上生活，这个老爷爷为了方便他的妻子每天上下山,就为他妻子一阶一阶打出了天梯。"我问:"多少级?知道吗?"下面有同学小声说:"6000多级。"女生说:"6000多级。"

我说:"对,6000多级!这就是付出,几十年的付出。这件事发生在重庆江津的中山古镇,离这儿不远。男主人公叫刘国江,6岁的时候,村子里一个叫徐朝清的姐姐16岁了,要结婚。刘国江的牙磕坏了。当地的风俗是,如果新娘摸一下他的嘴巴,牙就会长得快一些。那是他们第一次见面,这个姐姐就摸了一下这个小弟弟的嘴巴。农村结婚都很早的。徐朝清26岁的时候,丈夫因患脑膜炎去世,留下了4个孩子。有一次徐朝清和孩子不小心落水了,刘国江奋不顾身把他们救起来,自此之后经常照顾他们母子,慢慢地,他们俩之间就有了羞涩的、发自内心的一种——叫什么?"

学生们说:"爱情。"

我说:"对,爱情,倾慕嘛!对不对?1956年,徐朝清29岁,小伙子19岁。后来徐朝清就一直叫她的老公'小伙子',叫到生命的最后一刻。她是个寡妇,带着4个孩子,他们俩肯定不为世俗所容,于是他们毅然出走,到了深山老林。为了她出行方便,他给她筑就了爱情天梯。这一筑就是半个世纪。2007年,'小伙子'不幸猝死,徐朝清非常难受,家里的人要把她接下山住,她说不,她就要守着'小伙子'。她经常唱一首当地的民歌,就在她老公的病床前唱……"全场一片肃静,孩子们都被打动了。

我吟诵那首民歌:"初一早起去望郎,我郎得病睡牙床。衣兜兜米去望郎,左手牵郎郎不应,右手喂郎郎不尝。我问郎想吃哪样,郎答应:百般美味都不想,只想握手到天亮……"全场寂静。孩子们一双双眼睛凝视着我,脸上呈现出感动。

"非常感人!后来他们的故事感动了很多人。"我打开PPT,"来看看他们的照片。"一张一张的照片,展示着两人从年轻到晚年的情感与生活。

"看,这是年轻时的照片,这是他们在山上的时候……几十年的相守没有变,这叫什么?"我问。大家情不自禁地齐答:"忠诚。""对,忠诚。后来'小伙子'离开人世了,老婆婆在山上守着他,这叫什么?""心灵的追念。"孩子们说。"这就是爱情!"我说道,并继续展示着一张张照片,"你们看,再后来,他们的故事感动了很多人,还被拍成了电影,名字就叫《爱情天梯》,你们可以去网上找来看一看。再后来,这里成了旅游景点。"大家笑了。

"但是,"我很认真地说,"我个人觉得,现在的年轻人只把它当作旅游景点。这对老夫妇用一生的时间,用朴素的生活印证什么是爱情。可爱情本身不是看风景。"没有笑声,没有议论,孩子们在沉思。

我说:"今天这课堂的内容就讲到这儿,接下来我给大家讲一些课堂以外的东西。"我通过PPT打出了苏霍姆林斯基的肖像。我充满感情地说:"作者苏霍姆林斯基是苏联一位非常了不起的教育家。"我继续翻着PPT,展示出一张张照片,并解说道:"这是他的全家福,这是他女儿卡娅。多幸福的女儿,多优秀的父亲!苏霍姆林斯基是对中国中小学教师影响最大的一位国外教育家,我相信你们的老师肯定读过他的书。我一直很仰慕苏霍姆林斯基。1998年我到北京参加'纪念苏霍姆林斯基八十华诞教育思想国际研讨会',见到了这个'女儿',那年她52岁。我发了言以后,讲了我们班的故事,她很感动,还给我写了一封信。当时我看不懂,她用乌克兰语写的,后来北师大的赵玮教授给我做了翻译。"

我在屏幕上打出了卡娅写的那封信的中文翻译——

亲爱的李:

听了您刚才充满激情和爱心的发言,我很感动。您是一位真正的教师!

您把您的热情传播给您的事业,您把您的爱心传播给您的学生。我相信,您是很幸福的人。

您是中国的苏霍姆林斯基式的教师。虽然您与我父亲苏霍姆林斯基年龄相差很大,中国和乌克兰相距遥远,但您是苏霍姆林斯基的亲人,是他最亲近的人!

我代表我的亲属向您表示敬意,我代表乌克兰人民向您表示敬意,我向您深深地鞠躬!

奥丽佳·苏霍姆林斯卡娅
1998年11月27日

我说:"我很感动,感动的不是她对我评价很高,而是我得到了苏霍姆林斯基亲人的认可。从此以后,我和卡娅开始了友谊的交往,就是这个'女儿',我们结成了朋友。"

我继续展示老照片:"这是我们第一次见面拍的照片,1998年,我们一起登长城。后来她送了我一本书,就是苏霍姆林斯基为他的学生写的,上千部童话小说的合集。她说,送给我的女儿作为生日礼物。因为她从聊天中得知我女儿生日快到了。第二次见卡娅是在2004年。去之前,我还在我班上给高一学生上了这堂课,同学们听说我一周后要去见这个'女儿',就给她写了封信,请我带给卡娅。"

屏幕上打出了这封信的片段——

敬爱的苏霍姆林斯卡娅女士:

您好!

我们是中国四川成都市中学生,我们从班主任李镇西老师的口中知道了您的父亲苏霍姆林斯基,他对我们有很大的影响,特别是他给您写的那封关于爱情的信,给我们留下了十分深刻的印象,我们还将那封信改编成了话剧,表演获得了成功。

我们虽然生活在不同的国度,但因为有了您父亲的教育,我们仿佛成长在同一片天空下,接受着同样的爱心教育。我们很感谢您的父亲,是他教会了我们什么是人性美。我们因能得到您父亲的教育而感到荣幸。我们相信您不仅是个幸福的女儿,同样也是一个伟大的母亲,因为您曾受到了这世上最好的教育。今天我们因能结识您而感到荣幸。

李老师曾对我们说过这样一句话:"让人们因我的存在而感到幸福!"您的父亲就是这样的一个人,在他担任校长的时候,他的身旁总是围绕着一大群孩子,孩子们之所以喜爱他,是因为他是用一颗童心与孩子们交流,这点从他给您写的信中得到了充分的证明。而在中国,由于教育体制的某些弊端,很多孩子过早地失去了童心,而您的父亲,他一直都倡导要保持一颗童心,这是我们最敬佩他的地方。
……

我说:"这信,我就不读了。大意是说,我们是中国的学生,读了您父亲给您写的信,还把它编成了话剧……我们虽然生活在不同的国度,但都需要爱的教育。我们相信您不仅是个幸福的女儿,同样也是一个伟大的母亲,因为您曾受到了这世上最好的教育。我们因能得到您父亲的教育而感到荣幸。李老师曾给我们说过这样一句话:'让人们因我的存在而感到幸福!'这是我给我历届学生的见面礼,今天把它作为给你们的见面礼。我们一起把这句话说一遍,好不好?"

全班同学齐说:"让人们因我的存在而感到幸福!"

"现在,这句话成了我们学校的校训。"我说。

"后来我把这封信带给卡娅,是2004年在江阴。"我继续展示图片,"这是她在下面听我演讲。我问卡娅:'你是什么时候谈的恋爱?'她说:'我是该谈恋爱的时候谈的恋爱。'我说:'为什么你父亲要给你写这封信呢?'她说:'当时我住校,离家很远,所以父亲给我写信,但更重要的是,当时我父亲是个教育家,他借给我写这封信表明他爱情教育的一些观点。'也就是说,这不是一封普通的家书,不是父亲给女儿写的普通的信,而是在表达一种爱情观,一种爱情教育观。所以他这封信穿越时空,穿越国度,影响了今天的孩子。"

我继续展示并解说照片:"2008年我到乌克兰,到了苏霍姆林斯基的学校帕夫雷什中学,我和卡娅在那种树。又过了几年,第四次再见到卡娅,是2012年吧,我们在浙江。而且很巧,苏霍姆林斯基的生日是9月28日,和孔子同一天,我的生日和卡娅同一天。"

大家笑了。

"按中国的说法,"我说,"我们都是属狗的,她比我大12岁。"

我展示出一张卡娅给我的信的照片:"那天(这里的时间我没交代清

楚,其实是2004年在江阴的时候,而不是2012年在浙江),我要走的时候,卡娅给我一封信,说她给我的学生写了封信。我读一读。"

我展示并全文朗读这封信——

亲爱的孩子们:

你们好!

十分感谢你们给我的来信,你们在信中言辞关切,充满温情,并谈及了苏霍姆林斯基和李镇西。我想在复信中给你们写几句话,谈谈我对生活、学习、学校和老师的看法。谈到生活,我想引用苏霍姆林斯基对此用过的词:"需要—困难—美好"。

生活总是给我们提出任务、问题和课题,我们需要完成和解决它们,那就不会那么容易,就会遇到困难,必定要锤炼意志,开动脑筋,耗费心血。而当这些问题被解决的时候,那就会感到克服困难取得成功和胜利的欢乐与美好。生活能如此展开,日复一日,月复一月,年复一年,直至一生,那就是充满希望、胜利和成就的一生,无悔无愧的一生。

当然,上述胜利和成就对于他人来说也许会是微不足道的,但它们对于你们每个人自己却是至关重要的。学习和学校就能帮助人们正确地生活。在我看来,应当在学习中找到愉快,应当有一门喜爱的学科,即学习这门学科使你会因取得成功而欢乐。其实,没有什么比求得新知更幸福的了!苏霍姆林斯基正是这样认为的,他说,我相信取得新知的欢乐。当一个人开动脑筋、善于思维、积极探求时,他一定是一个幸福的人。(我提醒道:"半夜做出了一道题,攻克了一道难关,你会觉得自己很了不起!")

在上述生活道路上,老师会对你们提供帮助。任何人也不会像老师那样信任你们,任何人也不会像老师那样努力把自己的知识和心灵贡献给你们!

我坚信,你们将会成长为真正的人(联想今天的课文,我说:"我们来回忆一下,'真正的人'是什么意思?有智慧,有责任。"),成为忠于祖国的爱国者，成为世界公民（我特别提醒："注意，我们不要闭关自锁，一定要有开阔的视野！"），成为很好的朋友，成为充满爱心的父母双亲！

祝你们万事顺意！

奥莉佳·苏霍姆林斯卡娅
2004年11月11日于中国华西村

"我想，这封信是写给每一个中国学生的。"我以这句话结束了我的朗读。

其实这封信我读得并不好。我心里有点担心时间不够，所以语速较快，影响了这封信本身的感染力。如果我读得从容一些，舒缓一些，自然会让孩子们一边听一边思考，那效果会非常好。但很遗憾，我没做到。

读完了信，我对孩子们说："我今年从教34周年了，进入第35年。我第一次教的学生，他们也像你们这么大，而现在，他们的孩子都像你们这么大了。他们经常带孩子来看我，邀请我参加他们的婚礼。我就想到了苏霍姆林斯基曾经给他的毕业生说过这样的话：'当你们带着孩子来上学时，我们教师中的许多人还是在学校工作，要知道我们将在你们孩子的身上，看到你们优良品格的反映，但愿这种反映将是纯洁无瑕的。'这就是教育，这就是人类真善美的传递，包括爱情的传递。"

最后，我深情地对孩子们说："我们今天在这儿上这堂课，它会成为历史。再过10年、20年、30年，你们长大以后会想到，当你们谈恋爱的时候，当你们成为爸爸妈妈的时候，会想到：哦，在那一年，有个李老师给我们上过一篇课文，告诉我们什么是爱情！"

教室里一片安静。孩子们好像正沉浸于遐想中。但我不想这堂课结束得这么严肃，于是调侃了一句："当然，这个李老师现在已经死了好多年了。"孩子们笑了。

"然而我相信，"我说，"人类的一些品质、精神、灵魂，会永远延续下去！——下课！"掌声热烈响起。

现场点评：

　　李老师的课，显然是大师级的课，是非常真切的展示。李老师自己有一个原则，就是针对特定的学生上特定的课。他是带着素材来上课，作了很多准备，这些准备都是针对这一个班的学生的。刚才他还对我说，他这堂课是针对这一个班的学生、为他们在预习当中所提的问题而"定制"的一堂课。从这堂课中，我们也可以看到李老师对苏霍姆林斯基的一种景仰，对苏霍姆林斯基的那种了解，还有他和苏霍姆林斯基女儿的一些交往。这堂课、这篇课文，其实李老师在不同的地方上了很多遍，显然，只有李老师才能上出这样的课。

　　从李老师这堂课里面，我们明显感觉到，学生课前对课文有疑惑，课堂讨论中还有不同的想法和不同的问题。李老师在课堂上，帮助学生的理解不断往前推进，在和同伴不同的补充分享中，不断地去加深对这篇课文一些关键语句的理解，总之是往前延展。这是我们可以非常明确感受得到的。我个人觉得，一堂课，好或不好，当然有很多标准和角度，但是最重要的一个角度就是——学生在这堂课里面，通过老师的教学，他课前所理解的、感受的，在课中有没有往前推进，往前延展，往前推动。换句话说，这堂课是不是必不可少的。如果没有这堂课，学生的理解可能就到这里，学生的展示可能就到这里，学生还有很多疑惑、很多费解的地方却得不到解决。通过我们老师的这堂课，通过师生相互交流——我可以用"对话"这个词，学生的理解、感受不断往前延展、延伸，学生是有真切的收获的。这是我觉得判断一堂课成功的最重要的标志。

　　李老师这堂课，如果我们要更深入地去领会、学习，最好的办法就是去读读李老师公开发表的，在网上、在他的书上的这堂课的实录，然后把在不同地方上的课和今天的课加以比较，看看有哪些相同点、有哪些不同点，想想不同点是为了什么。我想这是我们学习李镇西老师的途径和方法。一个好的语文老师之所以成为好的语文老师，是立足于学生学习的真切收获的，他希望努力在自己课堂上去促成学生的收获。

　　对于我们年轻老师和准老师来说，要思考的是，李镇西老师的课哪些是我们可以学习的，哪些是我们学不了的，哪些是我们绝对做不到的，这些要分出来。他针对学生的问题设计教学,他引导学生解决问题的方法,他把上课的关注点放在学生的问题上,然后顺着学生的问题不断地去推进,这是我们可以学到的;至于李镇西老师对苏霍姆林斯基那种景仰,那种了解,和苏霍姆林斯基女儿的那种交往,交往当中有许多深切的体验,这是我们没有办法做到的,不是谁都做得到的。所以执教《致女儿的一封信》可以说是李镇西老师的专利,其他人是没法这样教这篇课文的,这样上确实是他的专利。

这就是我理解的李镇西老师的课。

(上海师范大学教授、博士生导师　王荣生)

整理附记:

时隔将近一年,重新看这堂课的课堂实录,并将其整理成文字稿,颇有感慨。我毫不掩饰自己对这堂课的满意,同样也毫不隐瞒对这堂课的遗憾。

满意有四——

第一,满意在"超越"。《致女儿的一封信》我上过很多遍,包括在外地上公开课。如果就内容而言,我已经了如指掌;如果就教法而言,我已经驾轻就熟。2005年,我上这堂课的实录还被制作成音像制品正式出版,全国发行,影响较大。几乎所有听过我上这堂课的老师都说:"只有你才能上得这么好!"但这次我之所以决定上这堂课,就是因为我想上一堂和过去不同的课。我就想超越自己。这点我做到了。

第二,满意在"不同"。"不同"在哪里?在课堂师生关系的真正变化。过去上这堂课,虽然我依然注重在课堂上引导学生主动探究,生动活泼地学习,尽量发挥他们的主体作用,但总的来说,整个教学框架的设计还是立足于教师如何"教",而并没有把课堂完全交给学生。而这次上这堂课,我一开始就把学生放在了至高无上的地位。我这里有意用了"至高无上"这个词,就想表明,我们的课是为学生学习而上的,不是为教师教学而上的。所以,连这堂课用什么方法上,我都听取学生的意见,"遵从"他们的意愿。课堂上研究什么问题,我也"顺"着他们来。这点,在课堂实录中可以清楚地看到。

第三，满意在"生成"。我事先并没有对课堂教学环节作"精心"或"精巧"的设计，而是准备了很多素材，打算在课堂上随机应变。相当于我是一个厨师，带着食材和佐料来到烹饪比赛现场，根据现场需要而决定用哪些食材和佐料。尽管我事先征询了学生的意见，对他们的思考多少还是有所了解，但毕竟课堂上将发生什么，我是无法精准预测因而不可能事先"设计"好"应对措施"的。事实证明，我准备的课件，并没有用完，每一页课件的顺序也不是事先规定的，而完全是"临场发挥"。在课堂研讨、对话的过程中，孩子们许多出乎意料的问题、发言、讨论，让我有一种即兴创造的挑战与乐趣，也让课堂多了几分朴实、真实与自然。

第四，满意在"契合"。尊重学生、注重生成，是不是让课堂放任自流，使教师仅仅跟在学生背后"随大流"而失去应有的教育导向呢？当然不是。课堂教学的最关键也最考验教师智慧的一点，就在于如何将教育（这里的"教育"包含了"教学"，但我之所以不用"教学"而用"教育"这个表述，是因为我想突出课堂教学的"教育性"）意图、教学目标、课堂重点、课文难点与学生的认知基础、学习意愿、探究兴趣、理解困难等自然而然地、不露痕迹地结合在一起——我这里宁可用"契合"，这个词的含义是师生思维的自然"合流"。学生提了许多问题，教师根据教学意图将这些问题整合到师生共同的探究重点中，让这些探究成为师生共同的需要，这就是我说的"契合"。在这堂课中，我觉得我基本达到了这种"契合"。

遗憾有四：

第一，节奏前松后紧。我根据学生的提问，梳理了三个问题，第一个问题的研讨和对话，显然要从容潇洒得多。我自己都感觉到了学生的轻松愉快，我的不疾不徐。但对第二个和第三个问题，明显就有些急促了。有几处，我干脆三言两语为学生"包办"了，这有悖于我充分尊重学生的初衷。时间不够当然是一个原因，但"时间不够"也是我节奏没把握好所致。

第二，生生对话不够。实际上，所有听课老师都可以感受到，这堂课的讨论还是比较充分的，气氛很活跃。但这里的讨论，更多的是学生和我的讨论，是我和学生针对一个或几个问题的交流，即师生对话；而学生之间的讨论却严重不够。理想的课堂对话，应该既有师生之间的对话，还应有生生之间的"平行对话"，比如小组讨论的方式，我完全没用上，而其实是可以自然而然用上的。

第三，缺乏思想火花。对话，不应该仅仅是从不同角度丰富同一问题的答案，而更应有不同观点的交锋。但在这堂课整个的研讨中，更多的是相同看法的互相补充，而少有思想碰撞。我很想追求"万类霜天竞自由"的思想交锋，包括对课文、对教师的质疑。求同存异，甚至不求同、只存异。很遗憾，这种景象并没有在这堂课中出现，这当然不能怪学生，责任只能在我。

第四，略欠从容自然。总的来说，我的课堂仪态还算舒展自如，比较放松，但有几个地方还是有些急促，环节之间的过渡显得生硬了一些。因为急切，还影响了我的语言表达，有些话吐词不清。尤其严重的问题是，我的朗读基本功没过关。卡娅写给我学生的信本来是蕴含着思想与情感的文字，但因为我语速过快，读得匆匆忙忙。如果我从容不迫，带着感情读这封信，将会是很有感染力的。

最后我想说的是，我无法承受尊敬的王荣生教授所说的我这堂课是"大师级的课"这样的过奖之辞，但我同意他这样的说法："执教《致女儿的一封信》可以说是李镇西老师的专利，其他人是没法这样教这篇课文的，这样上确实是他的专利。"十年前，已故著名语文特级教师陈钟梁也说过同样的话。毕竟，我和苏霍姆林斯基亲人的特殊交往经历，决定了我拥有其他任何教师所没有的独有资源，所以我这堂课的确不可复制。但是，也正如王荣生教授所说，我尊重学生，引导学生，"顺着学生的问题不断地去推进"，这些理念和做法还是具有普遍意义的。

2017年3月21日

讲述与演说

语文教师的人文情怀

说明：2015年3月16日晚上，应"正道语文"QQ群的邀请，和老师们就"语文教师的人文情怀"这个话题进行了交流。第一次用聊QQ的方式作讲座，还不太适应，好在我打字很快。这是整理的聊天记录（剔除了过程中老师们的插话和讨论）。

先从钱梦龙老师谈起。大家知道钱梦龙老师的学历吗？——初中毕业。但他后来成了语文教育的泰斗，因为他自身的追求，自己的人文素养非常高。我曾经对钱老师说，只要教师个人素质高了，他怎么上课，都叫"新课改"！我还说，什么叫"素质教育"？高素质教师所进行的教育，就叫"素质教育"！

但是，问题来了：这里的"高素质"包括哪些内容呢？当然，我们可以说有爱心，专业基本功，教育智慧，课堂技能，等等。这些都是非常重要的。但针对现在的教师状况，我们更强调教师的人文情怀。

我认为，语文教师应该是一个特别有学问的人，是一个有人文底蕴的人，是一个文人！

大家知道马小平老师吧？据他80年代的一个学生回忆，马小平老师会用初一、初二两年的时间教完三年的课程，初三一整年都用来引导学生进行课外阅读，大量讲述鲁迅、卡耐基及中日文化比较研究；而课外，马老师还经常和他们下围棋、国际象棋，打桥牌，打篮球。他更多的时间是教学生开阔视野。马老师之所以能够这样做，前提是他自己的视野就非常开阔。

这个学生感慨道："那是真正意义上的启蒙，我们尚显稚嫩的心灵模模糊糊感知到了诸如自由之思想、平等之精神的概念，开始认识到人生最重要的是要追寻意义和价值，知道了自信的重要，以及做自己喜欢的事更能激发潜能。在这些层面，马老师从不直接给我们答案，而只是启发我们的思考。"

试问，我们现在有多少老师有这样潇洒自由的教学，有这样开阔恢宏的视野？

于漪老师说："与其说我一辈子做语文教师，不如说我一辈子学做语文教师。"这里的"学做"，就是一辈子的人文追求。

今天是谈人文素养，但我不打算对"人文"的概念作严格的学术解释，我只谈谈我的理解。我的理解不全面，甚至不一定严谨，但那是我切身的体验，是富有个性的理解。

我理解的人文素养，至少包括：情感与理想，风骨与良知，视野与思考，学识与胸襟。

情感与理想。情感，这里当然指对教育和语文教育的情感。我们是不是对自己所教的语文学科有着发自内心的热爱？我曾亲耳听到一位语文老师在我面前抱怨："我上辈子杀了猪，这辈子来教书！上辈子杀了人，这辈子教语文！"他还说："教书，又不是教数理化，如果教数理化那多好呀，可以当家教赚钱，而教这倒霉的语文，谁请你做家教呀？"

2000年，我写过一段话——

> 我不止一次地庆幸我是一个教师，因为与青春同行使我的心永远年轻；而且我特别庆幸我是语文教师，因为这使我能用一双"文学的耳朵"随时倾听"花开的声音"，并把这种世界上最美的声音用文字表达出来。

这份情感，就是最基本的人文素养！

有了情感，自然会有追求，就是我刚才说的"理想"。我这里所谓的"理想"，就是用一生的时间来寻找那个让自己惊讶的卓越的"我"！因此，情感与理想，是我说的语文教师人文素养的第一点。情感与理想，是做教师,包括做语文教师最基本的人文素养,是第一前提!没有情感与理想,就别谈其他什么素养。

风骨与良知。教师是知识分子,语文教师,我刚才说了一定要有文人气质,而知识分子的气质,就包含了风骨。知识分子在任何时代都不应该是别人的应声虫,而要有自己的思考,要有自己独立的精神世界。对语文教师而言,所谓风骨,就是独立思考,就是不被世俗的风气左右。再具体些,就是不迷信权威,不迷信教参……当然,有风骨不只是愤世嫉俗,他首先是一个积极的建设者。还有,在当今这个物质化、金钱化的时代,不苟且!我建议大家去读王栋生的书。当然,也许大家已经都读过不少他的文字了。王老师的书,通篇都写着两个字:"风骨"!

所谓"良知",通俗地说(我不作概念解释),就是随时都想着孩子的今天和明天。孩子就是一切,就是目的,而不是工具。当学生的利益和学校的利益发生冲突时,当然要维护学生的利益!我经常是这样做的。为了学生,我曾经(当然是很多年前,年轻时)得罪了领导,得罪了同事,但我无所谓。这是良知使然。虽然我失去了一些"好处",但我觉得值得。良知,还体现在不要把孩子当作牟利的工具。

有一年我去某地讲学时,应某中学要求上一堂语文公开课。上课前走进教室我发现只有40名学生,我开始还以为他们当地的教学班就这么多学生。后来经了解才得知,因为怕"效果不好",他们便把20多个成绩不好的学生"淘汰"了。我当即表示,把另外的学生全部叫齐,"一个都不能少"!否则这课我就不上了。后来所有学生都坐在教室里了,我才开始上课。下来后,许多人都说我"很正直",即使上公开课也不弄虚作假。我说:"不,这首先不是我是否弄虚作假的问题,而是我是否尊重这个班的每一个学生的问题。这样的公开课,哪怕缺一个学生,对这个学生来说,他的权利都受到了侵犯,他的尊严都受到了伤害!"在这里,如果我为了自己"上课效果更好",我当然觉得校方的安排很好。但我就把学生当成我表演的工具了。这就是没良知。

我之所以举这个例子,就是因为"违背良知"并不一定是看得到的很明显的"恶",而有时候是不知不觉的微小的甚至大家已经习以为常的"恶"。也就是说，有时候我们是不知不觉地违背了良知。那种体罚学生的事，毕竟是少数。但更多时候，我们不知不觉也在侵犯着学生。包括最近给成都十二中的学生讲《理想》。如果我不顾学生，而炫耀自己的学识，在我看来，就是违背良知。而处处想着学生，不必顾忌听课老师怎么样，这就是良知。同样，一味在课堂上向学生炫耀自己的博学，自己的深刻，而博得满堂喝彩，却完全不顾学生是否理解、是否明白……这也是违背"良知"。现在一些教师上课，只是为了炫耀自己的所谓精彩，却忘了为什么上课，为谁上课。

但是，我还要澄清一个误解，处处想着学生，绝不是迁就学生。毕竟我们是教育者，还有一个引领的责任。所以，我经常说，语文教学，最考验教师水平的就是处理好"尊重与引领"的关系，把握这个分寸感。一方面我们说不能让学生听得云里雾里，另一方面我们又说，不能只讲学生明白的东西——学生懂了还有必要讲吗？这就是"尊重与引领"的艺术。学生懂也好不懂也好，关键是要尊重学生的认知规律。总之，我说这些，重点是强调尊重学生（不是简单地迁就学生），这就是良知。

视野与思考。首先是专业视野。我们读不读教育学著作？读不读语文教育专业著作？读不读语文教学专业杂志？当然，对本群的老师，这都不是问题。大家正是因为有共同的事业和视野，才聚到一起的。我相信，大家非常关注语文教育的专业杂志和著作。大家一定要关注语文教育研究的最新最前沿的成果，这就是专业视野。对此我不多说了。

比专业视野更重要的是人文视野，当然从逻辑上说，人文视野自然包括语文专业视野，但我这里想单独说说，以示强调。对于国际国内富有影响的思想家的著述，包括人文知识分子的著作，你阅读了多少？对于中国20世纪的历史，你凝望了多少？对于20世纪中国知识分子的命运，你思考了多少？对于当下中国社会和民众的生活，以及各种暗流汹涌的思潮，你关注了多少？对于天下风云变幻，你牵挂了多少？……这都是语文教师心中应该装着的。

我有个不太严谨但可以参考的比例，就是一个语文教师，对本专业书的阅读，只占他阅读量的20%；对教育学心理学著作的阅读，占阅读量的30%；而人文阅读，历史的、哲学的、文学的、经济的……应该占50%。书读得越多，你就越不会被蒙。

只是阅读而不思考，就是两脚书橱。但我这里指的阅读，当然是伴随着思考的阅读，这是默认前提，不必我强调。这里我想强调一下，对常识的思考。刚才有老师谈到读自由主义的书，说"不要中毒"。其实，我想说，即使我们一本自由主义的书都没读过，也可以凭常识知道，民主是个好东西，自由是个好东西！这就是常识！因为民主自由符合人的本性和本能，就这么简单。我不能容忍别人来侵犯我的权利，我希望我自己做主，这难道还需要读什么自由主义的书才知道吗？难道这是"中毒"吗？不是，这是常识。

说回语文教师的教学。常识，就是自己是怎么学语文的，就把这个经验体验告诉学生。我们经常给学生讲这个方法那个方法，但我们自己从不用这些方法来读来写，这就违背了常识。比如，我自己的体验，学好语文就三点：多读（尽可能多地接触语言材料）、多写（尽可能多地实践语言技能）、多背（尽可能多地在脑海中储备祖国灿烂的古典诗文），在不断的熏陶、感染、领悟中形成对语言的敏感（即人们通常所说的"语感"）。语文学习就这么简单！当然，有老师会说，还有"多思"呢。我说，所谓"思"都包含在前面三点中了。这就是我自己当年语文学习的经历，我想可能也是大多数语文教师有过的体会。我们何不把这些质朴的道理告诉学生，并设法让他们也具备这样的语文学习习惯（实际上也是生活的习惯）呢？当然，思考显然不只是思考常识，但因为时间关系，我就强调一点：尊重常识，让语文回归常识！

学识与胸襟。应该承认，我们这一代人是半文盲。我说"半文盲"一点都不夸张，包括我，尽管我是所谓的"博士"，但我哪敢说自己是"博学之士"？我中小学正值"文革"时期，哪有什么文化积淀呢？有人说我"虚心"，不，我是"心虚"。说这话，我参照的对象是老一辈知识分子。我经常说，和老一辈大师相比，我们连学者都谈不上！一个语文教师，应该是一个百科全书式的学者。这应该是我们努力的方向。

最后说胸襟，我们一定要站在教育的高度看教学，站在社会的高度看教育，站在人生的高度看社会，站在星空的高度看人生！这就是我说的胸襟。

谢谢大家！

2015 年 3 月 16 日

留下充满人性的温馨记忆
——在武侯实验中学附小给老师们讲故事

今天下午,我校附属小学举行本期最后一次教师大会。每次在大会上给老师们讲话,我都是讲故事,要不就是放视频。我昨晚就准备了几个故事,打算今天给老师们讲讲。

我一进会议室,老师们的掌声便响起了。我一下意识到,我已经被免去了小学校长职务,老师们是用掌声表达他们对我的尊敬。

那一刻我很感动。

我是这样开头的:"昨天晚上,有老师在微信上问我:'听说您不再给我们讲故事了,是吗?'我当时没有回复,因为我决定今天用行动来回答。今天我不是来了吗?而且我会继续给大家讲故事。"

然后我说:"是的,我已经被免去了武侯实验中学附属小学的校长职务,但我依然是附小的名誉校长。我以后还会来给大家讲故事的。"

今天我给老师们讲的几个故事,主题是"彼此留下温馨的记忆"。

我先以"什么样的人最快乐"引出英国《太阳报》的一次有奖征答活动,这次活动从应征的8万多封来信中评出了4个最佳答案:"刚完成作品吹着口哨欣赏自己的艺术家""用沙子筑城堡的儿童""给婴儿洗澡的母亲""历经千辛万苦终于挽救了危重病人生命的医生"。

"这几类人为什么会最快乐呢?"我提问。于是老师们和我互动,一起讨论着他们快乐的原因:"创造性的劳动使人快乐""有梦想的人很快乐""无私地不计回报地付出爱会快乐""有帮助别人的专业能力会很快乐"。

在讨论过程中，我讲了我生活中的几个小故事，告诉老师们：给陌生人献出爱，最能让人感到快乐；因为自己的专业能力而帮助了别人，最快乐！

我说："这四种人都不是教师，但他们快乐的原因都和教师的职业幸福有关。没有创造的教育生活，是没有快乐的；只有让我们的每一天都充满创造的因素，我们的职业才充满幸福。没有梦想的教师也很难快乐，雷夫在其新书《第56号教室的奇迹3：说给老师的真心话》里说，他每天都带着一个伟大的目标走进教室。这就是梦想。我们为孩子付出爱，当然会幸福。这种爱也成就了我们自己高尚的人格。专业能力是我们职业幸福的重要来源。只有爱而没有专业能力的教师是不可能真正获得教育幸福的。"

接下来我讲了武侯实验中学几位老师的成长故事：面对顽童，如何改变心态以研究的眼光对待一个个难题？面对不能改变的学生，如何改变自己的心态，进而获得职业幸福？……

然后我讲了两个自己的故事。一个是2011年我在新加坡讲学时，见到原成都玉林中学高95届一班的夏亚卉同学，她给我带来了一本班级史册《恰同学少年》。然后我就给老师们讲这个班的故事，一边讲一边展示20多年前的老照片：1993年我们在教室里举行的"春晚"，我们在银厂沟的秋游，我们在望江楼公园竹林深处的嬉戏打闹，我们运动会上的威武雄壮，我们点着蜡烛上课，我们在郊外围着篝火数着星星迎接着1995年元旦的到来……

老师们都听得津津有味。我打出了一行字：

能够给我的学生留下充满人性的温馨记忆，就是我的教育追求。如果他们感到在李老师身边生活的三年，是他们生命中一段阳光灿烂的日子，我便有了职业幸福。

第二个故事是我在网上写过的王墨兰和胡夏融的故事。从2000年春天锦江之滨参天大树下的温馨偎依，到傍晚火车站送行时同学们依恋的目光，还有他们跟着火车奔跑的身影，再到十年后胡夏融在网上的深情回忆

《善良：李老师对我最大的影响》，一直到最近，王墨兰和胡夏融来到武侯实验中学看我时，王墨兰爸爸托女儿送我的一幅书法作品——"桃李满天下"……

最后，我再次打出：

> 能够给我的学生和老师留下充满人性的温馨记忆，就是我的教育追求。如果他们感到在我身边生活的时光，是他们生命中一段阳光灿烂的日子，我便有了职业幸福。

这段话不是前面那段话的简单重复，因为里面加了"老师"二字。的确，我希望我做校长也能给老师们留下温馨的记忆。

最后我说："如果今天我这一个小时讲的故事，将来能够成为你们生命中美妙而美好的温馨记忆，我也就感到了幸福！谢谢老师们！"随后热烈的掌声响起。

我又补充了几句："我平时并没做什么，平时都是谢华副校长、辜超副校长、毛副校长在具体管理学校。我只是带来了新教育。老师们做新教育实验得很好。这次我们将被评为全国新教育实验示范学校，这是我们学校的光荣，是谢华副校长和其他干部的光荣，更是所有老师们的光荣！"

最后我说："谢谢老师们！谢谢老师们！我知道你们喜欢听故事，如果你们想听，以后我还会来给你们讲故事的！"

老师们又鼓起了掌，他们用掌声提前邀请我。

我说："那好，如果时间能够安排得过来，以后每年开学初和学期末，我都争取来给你们讲故事！还有，明年六一，我照样会像今年一样在微信上给老师们的孩子赠书，到时候你们可要抢先哦！你们呢，如果学校组织什么活动，也一定要邀请我。总之，有什么好玩的，好吃的，都想着我！好了，再见！"

老师们笑了起来，掌声欢送我离开了会议室。

王辉老师跟了出来，他要开车送我。今天我的车限行，我说："那你就送我到公交车站就行了，我自己坐公交车回去。"他不同意，非要开车送我回家。我说："不用了，我家很远的。"但他执意要送我。他说："老师们都舍不得你！"

说实话，面对老师们今天的热情与依恋，我第一次感觉到了我其实是有愧于小学老师的。虽为校长，但因为小学有谢华副校长主持工作，很多具体的事我并没有操心。除了进行新教育的理论和操作的宣传与培训，我只是听听课，和老师们谈心。后来，因为上面规定一个校长不能在两个校区都有办公室，我在小学的办公室被撤了，于是我到小学来的时间就很少了，和小学老师的交流也就少了。真是对不住老师们！

越想越惭愧！对比中学，我对小学的关注的确太少了。我给中学老师拍了那么多漂亮的照片，小学的却很少；我给中学老师举行生日聚会，小学却没有；教育局的许多改革政策，中学有，小学却没有……这里面当然不完全是我不想搞，而是有着体制原因，毕竟两个学校是独立法人单位，有的事在中学可以做，在小学却不能做。但是，无论如何，我对小学老师的关心远不如对中学老师，这是事实。

只有以后补上了。以后我尽量抽时间多来小学，比如明年春天，我一定要带着我的相机，多给小学老师们拍一些漂亮的照片。我在心里这样暗下决心。

晚上，我在微信上向一位小学老师表达了我的歉意，她却说："你对我们的关心对我们来说太纯净了！特别是带给我们的新教育让我们每个小学老师都活出了自己的精彩！自从接触新教育，我觉得教学也可以这么美好！"

她的话，让我多少感到了一点安慰和欣慰。

2015年6月30日

教育，请给人以心灵的自由
——2015年在"中国教育三十人论坛"上的演讲

谢谢各位的掌声！

刚刚李希贵讲完，接着他来讲，我压力好大。这个月有家杂志社要刊发我的一篇文章，是一篇关于李希贵的长文，昨天我在我的微信上也发了，题目叫作《我和李希贵：不得不说的故事》。

文章结尾是这样说的："在大谈'教育家向我们走来'的今天，我对用'教育家'来评价当代中国教育人是很谨慎的，因为我不认为当今中国已经遍地教育家了。但是，现在如果有人一定要问我：'当下中国究竟有没有真正的教育家？'我会这样回答：'不多，但李希贵或许可以算一个。'"

李希贵刚才的话题是从学校管理层面来讲的，我现在想讲一个微观的话题，题目是《教育，请给人以心灵的自由》。

我最初报的题目是《教育，请给学生以心灵的自由》，后来我发现，仅仅是学生有心灵的自由还不够，还应该有教师。这里的"人"就包括教师。

我先从今年上半年很火的一部电视剧《平凡的世界》说起。为什么要先讲这部电视剧呢？因为这部电视剧的曲作者和音乐总监叫胡小鸥，他是一位很有成就的青年作曲家，也是我的学生。2008年有一段时间，成都各大报纸都在报道一个叫胡小鸥的作曲家获得了一个国际作曲大奖，他是迄今为止第一个获得这个奖项的中国作曲家。有天晚上，胡小鸥的父亲给我打电话，说："李老师，感谢你对小鸥的培养，他得了一个大奖。"我说，这和我没关系，我又没教他作曲，因为我根本就不会作曲。他父亲又说:"您教会了他做人,胡小鸥一直记着您,至今还保留着高中时代的作文呢!"我开玩笑说,那我就等着他获诺贝尔文学奖吧!其实我心里还是很感动的,因为我当时并不是胡小鸥的班主任,只是教他语文,而他居然还保留着我给他批改过的作文。

我一直认为,天才不是学校培养的。胡小鸥哪是我培养的呢?今年4月,他回到成都,来到我的学校给学生作演讲。胡小鸥是一个很朴实、很善良的作曲家。他在演讲中对学生们说,他中学的时候成绩中等,永远徘徊在二三十名。他从小喜欢弹钢琴,但弹的时候感觉一些曲子太枯燥了,他就想:"为什么不自己弹呢?"于是他就乱弹,觉得很好听,就把它记下来。他用自己能读懂的符号记下来,这就是他最早的作曲,最早的作品,这张纸条他至今保留着。后来,因为他成绩不是特别好,但酷爱音乐,学校就破格同意他不上课,在家里学音乐,准备考四川音乐学院。后来,他果然以第一名的成绩考到该校。再后来,他就到美国深造,拿到了音乐博士学位。

他来看我的时候,说起了我当年给他批改过的作文《悲鸿不悲,德华缺德》:"我现在都还记得这道作文题的由来。当时徐悲鸿的画展在成都举行,门前冷落;与此同时,刘德华的演唱会却火爆轰动。可是,刘德华演完后偷税漏税150万。李老师便给我们讲,徐悲鸿的作品终究会作为中国文化的精品流传下去,载入史册,而刘德华缺乏社会责任感,实在缺德!"他说,现在某些歌星获得的太多,而对社会的付出与回报则太少太少,他对这些明星很是看不起。我感到了胡小鸥作为艺术家的社会良知。

我今天先说胡小鸥,是想说明:天才级的学生不是学校培养出来的,但是教育可以给他一片土壤,包括空气、水分、阳光,包括他们需要的自由发展的空间。如果不是学校当时同意胡小鸥不上课,自己做自己喜欢的事,很难说胡小鸥后来会不会成为作曲家。还有,任何天才的孩子必须具备良好的人格,其"天才"才有意义。

我今天想讲四点:第一,创新首先是思想的创新;第二,教师应该是精神自由的人;第三,给学生以舒展的心灵;第四,给学生以健全的人格。我演讲的时间有限,讲到哪算哪,时间一到我就下去。

第一,创新首先是思想的创新。

这应该是一个常识，但现在人们一说到创新，往往就只是指技术创新。具体到教育上，更多的是技巧创新，比如"一题多解"，作文的"构思新颖"、出人意料的开头、别具新意的结尾，或者是小发明、小制作等等。技术（包括技巧）的创新当然是需要的，但比技术创新更重要的，是思想创新。

众所周知，一部人类史实际就是一部思想创新史。

比如，我们纵观整个马克思主义的发展史，它恰恰是一部思想创新史。马克思认为社会主义革命不能首先在一国成功。列宁则提出社会主义革命可以首先在一国成功，并实践证明了这一点。毛泽东对列宁主义的发展是，提出革命可以通过农村包围城市的方式取得成功。邓小平的贡献又在于，提出社会主义可以搞市场经济……我们看，这不都是思想创新吗？正是因为邓小平的思想创新，给社会主义事业注入了活力，而凡是没有思想创新的社会主义国家，最后都走入了死胡同——比如，固守僵化的"斯大林模式"，结果导致了东欧剧变和苏联解体。再看1978年中国的真理标准问题大讨论，也是一次思想创新。我们无法说它产生了多少吨钢或者多少"当量"，但它却开启了中国改革开放的伟大时代。

因此，从人类历史长河看，思想创新显然比技术创新更重要，因为它是宏观的，是推动整个社会发展的。

第二，教师应该是精神自由的人。

培养具有思想创新能力的人，首先要有具有思想创新的教师。可现实状况是，不要说"思想创新"，相当一部分教师没有自己的思想，也不愿意去思考，更谈不上思想创新。这当然不能完全怪教育者，我们首先要呼唤各级领导、呼唤我们的社会，要给教师以心灵的自由，要还教育者——包括校长和教师——思想创新的权利！

注意，我这里说的是"还"而不是"给"！因为思想创新的权利是每一个人本来就拥有的。这里的"思想创新的权利"就包括"胡思乱想"的权利，要允许每一个校长和教师有"和别人不一样"的想法，这是思想创新的最基本的条件。

真正的教师同时又是真正的知识分子。知识分子以思考体现自己的存在，以思想展示自己的尊严。教师当然也应该具备现代知识分子所拥有的天然使命感和批判精神。对学生进行创新教育的前提是，教师本人要有思想创新的意识、能力和胆略。其中最关键的是要有独立思考的勇气。如果习惯于在权威面前关闭自己思考的大脑，就谈不上任何创新。

像李希贵校长，他本身富有思想创新的精神，也拥有了相对比较宽松的心灵自由的环境。关键是，他和他的老师都是有"想法"的人。所以，十一学校的改革创新取得了成功。李希贵的成功，首先是思想创新的成功，是"与众不同"的成功。不过，对教育创新的成果，有的人还是有一些惯性思维，觉得必须能够"复制""推广"，有所谓的"创新成果"才有价值。

还是以十一学校为例。我听到一些人反对十一学校的改革，理由之一是说"那个学校不能复制"。为什么一定要复制呢？创新的意义在于多元，难道不能"复制"，这创新就没有意义了吗？

成都有个私立学校，其办学的理念非常前卫，给学生以尽可能多的自由，有点类似于英国的夏山学校。今年年初，我和杨东平老师去看了一下，很是赞赏。我便发了一条微信，介绍这所独特的学校。结果很多人不以为然地说："这种学校没有推广的价值。"

为什么要有推广价值呢？难道中国教育要回到"农业学大寨"时代吗？各具特色的学校不断涌现，其意义在于为国民提供多元的选择，而不在于"推广"！动辄就想到"推广""复制"，想到"统一""规范"，这就是思想的禁锢。如此潜移默化的思想禁锢，只是他们自己不知道而已。这样，是谈不上"创新"的。

我特别喜欢给孩子们拍照。我们武侯实验中学教学楼墙上的巨幅照片，就是我给上体育课的孩子们抓拍的，孩子们奔跑的身姿极富青春活力。我为这幅照片配了几句话：

这幅照片对面的墙上，是我们老师的照片，也是我抓拍的，每个老师都在灿烂地笑着，充满生命的活力。我也为这幅照片写了几句话：

两幅照片，交相辉映，遥相呼应。但我更强调的是，教师对孩子的感染与影响。"明媚的笑声，是灵魂散发的阳光"，那请问，教师有没有"灵魂的阳光"？如果教师没有"灵魂的阳光"，你用什么去照亮学生的精神世界？必须有教师的思想自由，才会有学生的心灵飞翔。教师对孩子精神的影响，就是用思想照亮思想，用个性发展个性，用激情点燃激情，用梦想唤醒梦想，用创造激发创造，用智慧开启智慧，用民主培育民主，用人格铸造人格……

只会做题的老师，教只会做题的学生，这个民族就没有希望了。

第三，给学生以舒展的心灵。

我想和大家一起重温陶行知当年的话："在现状下，尤须进行六大解放，把学习的基本自由还给学生：一、解放他的头脑，使他能想；二、解放他的双手，使他能干；三、解放他的眼睛，使他能看；四、解放他的嘴，使他能谈；五、解放他的空间，使他能到大自然大社会去取得更丰富的学问；六、解放他的时间，不把他的功课表填满，不逼迫他赶考，不和家长联合起来在功课上夹攻，要给他一些空闲时间消化所学，并且学一点他自己渴望要学的学问，干一点他自己高兴干的事情。……只有校长教师学生工友团结起来共同努力，才能造成一个民主的学校。"

这是陶行知的原话，这些话在今天听起来还是很前卫的。为什么几十年过去了，我们还没有做到这"六大解放"？我们还必须强调这"六大解放"？可见我们的教育没有走多远。

"六大解放"中最关键的是第一条"解放他的头脑"，即我今天说的"让学生拥有心灵的自由"，让学生能想也敢想。比如语文课的阅读教学中，与其煞费苦心地"引导"学生找这个"关键词"、寻那个"关键句"，不如让学生畅抒己见，宁肯让阅读课成为学生精神交流的论坛，也不要让它成为教师传授阅读心得的讲座。又如作文教学，与其仅仅"训练"学生如何在"怎样写"上下功夫，不如放开让学生在"写什么"上多动脑筋。衡量一堂语文课成功的标志，不在于学生与教师有多少"一致"，而是看学生与教师、学生与学生之间有多少"不一致"。从某种意义说，宽容学生的"异端"，就是对学生创造精神和创新权利的尊重。

第四，给学生以健全的人格。

创新也好，创造也罢，还是要有健全的人格。我们说"给人以心灵的自由",是在一定前提下讲的,绝对不是无法无天。这个"前提"就是健全的人格。是的,知识就是力量,但良知才是方向。天才不可培养,但人格可以铸造。

2007年新学期开学之际,全法国的85万名教师同时接到一封信,写信者称,自己满怀信念和激情,要与教师谈谈儿童及其教育。这是一个法国人写的,他不是搞教育的,但是他对教育感兴趣,也有所思考,他想和教育者们分享他对教育的思考。

信中有这样的话:"教育就是试图调和两种相反的运动,一是帮助每个儿童找到自己的路,一是促进每个儿童走上人们所相信的真、善、美之路。"这话什么意思呢?我的理解就是,教育有两个方向相反的运动,一是尊重个性,因为每个孩子都有属于自己的独特的成长之路,教育就是要帮孩子找到这条独特的路,因材施教,不能搞一刀切;二是培养共性,无论这个孩子多么"独特",他总是人类的一分子,人类所有的文明遗产、文化成果,比如真善美,他都应该拥有并传承下去。尊重个性与培养共性,不可偏废,不可走极端。教育就是要在这二者之间找到平衡点。

教育的目的是什么?应当使儿童成为什么样的人?在写信者看来,儿童应当成为"自由的人、渴望知晓美好事物与伟大事物的人、心地善良的人、充满爱心的人、独立思考的人、宽容他人的人,同时又是能够谋到职业并以其劳动为生的人"。说得多好!

这位写信者是谁呢?法国前总统萨科奇。当时,他是在任总统。当然,作为西方的政治家,萨科奇和我们有很多不同,但人类对教育的理解总有共通之处。我们就事论事,就话论话,这段关于教育的理解,是人类共同的认识。

萨科奇这封信的主题是"重建学校"。什么是教育,或者说教育的使命是什么?他写道:"培育对真、善、美、伟大与深刻事物的欣赏,对假、恶、丑、渺小与平庸事物的厌恶,这便是教育者为儿童所承担的工作,这便是对儿童最好的爱,这便是对儿童的尊重。"这就是教育!在这个前提下,所有的"创新"对人类才有意义。

我前不久写了一篇文章,说的是我曾工作过的一个学校,有一个当初花钱"买来"的尖子生考上了清华,班主任老师请他回校给高三学生讲讲学习方法,他问学校:"多少钱?"班主任老师说"学校培养你不容易""要懂得感恩"之类的,他说:"我考上清华关学校什么事?"

这个学生学习能力不可谓不强,智商不可谓不高,但是他就是钱理群教授所说的那种"绝对的,精致的利己主义者"。

我们所期待的创新人才究竟应该是怎样的?这里,我引用朱永新老师在今年新教育年会上的话:"新教育的彼岸是什么?我们的答案是:那应该是一群又一群长大的孩子,在他们身上我们清晰地看到,政治是有理想的,财富是有汗水的,科学是有人性的,享乐是有道德的。"

中国所有师生的人格健全、心灵自由与思想创新,是让社会主义现代化中国真正跻身世界强盛民族之林的前提所在。

2015 年 12 月 19 日(根据速记整理)

发掘一个卓越的自己
——2016年春季开学典礼上的演讲

亲爱的老师们、同学们：

大家好！

大家发现没有，我今天是专门穿一件新衣服来的？想到今天要来参加开学典礼并讲话，我还是有些激动。离开武侯实验中学后，我一直惦记着学校。教育局潘局长跟我说过，希望能够担任武侯实验中学名誉校长；衡书记也多次说过这个想法。我很感动。我想，其实"名誉"不"名誉"，那只是个形式。就算不"名誉"，我也会把武侯实验中学随时放在心里的。今天这么隆重地给我颁发聘书，我真的很荣幸，很感动。谢谢！

站在这里，感慨万千。十年前我来做校长时，那时举行升旗仪式，学生在操场，主持人在教学楼大厅，升旗手在远处花园里，也就是现在陶行知塑像所在的地方。现在的条件显然比过去好了。刚才听老师们和同学们宣读誓词，互相承诺，我感到很亲切。老师们的誓词是我写的，这个誓词在网上流传，全国不少学校用的也是这个誓词。不过，今天老师们所宣读的誓词，我把它压缩了一下，更精炼了。这样老师们读起来更简洁，也更有精神。

我今天讲什么呢？去年的此时，也就是在2015年春节过后的开学典礼上，我也在这里作了一个演讲，主题是"什么是最优秀的学生"；今天我就接着这个话题，讲讲"发掘一个卓越的自己"。

"发"，是"发现"；"掘"，是"挖掘"，就是"培养"；"卓越的自己"，就是"比现在更优秀的自己"。因此，"发掘一个卓越的自己"，就是自己培养自己，自己战胜自己，自己超越自己，最后让自己成为一个现在的你都不敢相信的那个"自己"。

最近有一个热词，叫"引力波"。我也不懂这个"引力波"是什么，但我知道它是一百多年前爱因斯坦提出来的。当年爱因斯坦提出"引力波"时，很多人都不知道这是个什么东西。但一百多年后，"引力波"被发现了。一百多年前就发现或者说预见了一百多年后才能发现的东西，这就是爱因斯坦的卓越之处。可我想说的是，童年的爱因斯坦并不"卓越"；相反，和同龄人相比，他说话和走路都比较晚，不但看不出任何过人之处，而且似乎好多方面还不如一般的孩子。但几十年之后，爱因斯坦成了划时代的伟大的科学家！相比起他的童年，爱因斯坦后来就成了"卓越的自己"，可当年谁想得到呢？

有人或许会说："李老师，您说的是著名的科学家啊！当然卓越了。"好，我就再讲一个我的学生，他显然不如爱因斯坦知名，但依然是一个卓越的自己。这个学生叫杨嵩。我写《爱心与教育》时写过他的中学时代。读过这本书的老师一定熟悉这个名字。杨嵩初三时我教他，当时看不出他有什么"卓越"之处，他年龄小，成绩一般，调皮，说话就脸红。但经过努力，他考上了乐山一中高中部。相对于初中，这就是一个了不起的进步，他就比初中的他"卓越"。所以我说，今天下面初三的同学一定要相信自己的潜力，一定要发奋努力，这一年完全可以创造奇迹。

进入高中的杨嵩，针对自己的弱点一步步战胜自己，不但学习越来越优秀，而且当学生干部锻炼自己的能力，由班长到学生会主席，最后担任乐山市学联主席。此时的杨嵩，比起初中，比起高一，就是"卓越"！这种"卓越"让我吃惊，也是杨嵩本人当年想不到的。这种"卓越"还在继续，高三毕业，杨嵩被保送复旦大学。就这样，杨嵩一步一步让自己走向"卓越"。大学毕业后，他先是在保洁公司搞销售，做得很好。要知道，我刚教他时他连说话都胆怯，而现在却能在销售领域如鱼得水，这就是对自己的超越。再后来，他跳槽到了广州，加盟东风日产继续做销售，越做越好，直到成为东风日产全国销售部总部长。这时候的杨嵩，已经是全国很有名的销售大王了，用现在比较时髦的一个词来说，叫"大咖"。他还写了一本100多万字的销售巨著，叫《销售力》。杨嵩每次回四川回成都，我往往是先从《华西都市报》《成都商报》的报道中得知的。和中学时代的杨嵩比，他就是一个"卓越的自己"。因为业绩卓越，他被东风日产派往美国开辟北美市场。于是他举家迁往美国。所有人都认为杨嵩前途无量，而且到了美国一定会大展宏图。这时的杨嵩不过四十出头，正是年富力强的时候。

可是，一年后他居然杀回马枪，全家回国。许多熟悉他的人都很吃惊，问他回来做什么。他说，回来创业！他辞去了东风日产的高管职务，带着资金带着项目回国创业了！他的项目是什么呢？一个是开发了"路上读书"软件，是想让人们利用路上的时间来听书，我现在每天都通过这个软件听书，非常好。一个是关于汽车营销的软件，这个我搞不懂。还有一个是关于眼镜的产品，这个产品和传统的眼镜相比，有更高端更前沿的科技含量。大家看，今天的杨嵩，和当年的杨嵩比，是不是更卓越了？而这份"卓越"，是他用20多年的时间自己"发掘"的。

可能又会有人说："您说的还是您的著名的学生嘛！"好，那我最后说一个我们身边的普通的学生。这个学生叫王露霖，就是几年前从我们武侯实验中学毕业的，我当校长期间曾经当过她的班主任，刘朝升老师也做过她的班主任。我记得2008年秋天开学第一天，我第一次见到她时，吃了一惊，因为她的脸是受过伤植过皮的。小时候她家里用火发生意外，她整个脸都被烧伤。这么一个女孩，当时我就想，她如何度过未来的三年？如果她能够顺利完成学业就很不错了。后来的三年，王露霖阳光、自信、坚强，不但完成了学业，也赢得了同学们的尊敬。她的故事感动了崔永元，后来她被邀请走进了《小崔说事》节目，面对全国观众讲自己的故事。王露霖初中毕业后，读的是职高，现在在春熙路上班，从事金融工作，具体也是做销售类的工作。前不久她来看我，我们一起吃饭，谈到她的工作，我得知她现在很努力，也很敬业，工作状态也不错。王露霖显然不能和爱因斯坦相比，也没有杨嵩那么业绩显赫，毕竟她刚工作不久，但她现在工作和生活都很充实而幸福。我不禁感慨，谁能想到，当初让我担心的那个满脸伤痕的小姑娘，如今活得这样自信而从容？今天的王露霖也是一个

"卓越的自己"。

那么，怎么才能够成为一个"卓越的自己"呢？这个话题很大，我今天无法一一细说，简单讲两点：

第一，要有学问，要多读书。这当然是一个老话题了，但我还得强调。历史发展到今天，人与人之间的竞争显然不是看谁的力气大，谁有武功，而是看谁有学问，有智慧。前段时间有一部电视剧很火，叫《琅琊榜》。你看梅长苏弱不禁风的样子，一没力气，二没武功，他的安全都得靠一个十来岁的孩子飞流来保护。可是他胸中却有百万精兵，京城所有人都想结交他，因为他有智慧，所谓"得梅长苏者得天下"。所以我说，现在是靠智慧立身的时代。而智慧来自何处？对同学们来说，主要是读书。因此一定要热爱阅读。这个我不多说了。

第二，要能吃苦。任何一个卓越的人，没有一个不是能吃苦的人。所谓吃苦，就是我经常说的"战胜自己"嘛！最近还有一部电视剧很火，叫《芈月传》，你看那个芈月，吃了多少苦啊！一出生就被抛弃，差点死去，在成长过程中，受尽欺凌，但后来成了一代王后。包括前面说的梅长苏，当年也是死里逃生，命都差点丢掉，忍受了常人不能忍受的痛苦，所以后来能够成为一代谋士。同学们，不能吃苦，就不能成功，这的确是真理，我也不多说了。

今天我站在这里，同学们在下面听我讲话，我就想，在座的同学中，有多少未来的杨嵩啊！关键是你自己是否有意识地"发掘"自己。再过几年，十几年，几十年，当你成为一个你现在无法想象的自己时，你会想到，在自己少年时代，那时候"我"还在读武侯实验中学，那是2016年春节后的开学典礼上，李老师给我们讲"发掘一个卓越的自己"，现在看来，李老师说的真是实话，他说的是对的。

我衷心祝愿每一个同学，都能发掘自己，最终成为一个"卓越的自己"！

谢谢大家！

2016年2月24日

"人"是学校文化的主角
——2016年在"中国教育三十人论坛"上的演讲

（2016年12月17日，"中国教育三十人论坛"第三届年会在北京召开。与会者上千人。在我上台之前的演讲者有：诺贝尔经济学奖获得者詹姆斯·莫里斯、清华大学经济管理学院院长钱颖一、北京大学中文系教授陈平原、香港大学原副校长程杰明教授、美国马萨诸塞大学波士顿分校终身教授严文蕃。严文蕃教授一讲完，我就上台了。）

大家上午好！

我接着严文蕃教授演讲，压力比较大。大家听起来也会有很大的落差。因为严文蕃教授是美国的大学教授，而我只是中国一所普通中学的教师。还有刚才的诺贝尔奖获得者莫里斯教授，著名经济学家、清华大学的钱颖一教授，北京大学的陈平原教授等，我确实压力很大。好在莫里斯教授和钱颖一教授走了，我的压力稍微小了一些。不过，下面还坐着朱永新教授、石中英教授、袁振国教授、项贤明教授、孙云晓先生等等，我还是有些紧张。我就是一个中学教师，没有那么高屋建瓴、高瞻远瞩，我今天就是来讲故事的。

这次论坛的主题是"现代教育治理体系建设"。印发给大家的议程上，我的演讲题目是《学校管理的民主追求》。这个题目太大，我想缩小一些，谈学校文化。其实"学校文化"的话题也不小，我再缩小到对人的尊重。我想通过几个故事来呈现这个话题，谈谈怎么维护和增强师生的尊严感、成就感、幸福感。

刚才，钱颖一教授谈到民主原则并不能简单地适用于每个领域，我同意这个观点。是的，民主原则不能简单地用于每个领域，但其核心理念——对人的尊重，却可以有不同的呈现。我今天的PPT就是照片，就是故事，没有什么文字。

我是去年卸任校长的，但今天谈学校文化，我还是以成都市武侯实验中学为例。我们学校是地处城郊的涉农学校，88%的学生是当地失地农民和进城务工人员的孩子。如果按照一般的重点中学标准，师生的成就感主要来自考上清华、北大，我们显然不可能有。当然，我们学校是初中，不直接面对高考；我们也有很多拔尖学生，但生源参差不齐。怎么让孩子有尊严，让老师幸福，是我要思考的问题。

大家看，这是我们学校的照片，是我拍的。

我们校园没有标语口号，没有大幅照片，没有领导照片，有的只是葱茏的树木和一群活泼的孩子。这是春天的照片。

大家看，这两个教学楼之间分别有两张巨幅照片交相辉映。

这张是一次体育课，我给孩子们抓拍的，蓬勃的气息扑面而来，极富感染力。

我把这张照片放大无数倍，挂在教学楼的墙上，还写了几句话："像风一样迅猛，像火一样热烈，像鹿一样敏捷，像鹰一样飞翔……青春的翅膀，拍打着天空；成长的足音，震撼着大地。告诉未来我能行，告诉世界我来了！向着太阳，激情出发！"表达对青春气息的一种感受。

孩子们笑着跑着，向谁扑去呢？他们的对面是我们的老师，这张也是我抓拍的。

我曾经给这张照片也写了句话:"芬芳的笑容,是精神绽放的花朵;美丽了校园,灿烂了童心。明媚的笑声,是灵魂散发的阳光,照亮了理想,辉煌了人生。"我想说,明媚的笑声是心灵散发的阳光,心中只有装着阳光,才可能在孩子们面前有那么明媚和灿烂的笑容。

这两张照片象征着我们学校无论民主管理也好、教学改革也好,都指向"人"。这是我在《人民教育》上发表的一篇文章当中的一段话——

成都市武侯实验中学是一所不刻意追求特色也不着力打造品牌的学校。不是不要特色、不要品牌,而是不刻意追求、不着力打造。比学校特色更重要的,是孩子的快乐与成长;比学校品牌更珍贵的,是教师的尊严与幸福!

我想尽量让每个老师、每个孩子都有幸福感、快乐感、尊严感、价值感。因此,如果一定要给今天的演讲取一个题目的话,那就是《"人"是学校文化的主角——我的校园故事》。

第一,幸福比优秀更重要。

照片上这位老师，就是右边第二位，她叫唐燕。十年前，我刚去武侯实验中学当校长，唐燕老师有一天到我办公室抱怨，说不想当班主任，因为她管不了班里的孩子。她说，有个孩子太顽劣了，迟到、旷课、打架，一批评，他还顶撞老师，动不动就说要跳楼……说着说着，她哭了。听完唐燕的哭诉，我说："唐燕，恭喜你有了一个科研对象！任何后进生都是科研对象，你跟踪他、研究他、思考他、剖析他，你会成为教育专家的。你试试？"她走了，去"研究"去了，从此不再说"不当班主任"了。

一年后，她回家生孩子，给我留下一本近两万字的那个孩子的成长故事。这是她每天的跟踪记录，有分析、有思考、有故事、有情节，还有细节，非常生动。后来，我把这段文字收进一本正式出版的书《每个孩子都是故事》。再后来，她休完产假回到学校，学校便没安排她当班主任了。可期末她找到我说："我还想当班主任！"我问为什么，她说："我现在没有研究对象，心里空啊！"第二学期，唐燕又当了班主任。

过了几年，我们学校的办公室主任到另外一个学校做副校长，全校老师竞聘办公室主任。她开始没有报名，后来经书记动员，她才勉强报了名。报了名就得参加竞聘，结果她的票数最高。于是她当上了学校办公室主任，自然就不能再当班主任了。后来，教育局也觉得这个年轻人很不错，决定重点培养她，吸收她进了"未来教育家研修班"。这个研修班是专门培养校长的。可过了一段时间，她找到我说："李老师，不行，你得理解我，尊重我，我打算辞去办公室主任职务，退出'未来教育家研修班'。"我又问她为什么，她说："我就想做班主任！"她还说："你看现在学校哪个班问题最多，我去当这个班的班主任吧！不是我多高尚，也不是我多么有能耐，而是我想研究。"到现在为止，唐燕还是一个普通的班主任，而且几乎没有任何荣誉。如果不是三年前辞去办公室主任职务，她现在极有可能已经在另外一所学校当副校长了，但是她认为，幸福比优秀更重要。

在我们学校，这样的老师绝不止唐燕一个。我们的老师都很普通，平时看上去不怎么样，甚至精神可能还有些萎靡不振，但是一到讲台上便神采飞扬，魅力四射。可老师自己并不知道自己在课堂上的形象。于是，我决定抓拍他们课堂上的风采。

我听课的时候常常带着相机，抓拍老师上课最传神的瞬间。你们看，这就是我抓拍的老师们的课堂照片。

课后，我把这些照片给他们本人看，有的老师很惊讶："原来我这么帅啊！""原来我这么美啊！"我把这些照片放大，挂在校园里，满校园都是老师们青春勃发的工作照，这就是对他们的最大鼓励。所以，在学校，看不到一张我的照片，看不到各级领导视察的照片。因为学生和老师才是学校的主人，而不是领导。

　　这位是蒋长玲老师,是我们学校一位非常普通的老师。今年5月份,武侯区面向全国搞新教育开放周,她面对全国的老师作了20分钟的演讲,讲她的新教育故事。朱老师当时在下面,感动极了,笑得特别开心。蒋长玲当时这样说:"我并不领先,但我在行进;我并不优秀,但我很幸福。"

　　第二,尊重孩子,不是口号,是细节。

这张照片展示的是我们学校一年一度的体操比赛。有一年，体操比赛过了一个星期，我在校园里巡视早自习。一个小女孩追上来，一本正经地问我："李老师，上周咱们年级搞体操总决赛，你怎么没看完就走了呢？"我当时特别感动，感动于她在乎我对他们的关注；同时我也很惭愧，因为我的确中途走了。我跟她解释说，当时接到一个电话去开会了，所以没有看完。她若有所思地点头说："嗯，李老师，我跟你说，在观看表演或者比赛的时候，中途离场是很不礼貌的。"我说我知道了，下次注意。其实，我当时心里特别惭愧，我不好意思跟她讲，我走的时候，专门给身旁的副局长打了招呼。为什么我能跟局长打招呼，却不跟孩子们解释两句表达抱歉呢？其实当时只要我对孩子们说一句解释并道歉的话，就可以表现出对他们的尊重。可见我心里还是把领导看得重一些。我们常常说"要尊重人"，但我们不只是尊重的领导，更是尊重每个人。

后来，我在全校大会上对老师们讲了这件事。我说，我觉得自己还算有民主与平等意识的，但是一不留心还是暴露出对人的不尊重。我希望大家以我这件事为教训，在细节处尊重每一个孩子。

我们把孩子们放在心上，孩子们自然会爱我们，爱学校。我给孩子们拍了很多照片，我喜欢拿着相机到处抓拍最感人的镜头。这些照片是怎么拍的？看这一张，我为了取得最佳的视觉冲击效果，便采用了一种特殊的姿势。

什么姿势呢？我刚拍完，后面孩子突然哈哈大笑，笑什么呢？我回头一看，原来体育老师徐悦正拿着手机在拍我呢！看，这是徐悦给我拍的照片。

孩子们很多精彩的瞬间被我用相机化作永恒。看，孩子们在课堂上或参加活动时的照片，多传神，多生

动！经过他们的同意，我把这些照片也放大贴在学校墙上。照片中的孩子不一定是"十佳"或"三好生"，就是普通的学生。我们是尊重每个孩子，而不只是尊重"十佳"或"三好生"。

有这样的校园氛围，孩子们很热爱这个学校。这是最近几天我们校园的景象，特别美丽。孩子们用银杏叶组成各种图案，以这种方式表达对学校的爱。

第三，一碗鱼汤：不断传颂的故事。

在我们校园开放书吧的柱子上，镌刻着这么一个故事：2009年教师节中午，邹显慧老师在我旁边吃饭，她说："李校长，我太感动了！我的学生太好了！"我感到奇怪，这个学期她刚接了别人管不下的班，很多"差生"。9月10日，开学才不到一个星期，她怎么就觉得"学生太好了"？她说："今天早上，我班上几个特别调皮的男生到农贸市场买了一条鱼，拿回家熬鱼汤，然后端着这碗鱼汤，左手换右手小心翼翼地送到学校，作为送给我的教师节礼物！"我听了也很感动，便问她："这鱼汤，你喝没喝？"她说没有，她要等到中午把鱼汤热了之后再端到班上去，让孩子们都尝一口。那天中午，我跟着她去了她的班，为她拍了几张照片。这是她给孩子们喂鱼汤的照片，真是让人感动。现在，邹老师已经退休了，但她这一碗鱼汤的故事至今还在学校流传。这就是"文化"。

（工作人员在台下对着我举牌示意，演讲时间还有"两分钟"了。我只好加快速度，简略地讲下面的故事。）

第四，让老师的智慧成为学校的丰碑。

我校美术老师杨明,曾对我说想办画展。我跟他开玩笑说:"杨明想扬名啊!好的,等机会成熟我一定给你搞个画展。"但,举办美术展的机会始终不成熟,直到后来他带领学生参加陶艺大赛。比赛时,他抽到的题目是"文明的进步"。这个主题很抽象,但杨明老师却以"书的发展"来表现。他的作品有独特的创意,先是竹简,这是最原始的书;然后到字丁,活字印刷,传统的纸质书;再到后来是键盘,表示电子读物。通过书的发展来表现"文明的进步",这个作品获得特等奖。于是,我将这个作品做成雕塑,放到校园内,成为永久性景点,让杨明扬名,让每个老师的智慧成为自己的丰碑,也成为学校的丰碑。这就是"以人为本"。

第五,把学生的名字刻入学校的历史。

新校门修好了,校名谁来写?有老师说由我来写,我说我不合适;又有老师说,那请名人写,我说这当然可以,比如我可以请朱永新老师写,或者请流沙河先生写,都没问题的,但他们写也都不合适。我说:"让孩子们写!"于是,我们全校学生都写"成都市武侯实验中学"几个字,最后我们选中了初一五班程文迪同学题写的校名,镌刻到校门上。

  我特意把程文迪同学请到校门前合影,并对她说:"等你 80 岁的时候,一定要牵着你的小孙子到这里来,指着校名告诉他,这是奶奶当年在这里读书时留下的字。"

  我们学校的附属小学的校名是五年级的许晴航同学写的。你们看:"成都市武侯实验中学附属小学"。我想,无论哪位领导人的题词,都不如孩子的字珍贵。因为这是我们的孩子写的。把普通孩子的名字刻入学校的历史,这就是"以人为本"。

讲述与演说

第六，给学校的未来留下充满人性的温馨记忆。

在我们学校的后花园里有一个特殊的亭子，这亭子怎么来的呢？

三年前，我校搞了十周年校庆。当时，我让老师们、同学们收集了很多物品：钢笔啊，课本啊，教材啊，照片啊，视频啊，还有老师们发表的文章、出版的书，等等。我把这些东西装进几个罐子里，然后埋在地底下。

什么时候启封呢？百年校庆再启封！我们要为90年后的师生留下一份珍贵的原汁原味的"教育现场"。这些东西埋好后，我们在上面建了一座亭子，给未来的师生留一个发掘的标志。

亭子前立了一块石头，我简单写了几句碑文——

　　校龄十年，历史一瞬。日月同行，风雨兼程。践行常识，恪守良知。师生互爱，亦亲亦敬。教学相长，如切如磋。朴素最美，幸福至上。图文并茂，深埋在此。影像俱佳，珍藏于斯。教书育人，记载今日。传薪续火，勖勉来者。

　　在埋藏物中有两封信：一封是孩子们写给未来的信，还有一封是我亲笔写给百年校庆的。写的什么呢？已经埋下去了，90年以后就知道了。到时候挖掘这些东西时，欢迎在座的各位前去参观。
　　其实，现在就可以给你们看我写的信。因为时间关系，我就不读了。
　　其实，我写信就是为了告诉他们，今天的学校是怎样的，我们的追求是怎样的——

　　　　不必用堆叠的荣誉来证明教师的成功，教师的光荣就印刻在历届学生的记忆里！

　　这就是我们学校的故事，这就是我们学校的文化。我们所做的一切，都是为了践行我们的校训："让人们因我的存在而感到幸福"！
　　谢谢大家！

2017 年 12 月 17 日（根据现场录音整理）

附：我写给百年校庆的一封信

二一〇三年的孩子们，老师们：
今天，是二〇一三年十二月三十一日，我提前九十年给你们写信，祝贺成都市武侯实验中学建校一百周年。

隔着遥远的时光给你们写信,我庄严而激动。

你们是九十年后的学生和老师,我是现在的校长。因为"武侯实验中学",我们便穿越时间隧道而心灵相通。

在成都市武侯实验中学百年校庆的日子里,你们手捧我们今天留给你们的"文物",会看到学校曾经的足迹,会闻到今天我们青春的气息,会听到我们对你们真诚的祝福!你们或许会怦然心动,并发出种种感慨……

我相信,未来九十年,世界会有许多我不可思议的变化,中国会有许多我无法预料的进步,学校也会有许多我难以想象的发展。但武侯实验中学的精神——"让人们因我的存在而感到幸福"依然会温暖着我们的校园,并照亮每一个人的心房。

茫茫人海,悠悠岁月。我们偶然来到这个世界,偶然来到这个学校,延续着前人的历史创造着历史,几十年后我们又走进历史。天地之间,我们每一个人都是匆匆过客,但当我们的生命流淌进武侯实验中学的时候,我们给学校留下了什么?这是世世代代武侯实验中学的师生永恒的思考。

我的回答是,给学校的未来留下充满人性的温馨记忆。

不必用堆叠的荣誉来证明教师的成功,教师的光荣就印刻在历届学生的记忆里。

李镇西

二〇一三年十二月三十一日

于十年校庆之际

阅读与反刍
（一）

雷夫是怎样炼成的？
——《第56号教室的奇迹3：说给老师的真心话》序言

至今还记得第一次读《第56号教室的奇迹：让孩子变成爱学习的天使》（以下简称《奇迹》）时所受到的感动。棒球队，摇滚乐，经典阅读，电影俱乐部，莎士比亚戏剧，还有教室里的银行和拍卖会……一间小小的教室，竟然发生了那么多既有意义又有意思的故事。这些故事，凝聚着雷夫的爱和智慧。中国的无数教师，因为一间教室而认识了一位教师，知道了"雷夫"这个名字。

今天，我读了雷夫的新书《第56号教室的奇迹3：说给老师的真心话》（以下简称《真心话》），再次被感动。我认为，这本书所蕴含的思想与智慧，带给读者的收获，以及可能产生的影响，绝不亚于《奇迹》。同样的教育理想，同样的教育理念，同样的真诚与朴实，两本书侧重点则各有不同——

《奇迹》带给我的是妙趣横生的开心，《真心话》带给我的是豁然开朗的启迪；《奇迹》展示的是模式、操作和一个个奇思妙想的"鬼点子"；《真心话》提供的是建议、叮咛和一句句肝胆相照的心里话；《奇迹》让我看到雷夫在陪伴着孩子们成长，《真心话》让我感到雷夫正激励着同行们前行；《奇迹》绽放的是一间教室的艳丽与芬芳，《真心话》叙述的是整个教育人生的曲折与精彩……读着《真心话》，我非常自然地想到了苏霍姆林斯基——这是美国版的《给教师的一百条建议》。

这些"建议"都不是抽象的说教。和《奇迹》一样，《真心话》的载体依然是故事，这些饶有趣味而又令人惊叹的故事，都是雷夫自己的亲身经历或所见所闻。雷夫这样写道:"这种颇有戏剧性又很残酷的故事是所有老师们都曾经历过的。虽然这些故事很适合制作成广播剧或好莱坞片子,但在现实生活中,这种沮丧真的会极大地挫伤老师的教学热情和对未来的信心。"然而,雷夫正是在这种"沮丧"中坚守着自己的"教学热情和对未来的信心",迎接着一个又一个挑战,收获了自己的成长。

在中国,我们爱说"专业成长"。其实这都是教师自己的事。我多次说过,人才是"生长"出来的,而不是"培养"出来的,更别说什么"打造"了——如果一定要说"培养",那这个"培养者"不是别人而是自己。今天,读了《真心话》,我想再强调一遍:任何教师的专业发展,都是一个"自己培养自己"的过程。

雷夫也正是如此。在这本书中,雷夫根据自己的教育经历,将教师的职业生涯分为"起步期""成长期"和"成熟期"三个阶段,并对分别处于不同阶段的年轻教师、中年教师和老教师提出真诚的建议。这些建议全都来自雷夫自身的经验和教训。于是,读这本书,我们实际上是在感受雷夫的成长史:他初出茅庐的热情与碰壁,他遭遇挑战时的彷徨与坚韧,他面对难题时的沉思与从容,他取得成功时的激动与开心,还有他与一个又一个顽劣孩子的较量,一次次内心挣扎冲突后战胜自己的勇气与自豪……而这一切都是通过一个个生动曲折、跌宕起伏甚至惊心动魄、悬念迭起的故事呈现出来的。

比如,开学第一天,雷夫给孩子们介绍了课表后,又讲午餐对身体的重要性,"我提醒他们,为了身体健康和学业进步每天都要吃午餐,还慷慨地告诉孩子们,万一他们弄丢了午餐券,我可以为他们先垫付"。这么有爱心的老师按说应该让所有孩子感动,然而,一个男孩向他竖起了中指!雷夫说:"虽然这是个地球人都明白的手势,可是由一个十岁的孩子对着老师做出来,的确令我目瞪口呆。"但故事的结尾,雷夫这样写道:"经过我的不懈努力,乔伊在课堂上的表现还能说得过去,我们相处的那一年也算是不错。毕竟姜还是老的辣呀。"

又如,一个叫艾迪的男孩找到雷夫老师,主动要求参加莎士比亚戏剧班,雷夫非常高兴。但寒假回来,"开学第一天,艾迪突然眼泪汪汪地来找我，说他要退出莎剧班，因为他妈妈反对他放学后还要继续排练，要他放学后立即回家"。但不久雷夫发现，"所谓他妈妈坚持让他赶回家那些话竟然是彻头彻尾的谎言。实际情况是艾迪根本受不了排练莎剧的那份辛苦，是他自己打了退堂鼓"。雷夫蒙了，他感到了沮丧：有太多时候，你尽心尽力去帮学生，结果却发现一切都如竹篮打水！但雷夫没有因此而对所有孩子失去信任，他这样提醒自己："尽管班上有一个孩子向我撒谎，自暴自弃，但我绝不能就此消沉，毕竟还有四十多个孩子正等着我给他们讲解莎士比亚呢！"

再如，雷夫从教不久便给学生讲天文，他自信满满，以为"大学那几年，我曾在洛杉矶科学博物馆和格里菲斯天文台做过兼职讲解员，对如何给在校学生做解说可谓得心应手"。为了把课上好，雷夫还准备了一些卡片，以帮助孩子们查找自己的星座，然后对照雷夫为他们打印出来的星座表，来预测他们的未来。按说这样的设计是非常有趣的，而且雷夫讲得"既有条理，又有热情，还试图在演示时做到生动有趣。我希望孩子们能开怀大笑"。但结果呢？卡片刚一发下去，一个小女孩就哭了起来，"不到一分钟，至少七八个孩子都跟着哭了起来"。这就是雷夫从教之初的情形，但"随着时间的推移，我的课上得越来越好，对他们也愈发了解了，大家相处得十分和谐"。

……

每一次意外都是对智慧的考验，每一个顽童都是对意志的磨砺，每一道难题都转化为课题，每一回绝望都蕴含着希望。这就是雷夫的"成长"。

雷夫所有的"真心话"都是通过自己的故事娓娓道来。当然，我在引述这几个故事时，只说了开头和结尾而省去了"过程"。这个过程正蕴含着雷夫的爱与智慧，还有坚韧。我相信，读者通过《真心话》细细品味一个个"过程"时，将不仅仅是感动，还会想到自己的教育和自己的成长。

本书让我特别感动的还有一点，就是雷夫所展示出来的他真实透明的内心世界。这种真实透明体现于他的"实话实说"。毫无疑问，雷夫是一位享有世界声誉的伟大教师，但他绝不是身处云端的"圣人"，而首先是一位始终站在教室里的一线教师，所以他的讲述和建议特别"接地气"。

比如："即使我每天这样努力，可还是不尽如人意。其实，教师这个职业让我们倍感沮丧、艰难和疑惑绝对事出有因：我们努力教导孩子要有荣誉感，而这个世界却让他们不断面对耻辱；我们努力说服孩子要做正派人，而这个世界不仅浊流当道，而且还有媒体为其鼓吹、大众为其欢呼！当然教书也绝非一无是处，随着时光流逝、经验的积累，你的日子会渐渐好起来。你不会仅从教三年就成为优秀老师，那是不可能的。各行各业真正杰出的人无不需要比普通人付出更多的时间。也许在新闻与故事中你会读到某位传奇般的老师，但那通常不过是广告或虚构罢了。最优秀的园艺师、建筑师、音乐家、棒球手还有老师，谁都不可能一步登天。"

这让我想到罗曼·罗兰的一句话："真正的英雄主义只有一种，那就是认清生活的真相后依然热爱生活！"雷夫的身上就体现了这种"真正的英雄主义"。

雷夫共写了四本书。这些书传到中国，都受到欢迎，原因是这些书的理念和做法体现了我们国家正在倡导的"素质教育"。

但有趣的是，尽管雷夫的全部实践都展示了什么是素质教育，可他的书中根本就没有"素质教育"的说法。甚至他第一次到中国来的时候，根本听不懂"素质教育"这个词。

几年前的一次研讨会上，主持人让我用"雷夫听得懂的话"给他解释一下什么叫"素质教育"。当时我拍了拍雷夫的肩膀，一字一句地说："素质教育，就是——教育！"雷夫没反应过来，迷茫地看着我。我接着说："您所做的教育，就是素质教育！"但他的眼神依然迷惑。我停了几秒钟，接着说："也许你更糊涂了，既然是'教育'，为什么要在前面加上'素质'二字呢？我打个比方吧，本来雷夫就是你，但是后来很多人都说自己是'雷夫'，而那些雷夫其实都是假雷夫，为了把你和那些假雷夫区别开来，我们就把你叫作'真雷夫'。如果有人要问我，'真雷夫'是谁呀？我会说，真雷夫就是雷夫！"雷夫开始笑了。

我继续说："我们现在所说的素质教育的内容，什么全面发展，什么生动活泼，什么把人当人，什么培养创造，等等，这不就是教育本来的内容吗？不就是教育的题中应有之义吗？教育本身不就是提高人的素质的吗？从孔夫子的六艺，到现在的德智体美劳，不就是素质要求吗？有谁说过教育不以人为本呢？有谁说过教育应该畸形发展呢？但由于种种原因，我们的教育却越来越远离当初的起点，越来越违背当初的含义，教育越来越假，越来越无视学生的素质，于是为了强调教育的本质，我们便提出了'素质教育'这个概念。就像糖本来应该是甜的，但居然有许多假冒伪劣的糖就是不甜，于是我们去商店买糖的时候，就跟营业员强调，我要买'甜糖'，同样，我们可能还会去买'酸醋'，去买'咸盐'！成都火锅很有名，但假冒成都火锅的也不少，于是有人开成都火锅店时，便特意在招牌上写明'正宗成都火锅'。因此，'素质教育'这个概念完全是多余的，但现在不得不出现这个词，这是中国教育的无奈！"

雷夫一边听一边不住地向我点头，一脸的笑容，甚至有些兴奋。我讲完之后，他和我握手，表示听懂了，而且完全赞同。

我至今对这个解释还是比较满意的。其实，我说的不过是常识。雷夫遵循了这些常识，他的教育便创造了"第56号教室的奇迹"；他说出了这些常识，自然就是"说给老师的真心话"。

最让我感动的是雷夫这样的真心话——

这是我写的第四本书。我的书都是关于如何教导孩子，以及我是如何在他们身上花费大量时间精力的。许多有爱心的读者忍不住问我：你有私人生活吗？

当然有。之所以不写我的家庭，是因为我觉得没有人会对这些感兴趣。结果倒好，貌似我这个人只知道埋头教书了。虽然我很多时间是在教室里度过，但那不是我的全部。一天辛苦过后，家庭才是我休憩的港湾。换句话说，你的家人才是你坚实的臂膀。

压力太大时，不妨暂时躲避。将近三十年的教学让我认识到，大多数情况不会十分急迫，除了学生想要自杀或开始逃课。大部分压力——不管令你多么痛苦难眠——其实一觉过后就觉得没那么可怕了。无论是愤怒的家长威胁要找校长，还是哪个同事粗鲁无礼，抑或是读到哪篇文章指责教师拿钱太多、干活太少什么的，统统别理。

去玩飞盘吧，去跳舞，打保龄球，去高尔夫练习场练练球技。逗逗小狗，做道美味佳肴或在花园里打理花草，散散步，或随便干点令你开心的事。除了陪伴家人之外，我个人减压的方法还有弹吉他、看棒球赛。

总之，如果你倒下了，除了贡献一篇不错的新闻报道外，无益于任何人。但你的学生需要你，需要你的力量和激情。只有抛开拯救整个世界的念头，你才能活得健康长寿，最终作出更大的贡献。

跟成千上万的老师一样，我几乎每天都在勤勤恳恳工作着。选择这一职业我很自豪，但我也知道劳逸结合的重要。我经常利用周末、假期等业余时间加班加点地工作，尽管如此，我也不忘每周都和太太芭芭拉共进几次浪漫的烛光晚餐，或去看电影、健身。别忘了，我还要再教470年才能为芭芭拉换来新厨房呢，假如现在我垮了，她就永远得不到新厨房了。

放手绝不是自私，今天的问题大多可以等到明天解决。假如你在喘口气、醒醒脑的时候感到有些愧疚，觉得自己不是个好教师，就想想莎士比亚《亨利五世》第二幕第四场中的一句台词吧：

父王啊，与奋不顾身相比，爱惜自己的生命算不上什么罪过。

这样的推心置腹，让我们感到雷夫真是把心掏给我们了。他哪里是远在天边的美国教师啊，他分明就是和我住同一小区的邻家大哥嘛！

2015年5月28日

充满诗情画意的学校生活
——读《新教育的一年级》

苏霍姆林斯基在《给教师的一百条建议》中写道,一个十岁的女孩流着眼泪打开写满了两分的记分册,恳求妈妈说:"妈妈,咱们搬到没有学校的地方去住吧……"对此,苏霍姆林斯基语重心长地指出:"我们,尊敬的教育者们,时刻都不要忘记:有一样东西是任何教学大纲和教科书、任何教学方法都没有作出规定的,这就是儿童的幸福和充实的精神生活。"

不少孩子之所以厌恶学校,就是因为他们的学校缺乏"儿童的幸福和充实的精神生活"。

不幸的是,现在中国正有不少这样令孩子厌恶的学校。

几年前的一个寒假,表妹一家来我家做客。表妹的女儿特别伶俐可爱,上小学一年级——刚读了一学期。问及学习,外甥女天真烂漫地告诉我:"我语文考了 99.75 分!"我一惊:还有这种分数?小学一年级的期末考试分数居然精确到了小数点后面两位数!

"这 0.25 分是怎么扣的呢?"我问外甥女。她说:"因为我错了一个字。"

可是,一年级一册的语文期末考试为什么要考那么多的字呢?——当然,这话我没对外甥女说,说了她也不懂的。

表妹说起女儿的学习便叹息:"作业太多太多,数学还好一些,语文作业每天晚上要做到十点半。最后实在做不完,我和她爸只好帮她做。苦啊!"

简直是骇人听闻!才一年级啊,哪有那么多作业呢?我问都是些什么作业，表妹说："抄汉字笔画，比如一横，就要抄好几页；一竖也要抄好几页，还有撇、捺……这么下来，有20多页！每天的作业除了老师在教材上勾画的题，还有统一订购的《小博士》《同步导学》上面的题。"

我的天啊，才小学一年级的孩子啊，就跌进了"题海"。

我又想到一个广东的朋友，他的孩子也是刚读小学。有一天回来对爸爸说："爸爸，我们今天上数学课，上了一半，老师说让我们出去玩，我们都好高兴哦！"又有一天中午回家吃饭时很开心地对爸爸说："爸爸，今天下午老师都要开会，我们不上课，好爽哦！"

孩子之不喜欢学习，溢于言表，毫不掩饰。

现在人们爱抨击某些中学为"高考监狱"，却不知道，刚进小学一年级的孩子就已经在"坐牢"了！

这种情况能不能改变？孩子的学习可不可以变得轻松有趣一些？孩子的作业可不可以少一些，甚至没有家庭作业？孩子们能不能够盼着上学，盼着上课？

读了童喜喜的《新教育的一年级》，我们觉得这一切都是完全可能的。在这本童书里，作者向我们展示了这样一种学习生活——

开学第一天，校长和所有的老师，还有食堂阿姨和传达室的伯伯，都庄严地向孩子们宣誓："学校是孩子们精神的家园，我们是孩子们精神的亲人！""让孩子们过一种幸福完整的教育生活！"

每一天的早晨，孩子们在晨诵中开启黎明："世界真大，都不一样：小猫爬树，小鸟飞翔……"读这样的诗，每个孩子都感到了自己的与众不同，从而产生做最好的自己的愿望。当然，每个清晨吟诵的诗都不一样，而且这些诗都不一定是所谓的"经典"，但一定是能够拨动孩子幼小心灵的语言。

一年级的小朋友分不清什么课是语文，什么课是数学，因为所有的课都"混搭"：数学课上会讲故事，体育课上会唱儿歌，美术课上会看电影，语文课上会画画儿……孩子们说："我不知道我上了什么课。不过，什么课，我都很喜欢！"

学校有许多节日，比如中秋节前的一周叫"月亮周"，在那一周，无论白天还是晚上，都有"月亮"：语文课上，老师给孩子们讲了很多关于月亮的故事；数学课上，老师讲的也是月亮，而且还编了一首儿歌："月儿大，月儿圆，一次能吃十五天……"；体育课上，老师教大家玩关于月亮的游戏；音乐课上，老师教大家唱儿歌《月亮船》；美术课上，老师带领大家捏泥塑，全班同学的泥塑摆在一起，组成了一幅名为"中秋之夜"的作品……

整个校园，都洋溢书的芬芳。各种书籍，随处可及。不但有中外名著，更有孩子们读书的作品：低年级的读写绘作业，中年级的读书笔记和手抄报，高年级的自制图书……还有围绕读书的各种活动：讲故事、唱歌、跳舞、演小品、演童话剧……

这样的校园生活，谁不向往啊？真是令每一个人——远不只是儿童——神往！

这是童喜喜笔下的校园故事，但我要说，这也是发生在无数新教育实验小学的真实生活。童喜喜以这些鲜活的新教育案例为素材，创作了这部《新教育的一年级》，生动形象地展示了新教育实验的理念——

为了一切的人，为了人的一切。关注人的生存状态，关注人的发展空间。让每一个孩子都有自己的梦想。

无限相信学生与教师的潜力。千万不要对自己说不可能，一切皆有可能；千万别对孩子说"不"，人人都可能成功。只要给我们一个舞台，我们就要给别人一个精彩。

重视精神状态，倡导成功体验。天才毕竟很少，但成功的人却很多，谁能活得精彩，谁能够成功，靠什么？靠的是精神状态，一个人的精神状态很重要，在良好的精神状态下更容易成功。

让师生与人类崇高精神对话。教育，在传播知识、传授技能的同时，还有一个重要的使命，就是要使人类不断走向崇高。它必须传播崇高的精神，崇高的价值观念，让人不断接受崇高的熏陶，从而走向崇高。而阅读中外名著是对话的最好途径之一。每一个校园都应该是书香校园，每一个孩子都应该是终身的阅读者。

学校，应该充满童趣、浪漫、感动、友爱，让人热泪盈眶，或心灵飞扬；应该给一批又一批孩子留下充满诗情画意的学校生活，让每一个孩子离开学校的时候都依依不舍，并终生留下充满人性的温馨记忆。

我想再强调一遍，这些不是童喜喜的文学想象，而是已经根植于中国大地许多新教育学校的现实——当然，在不同的学校，理想变成现实的程度有所不同。从一个人的念想开始，到实验区遍布全国，56个实验区，2766所实验学校，参与师生290多万。15年来，新教育实验在中国大地上生根开花，让千百万人的教育理想成为孩子们每一个活生生的日子。

《新教育的一年级》不是理论书籍，不是学术报告，因此它对新教育的展示是形象可感的。作者以儿童的眼睛捕捉着新教育生活的每一天、每一课、每一个老师和每一个孩子。语言生动活泼，富有孩子气息，情节波澜曲折，尽显儿童情趣。

这部书是以每月每日的时间为序记叙的，而且对每一天每一个活动的叙述都细致具体，因此从某种意义上说，它具备新教育的"教案"功能。也就是说，对于刚刚开始尝试做新教育的老师，特别是小学低年级的老师，完全可以"依葫芦画瓢式"地照着做，至少可以最大限度地借鉴学习，然后逐步创新，形成自己的新教育操作模式或风格。

"一年级新孩子的入学必读书。一年级新父母的亲子家教书。一年级新教师的课程指导书。"读完《新教育的一年级》，我完全同意朱永新老师的评价。

2015年3月4日

诲人不倦的"朱老师"
——读《致教师》

作为全国政协副秘书长、民进中央副主席，朱永新先生的追随者却很少叫他的"官衔"，而是都不约而同地叫他"朱老师"。

这不仅仅是因为他同时是多所大学的教授和博导，更主要的原因是他总是给周围的人以师长般的关怀和影响——不仅仅是我这些曾师从于他的学生，还包括许多素不相识的一线教师。我曾经把他称作"中国第一教育义工"，因为他几乎把他的周末和节假日都无偿（的确是"无偿"）奉献给了中国的新教育实验，引领了许多普通老师的成长。除此之外，他还利用无数个清晨或飞机上的时间，通过书信的方式为许多远方的老师解惑。所以，他是千千万万追随者心目中名副其实的"朱老师"。

这本《致教师》，便是他作为"朱老师"的又一个注释。

这本书是朱老师就一线普通老师最关心最困惑的问题所作出的解答："如何学会思考？""如何进行专业阅读？""如何应对自己不如学生的困境？""如何写论文？""如何对待问题学生？""如何让领导认可自己的探索？""如何在压力下坚守？""如何同时成为好老师和好妈妈？""如何合理安排时间？""如何学会交往才会受人欢迎？"……所有的问题都来自校园鲜活的气息，来自教室纷繁的生活，来自讲台流淌的瞬间，来自教师成长的心灵。

朱老师是怎么回答这些问题的呢？他没有摆出教授博导的架子，用高深莫测的理论和晦涩艰深的术语谈这个"原则"那个"性"，而是以亲切平易的态度，用朴素却不乏生动形象的语言，讲述着一个个教育的真谛。

朱老师特别善于讲故事，比如在讲"教师的幸福在哪里"时，朱老师讲了一个大师口中的神的故事；又比如在讲"如何保持教育热情"时，他讲了著名特级教师李吉林的故事；再比如在讲"如何寻找生命的原型"时，他讲了著名物理学家范德瓦尔斯的故事……结尾朱老师的落款总是"你的朋友朱永新"，读着读着你就不知不觉真的把朱老师当朋友了。这就叫"接地气"。

当然，朱老师本人毕竟就是一位真正的教育专家，他的文化功底和教育素养决定了他讲故事不仅仅是浅薄地"举例"，而是都指向老师们一个个需要解决的难题。对每一个难题，朱老师都有着具体而不空洞的富有操作性的建议。比如，回答"如何做论文"时，朱老师讲了如何进行文献检索，详细介绍了传统文献的分类、文献检索的三个阶段和要注意的问题，还特别耐心地讲了如何确定教育研究的课题："对青年教师来说，最便捷最有效的途径，是从自己的教育实践中提出问题。"并谈了一线老师进行研究应该注意的几个问题。最后，朱老师说："作为一线教师，还可以从记录自己的教育生活开始，如记录自己的课堂，对课堂实录进行分析；记录学生的个案，对个案进行诊断分析和改进的探索等等。研究的关键是善于积累，积累的材料多了就能够发现规律。"这么详尽而切实可行的建议，让读者有实实在在的收获。

朱老师的语言也值得称道。他往往在娓娓道来之中显示出他思考的深度与思想的魅力，而这种"深度"与"魅力"是通过富有哲理与诗意的语言表达出来的："真正的信仰是最为恒久炽热的希望，能在厄运中鼓舞起勇气，激荡起乐观。信仰造就的乐观，是生命中的太阳，任何境况下的人生都会因此温暖明亮，并指引着生命的明亮那方。"（《为自己赢得心灵的自由》）"一般来说，同一个职业的八小时内的生活都相差无几，八小时以外的业余生活才预言着未来。真正的人生，往往是业余时间所决定的。"（《业余预言未来》）"每个生命都是这个世界的唯一。关注每个生命，关注每个孩子，为每个生命颁奖，为每个生命喝彩，应该是我们教育的使命。"（《为每个生命颁奖》）"一位老师抓住了每一天的生活，关注了每一个教室里的每一个日子，让每一天都值得孩子记住，他就能创造教育的传奇，就能够拥有真正的幸福。所以，珍惜每一个平凡的日子，用心过好每一天，是教师幸福感形成的重要途径。"(《教室就是幸福源泉》)……这样隽永的句子在书中比比皆是。

《致教师》的前言是朱老师的一首题为《我是教师》的诗。诗中写道："我是教师，这是一份职业，更是一个志业；我是教师，这是一份职责，更是一种使命……"其实，在我看来，无论是"职业""志业"，还是"职责""使命"，体现在朱老师的身上无非就是孔子说的四个字："诲人不倦"。

2015年8月21日

唯有爱才能拯救世界
——读《夏山学校》

上课完全自由，自由到孩子可以上课，也可以不上课，甚至只要他喜欢，他可以一年到头都不上课；一切有关集体和生活的事，包括对违规者的惩罚都是由学校大会投票处理，不论年龄长幼，每位教职员工和孩子都只有一票，一个7岁孩子的一票和校长的一票有着同样的效力……

如果我说有这样的学校，你相信吗？

我在《夏山学校》里看到了这样的学校。的确，这所学校空前地自由。学校没有任何强加给学生的课程，所有课程的设计都是基于学生的兴趣，甚至源于学生的某一项个人爱好；学校也有课表，但那是给老师准备的，学生是否上，或者上什么课，完全取决于学生自己；学校也没有规定学生必须穿统一的服装，他们可以在任何时间穿他们想穿的任何衣服；在这里，学生谈恋爱不被鼓励，但也不受到压制；学校非常重视体育运动，但没有一个老师会催促学生："快点，快去操场！"他们尊重孩子的兴趣……这些让我们看来不可思议的自由，源于一个理念："让学校适应学生，而不是让学生适应学校。"

我估计很多人会以为这些理念和做法是"天方夜谭"，是"做梦"，是"乌托邦"，是"看上去很美"……但《夏山学校》不是作者尼尔虚构的小说，而是他亲身实践的现身说法。是的，世界上的确有一所叫"夏山"的学校——诞生于1921年，位于英国，至今依然存在。

说实话，我并不能完全赞同《夏山学校》里的每一个观点，有些论述甚至让我略感有些"绝对"，但是，《夏山学校》的灵魂——爱与自由，我却认为是教育永恒的真谛。

尼尔的教育之爱，是基于他对人性的尊重与信任。他坚信孩子的天性是善良的而不是邪恶的。"四十年来，这一信念从未动摇，而且更加坚定。"尼尔写道："也许夏山最大的发现就是孩子生来就是真诚的。因为我们不去影响他们，才能发现他们的真实情况，所以不干涉是我们管理孩子的唯一方式。"

应该说，谈教育的爱，尼尔并不是第一人，太多的教育都在谈教育的"爱"。但是，我们可能没有意识到，有时候恰恰是我们所谈论所理解的"爱"妨碍了真正的教育，妨碍了孩子的健康成长，也让许多孩子不快乐。因为作为教育者——教师、家长和成人，我们一开始对儿童就存在着"有罪推理"的偏见：孩子有许多"不良习气"需要克服，有许多"缺点"需要改正，有许多"不好"的思想、观念和道德意识需要"纠正"与"引导"……于是，束缚、批评乃至惩罚，都在"爱"的名义下侵犯着孩子的心灵。教育，因此走向了反面。

尼尔所做的努力，就是让爱成为尊重和信任，让教育回到其本来的面目。他认为教育的爱，应该体现为尊重孩子的天性，这种尊重同时也是一种信任。因为这种尊重与信任，夏山学校才会把一切都交给孩子。是的，是"一切"，即学校管理的方方面面。比如，对一个犯了错误的孩子如何处理，由学校大会投票判决。"在夏山，没有任何犯错的孩子对集体的判决有反抗与怨恨，我常对被罚者那种顺从的态度感到惊奇。……夏山学生对他们自己的民主十分忠诚。这种忠诚并无怨恨的成分在内，因此也不会有怨恨。我曾经看见一个孩子因不合群的行为而受到长时间的审判，然后心悦诚服地接受了判决。而且刚刚接受判决的孩子常常被选为下一次大会的主席。孩子的正义感永远使我佩服，他们的行政能力很强，自治在教育上实在有无穷的价值。"尼尔自豪地写道。

但是，这是包括我在内的许多中国读者不太好理解的。我们会担心，如此自由的学生，最后离开夏山学校的时候，会是怎样的人呢？因为我们会"本能"地想知道，这个学校是否培养了被世俗标准定义为"成功"的学生。

让人惊奇甚至难以置信的地方就在这里。1949年6月，当时的教育部在对已经创办28年的夏山学校进行了全面考察评估之后，写了一份《英国政府督学报告》。其中有这样的评价："夏山教育并不与世俗的成功背道而驰。毕业生中有英国皇家电器机械工程兵上尉、炮兵中队长、轰炸机队长、幼儿园教师、空中小姐、名乐队竖笛手、皇家学院荣誉会员、芭蕾舞明星、无线电台长、报纸专栏作家及四大公司市场调查主管。除此之外，他们曾得到下列学位：剑桥大学荣誉经济学硕士、皇家艺术学院奖学金研究生、伦敦大学物理学荣誉理学士、剑桥大学历史学荣誉文学士、曼彻斯特大学近代语言学荣誉文学士。"

如何解释这种现象？其实很简单。看似"放任"学生——"放任"到"学生可以不上课"，"放任"到即使愿意上课的学生"也只选他喜欢的学科"，甚至"放任"到"在性方面给予学生完全的自由"……其实学生自己并不"放任"自己。因为夏山学校教育的精髓，是培养出对自己对他人对社会有责任感的人——尤其是培养孩子对自己负责。而反观中国（也许还不仅仅是中国）现在的教育，我们培养的多是"为别人而存在"的人：为老师的表扬、为家长的奖励、为成年人的种种期待与愿望而"成为好人"。但夏山学校的目的，是让孩子成为自己成长的主人，是能够对自己负责的主人。所谓"对自己负责"就意味着，你犯了错误就得承担相应的责任，并付出代价；同时，你的成长过程中所要做的一切都是自己的事，比如上不上课，这与老师无关，与家长无关，与别人无关，只和你自己有关。

夏山学校的孩子无疑拥有远远超过一般传统学校的自由。然而千万别误解了"自由"这个词在夏山的含义。作者写道："学校奉行的宗旨为自由，但并非无限制的自由。""自由的意义是，在不妨碍别人自由的情形下，做你自己想做的事，因此你能完全自律。""只有当孩子能完全自由地管理他们的集体生活时，才有真正的自由。"这是关键所在——自由，同时意味着自律。所以，在充分自由氛围中成长起来的夏山孩子，走出学校都举止文明、富有教养，充满自信与创造力。可见自由对教育对学校并非洪水猛兽。以"性"为例，《英国政府督学报告》中有这样的评价："在性方面给予学生完全的自由，大多数家长与教师显然对此有所怀疑。……可以安慰的是，这所学校的青年极其自然、开朗大方，一般人猜测的不良后果，在该校有史二十八年来，从未发生。"

充分自由，高度自律，孩子要做什么，或者不做什么，都出自内心的真诚愿望，而不是因为某些恐惧。尼尔认为，教育不应该有任何恐惧，因为没有摆脱恐惧的孩子不但必然不自由，而且会滋生仇恨，产生罪错。所以，让每一个孩子成为自由快乐的人，是夏山学校的追求。"是不干预和不给孩子压力的观念，成就了今天的夏山。"尼尔如是说。

但让尼尔自豪的成功首先不是这些。"我个人对成功的定义是，能快乐地工作、积极地生活。按照这个定义，绝大多数夏山的学生都生活得很成功。"他还说，夏山学校"最大的优点是培养出了未被恐惧与仇恨摧毁的健康自由的孩子"。尼尔认为，自由灵魂、健全人格和积极生活，胜过所谓的"功成名就"。他甚至说："我情愿看到学校教出一个快乐的清洁工，也不愿看到它培养出一个神经不正常的学者。"

怎样才能让孩子获得快乐？尼尔的答案是："消除权威。让孩子做他自己，不要教导他，不要教训他，不要勉强他上进，也不要逼他做任何事。这也许不是你喜欢的答案，但是如果你不采用我的答案，应该自己找出更好的答案。"这不是放弃教育吗？那还要教师和家长做什么？错了，尼尔继续写道："要孩子做一个灵魂自由、对工作感兴趣、对友谊有乐趣、对爱情感到快乐的人，或者让他成为一个痛苦的、矛盾的、恨自己和社会的人，这大权操控在家长和老师手中。"

教育者在教育过程中究竟应该怎么做？读完《夏山学校》，我们已经找到答案，那就是给孩子以爱和自由，让孩子做他自己。

无论历史背景，还是文化传统，夏山学校的做法肯定不可能也没必要在中国"推广""复制"。尼尔也不认为夏山的做法"放之四海而皆准"。他在书中说："世界各国即使采用夏山的教学方法，也不会维持很长时间，将来也许会发现更好的方法，只有夜郎自大的人才会觉得自己的方法是最好的。……夏山学校的前途也许不太重要，但夏山观念的未来，却对整个人类有重要的影响。新的一代一定要有机会在自由中长大，给他们自由就是给他们爱。唯有爱才能拯救这个世界。"

  是的，唯有爱和自由不可阻挡，因而具有超越时空的生命力。在今天的中国，从北京十一学校四千多份"私人订制"的课表上，我们不是可以感受到尼尔理念的某些气息吗？还有在被称作"中国的夏山学校"的成都先锋教育学校，我们不是真真切切地看到了教育的自由与孩子的快乐吗？

2016年3月4日

首先做一个好人
——《跟着李镇西老师学做班主任》序

好几年前,一家出版社打算出版一本著作,书名叫《跟着李镇西老师做班主任》,问我是否同意这个书名,我没同意。因为那位老师只是通过我的书向我"学习",而我年轻的同事刘朝升老师则和我一起带一个班,用他的话来说,是每天都在向李老师"学做班主任"。当时,我笑着对刘老师说:"朝升,这个书名给你留着。"现在,刘朝升老师即将出版《跟着李镇西老师学做班主任》,我主动跟他说:"我给你写一篇序言吧!"

我多次在学校大会上说过:"一个好老师,首先是一个好人。"的确,无论做什么,首先应该把"人"做好。傅雷曾给儿子傅聪写信说:"先为人,次为艺术家,再为音乐家,终为钢琴家。"因此,我在谈朝升的书之前,想先谈谈朝升的为人。

在担任成都市武侯实验中学校长期间,我曾这样评价刘朝升:"这个小伙子是我见过的少有的还没有被社会污染的人之一。"我至今坚持我的评价。我这样说,并非意味着朝升是一个多么"感动中国"的"道德楷模",不,在我校,他既非党员,也非干部,他就是一个普通的年轻老师。但朝升常常给周围的人带来阳光、温馨和感动。

朝升是甘肃天水人,大学毕业后来到四川。他的脸上随时都挂着阳光般的微笑,这微笑让人舒服,并让人对他产生信任。和他稍一接触,便能够感到他身上那浓浓的"西北味儿"——憨厚、朴实、真诚、勤奋、低调。

我当校长不久,朝升给我发电子邮件说,他欠着学校六千元钱。那是他大学毕业从甘肃到四川时，甘肃方面要他交六千元钱，否则不放他走。当时他哪有钱呢？于是，当时的校长便同意他跟学校借钱。可他一直还没有能力偿还，他感到不安。读了信，我为他的诚实而感动。事情已经过了好多年，校长也已换了两任。我当校长时，前任校长根本没跟我说，学校其他副校长也不知道这事。如果他不说，很可能这钱就不了了之了。可他说，学校对他那么好，他不能对不起学校。后来，我邀请他一起写了一本《给新教师的建议》，第一次领了稿费，他就用来还债了。几年后，学校安排他赴西安参加一个班主任教育艺术研讨会。回到学校好几天了，也不见他来报交通费、会务费之类的。我问他，他真诚地说："不用报销的。"我说："学校派你出去学习，该报销的费用是要报的，这是制度。"他憨憨地笑着说："我有钱了！现在实行绩效工资，我的收入比过去有了很大提高。"

朝升工作从来不讲价钱，绝对服从大局。我当校长这几年，他在完成正常教学任务的同时，还先后被安排在行政办公室和德育处做过干事。所谓"干事"自然就是干事啦——说白了，就是打杂。他教地理，课本来就很多，而行政工作的特点是杂事多而琐碎，可以想象，朝升多么辛苦，可依然干得乐呵呵的。没干多久，学校又把他调到德育处，这更是一个难题成堆的地方，且突击性强，但朝升依然二话没说，任劳任怨地工作着。有一段时间，他还当着班主任。我常常看着他上下楼跑得气喘吁吁，可他依然连眉头都没皱过。

朝升在教学上很爱动脑筋钻研，他搞科研不是为了"应付"上面的"任务"，而是自己对自己的要求。他爱读书，一看到什么教学经验，就尝试着结合自己的实际创造性地运用。他是我们学校最早学习杜郎口中学课堂教学模式的老师之一。杜郎口中学的老师第一次来我校上课的第二天，朝升便依葫芦画瓢地在自己班尝试起来了。后来他去杜郎口中学参观，还在那里上了一堂地理课。他把这次上课当成是学习的机会。上课伊始，他便对孩子们说："我是来学习的，你们是我的小老师。"接下来，朝升果真把课堂任务交给学生，让他们按照平时老师上课的模式来自主学习，他则在一旁观察、询问。下课前，他让每位同学写上他们老师上课时用的最好的策略和给他的建议。后来，朝升成了我校课堂改革的先锋人物之一。

有一次，胡鉴老师对我说："李校长，刘朝升特别爱读书，可能他是我校读书最多的老师呢！"这个我多少知道一些，因为我不止一次看到他在校园里一边走一边拿着书读。朝升常说自己在农村长大，书读得太少，因此他有一种内在的紧迫感，想拼命地补上过去欠下的阅读。只要我在大会上给老师们推荐了什么书，朝升一定会去买来读，有时候和他聊天，他会问："李校长，您最近读什么书呢？"然后他会记住书名去网购。有一次我和他一起从北京开会回成都，在飞机上的两个半小时里，他一直低着头，目不转睛地在阅读着什么书，因为隔着几个座位，我看不清他在读什么。下了飞机我问他，他扬起手中的书，是苏霍姆林斯基的《爱情的教育》。卸任校长那一天，我对老师们说我办公室书橱里的书不带走了，都送给老师们。散会后，老师们纷纷到我办公室"抢"书，然后请我在他们选的书上签名，并和我合影。朝升抱着一大摞书，有点不好意思地对我说："李校长，是不是多了一点？"我乐了："不多不多！这些书到了喜欢它们的人手里，我最开心！"

我担任武侯实验中学校长时，给自己定了一个重要的工作目标，就是培养年轻人。除了通过听课、谈心、阅读、教师论坛、青年教师沙龙等方式从"面"上引领老师们，我还成立了一个工作室，公开招收徒弟，从"点"上轮流手把手地教年轻人。刘朝升就是正式拜我为师的徒弟之一。2008年9月，我出任初一一个班的班主任，没当过班主任的朝升主动要求做我的助手。他虚心好学，读了我所有的著作，又善于思考琢磨，很快便熟悉了班主任工作。

现在想起来，和朝升一起带班的日子真的值得怀念——我俩每天都和学生一起跑操，我俩一起设计班会课，我俩分别找同一个"问题孩子"谈心，我俩一起攻克班上一个又一个难题，我俩创作了一个又一个成功的教育案例，后来我俩又一起走进《中央电视台》讲这些精彩的教育故事……比如《破案之后》，班里出现了失窃，当时我在外面，朝升很快破案，但我将这件事作为一个教育契机，给全班上了一节震撼人心的班会课。案例发表后，许多老师对我的所谓的"教育智慧"赞不绝口，其实这是我和朝升共同的杰作。

当然，作为年轻老师，朝升最初的确不熟悉班主任工作，有时也急躁，也发愁，但我们一起商量，一起破解。慢慢地，朝升越来越成熟，越来越从容。搞了绩效工资后，为了平衡工作量，我把班交给了他，我只当副班主任。这个班毕业后，他独当一面做班主任，深受孩子们的爱戴。

朝升虽然说是"跟着李镇西老师学做班主任"，但绝不是亦步亦趋地简单模仿，而是有着自己的创造性智慧。比如，他以新教育理念带班，营造书香班级，创造了"绝对阅读"的班级阅读氛围。每天中午利用半个小时的时间，让孩子们绝对安静地在教室里沉浸在自己喜爱的书籍中。"在这绝对阅读的半个小时中，连最调皮最不爱学习的孩子也那么安静，那么投入！"朝升这么感叹道。又比如，他以小组日记为载体，对学生们进行教育并引导他们自我教育。他曾在给家长的公开信中，这样说——

每天我最幸福的时候莫过于和12位同学"谈心"——阅读、批改他们的日记。因为是四人小组内轮流写日记，这样我每一周能把每个同学的日记至少读一篇——了解他们的所思所想，写下我的感想，和他们交流。有时候，给有些同学写的"批语"，比他们写的日记的字数还要多。虽然每天批阅日记占用我两节课的时间，但是，我乐此不疲，喜欢享受这种交流的幸福。从他们的日记中，一旦发现闪光点，我及时大张旗鼓地表扬，发现问题，及时沟通解决。

朝升一直真诚地说"向李老师学习做班主任"，其实在带他这个徒弟的时候，我真的也在向他学习，他的勤奋、他的纯粹、他的好学……，都是非常值得学习的品质。我这里特别想说说朝升的心态。朝升心态很好，随时都那么乐观、阳光。面对学校一次次考核、评优、选先、提干……，他从来都与世无争，我从没听到过他抱怨一句。他难道就没遇到过"不公"吗？我想肯定也遇到过，但他会以积极的心态去化解，用宽广的胸襟去包容，更主要的是，对朝升来说，还有更有价值的事吸引着他去关注去投入。这里我特别要说明的是，我绝不是主张面对不公不平逆来顺受，不，如果我们的权益与尊严受到了侵犯，我们完全可以也应该依法维护自己的权益与尊严。问题是，由于种种原因，很多时候事情并不那么简单，也不是所有的"不公平"都达到了"法律的高度"，而且种种不公也不可能在一个早晨彻底消失。那怎么办呢？还是得调节心态，从容应对。何况很多时候缠绕我们的不过是一些琐碎的烦恼，完全可以一拂了之。李白有一句诗："空长灭征鸟，水阔无还舟。"不是天空没有飞鸟，而是晴空万里，辽阔无边，一两只鸟简直微不足道；不是水面没有船只，而是烟波浩渺，水天一色，一两只船也就微乎其微了。这是胸襟，也是心态。从某种意义上说，拥有了好心态，便拥有了幸福。我想，朝升正是这样的人。他迄今为止，连区级荣誉都没有。可他依然那么快乐地工作着，因为他信奉"幸福比优秀更重要"。

而在武侯实验中学，这样的老师还有很多。正是有了朝升和像他一样的许多老师的存在，我这个校长才感到了自己工作的价值，并随时都收获着温馨与感动。

2016 年 10 月 3 日

"人要生活在'人'当中"
——读《让教育带着温度落地》

我常常想，其实就根本的教育理念而言，中国大多数校长并没有什么分歧，相反共识多多。比如，大家都赞成"素质教育"，都主张"以人为本"，都认可"因材施教"，都注重"关爱教师"……但为什么校长之间的境界、学校之间的差别有时候会那么大？我认为主要不在理念，而在行动。所谓"知易行难"。

这本《让教育带着温度落地》展示了姚跃林校长鲜活而具体的教育理想和细腻而深刻的教育思考，更展示了他每一天在校园里点点滴滴的教育行动——这里的"行动"，既是为了各种必要的和并非必要但不得不做的"事"，更是为了"事"背后的"人"。就教育理念而言，姚跃林校长可能谈不上有多么"前卫"——无非是常识，但他用行动把这些久违的教育常识"落地"了，而且"带着温度"。

如果去问一些校长的办学思路，他们可能首先想到"教育理想""治校理念""发展规划""课程改革""教学模式""国际视野"……但唯独会忽略"人"——这里的"人"不是抽象的，而是校长每天面对的每一位教师和每一个孩子。无论是作为教师，还是校长，只有走进了人的心灵，才真正叫教育，否则就只是目中无人的"教学"或"管理"。姚跃林校长的可贵，就在于他在别人司空见惯的地方，发现了"人"的存在，感受并传递着"人"的情感、思想、精神。他把自己的心交给每一个孩子。一位高二学生给他写信，反映学校浪费问题，姚校长写下《真的要向学生道歉》："学校是育人的地方，培养学生节约的意识和习惯更重要，学校如不能以身作则，不能切实担负好育人的责任，是需要检讨的。"高三女生请姚校长题字，他写道："前方的路正远，我希望你做一个'幸福的平凡人'，这是一个父亲对孩子的真诚祝福。"学生打球受伤了，姚校长开车送孩子去医院，太太也陪着去，挂号、打针、交费、观察……一直忙碌着。因为孩子空腹不能打针，姚校长还掏钱去街上给孩子买牛奶和面包。姚校长在写这些的时候，行文朴素，用语自然，没有一点矫情和炫耀的意思，因为他说："几乎所有的值周干部、班主任、宿管老师都有过陪同学生看病的经历。"学校文化月的钢琴演奏会上，虽然去观看的人并不多，但姚校长到场了，他认为"至少可以用赞赏的目光为他鼓劲，哪怕只是静静地陪伴。作为老师，什么都不做地注视着他们，或许比读书、写论文、做课题都重要"。读到这些细节，我很感动。这就是一个校长对孩子的"温度"。

他把每一位同事都装在自己心里。读一位老师的博客，姚校长在其教后记的后面"灌水"两千多字，和这位老师切磋教学。他还说："当校长，比别人多一份担忧，这就是来自同事甚至学生身上的疾患和灾难。"不止一次，姚校长为同事的疾病而忧心不已，并想方设法提供力所能及的帮助。姚校长至今还心怀歉疚的是："有一段时间，每天早上6:50左右，总有一位女老师用电动车从宿舍楼接一位女生到教室，女生的脚裹着纱布，女老师戴着大大的头盔，我至今不知道她是谁。距离最近的一次，我从她的眼睛里感觉到了她的微笑。当我准备一定要搞清楚她是谁的时候，女生的脚也许痊愈了，于是这就成了一桩'悬案'。"有时候他的忧虑甚至他自己都感到是"白日做梦"："一次在食堂吃饭，抬头猛然看到一位年轻的女同事，突然蹦出一个念头：假如我手里有一位帅哥，而我又有权'支配'，我立马给那位同事'发'一个……"这样细致入微的情感世界，该有着怎样暖人的温度！

当然，姚校长的"温度"不仅仅是情感的温度，还有源于对"人"关注的思考。苏霍姆林斯基说："教育——这首先是人学。"因此，对教育的思考，实质上就是对人的思考。姚校长的教育理想很朴素也很美好，就是"办一所学生喜欢的学校"。怎么才能让"学生喜欢"？由此出发，他对校园文化、师生关系、教育公平、因材施教、高考改革、家校合作等方面都有富有见地的思考:《教育无非服务》《给孩子以自由的空间》《请尊重体力劳动者》《官僚主义离我们有多远》《高考改革要找准逻辑起点》《归于平淡的"黄冈教育"也许才是真正的教育》《依法治校离不开德先生和赛先生》《教师要"写"有用的教案》《学校为改革而改革就是折腾》……也许你不一定同意他的具体观点,但恐怕你很难不为他源于人文情怀的思考精神所打动。

有意思的是,我在这本书里读到了姚校长反驳我观点的文章《假如最"好"学校招最"差"学生》。去年我在《中国教育报》撰文发问:"为什么最好的医院收治的都是最难治的病人,而最好的中学招收的却是最好教的学生?"不久,姚校长便写了本文也发表在《中国教育报》和我针锋相对地商榷。说实话,当时我觉得姚校长和我的思考点没在一个"频道"上,便没有回应。今天在这本书里重读此文,居然觉得有一种别样的亲切感。做人宽厚善良,为学当仁不让,是我一贯的原则。朋友之间敢于说"不",才是真正的君子之交。人们常说:"求同存异。"其实,有时候只存异不求同也无妨。在争论中,双方都能多一个思考的维度,也不无益处。正是在这个意义上,如果我说我和姚跃林校长是素不相识的"君子之交",该不算是我的一厢情愿吧?

纵观全书,最能引起我共鸣的是这句话:"人要生活在'人'当中。"现在中国教育的最大弊端有许多说法,其实如果要我作最简单明了的概括,那就是——当今中国许多学校,人(教师和学生)并没有生活在"人"当中,而是生活在知识、训练、分数、考试以及各种形式主义的"假教育"当中。陶行知说:"真教育是心心相印的活动。唯独从心里发出来,才能打到心的深处。"校长和老师互相感染,老师和孩子彼此融入,教育才可能真正发生。因此,姚跃林说"让教育带着温度落地",这里的"温度"与其说是"教育"的温度,不如说是教育者的温度,是"人"的温度。

2017 年 3 月 9 日

阅读与反刍
（二）

自己

教育的魅力是永恒的
——重读《做最好的班主任》

《做最好的班主任》是我的一本旧作。今天重翻，不胜感慨。

当初这本著作并不是为了"出一本书"而刻意写的。其实严格说起来，我任何一本著作都不是规划和构思的结果。所谓"规划和构思"，就是先拟一个写作提纲，确定各个章节的内容，然后查找资料，一章一章地写……不是的。我从参加工作开始，就有写教育随笔和学生故事的习惯。每天发生了什么值得记录的事，我总是当天就写下来。也不为发表，就是一种类似于写日记的那种习惯。后来有杂志向我约稿，我就把这些文字根据编辑要求改一改，就发表了。再后来，出版社向我约稿，我就整理交稿。迄今为止我出版的60多部著作，都是习惯性写作水到渠成的成果。

多年前，我曾写过这样一段文字："我不止一次地庆幸我是一个教师，因为与青春同行使我的心永远年轻；而且我特别庆幸我是语文教师，因为这使我能用一双'文学的耳朵'随时倾听'花开的声音'，并把这种世界上最美的声音用文字表达出来。"这本《做最好的班主任》也是这样诞生的。

曾有读者问我："几十年来，天天写这么多的教育文字，你是如何坚持下来的？我真佩服你的毅力！"是的，在旁人看来，我似乎是很有"毅力"的。但我不觉得这需要什么"毅力"，因为这是我本身的"需要"，而这种"需要"已经变成了习惯，就像每天再忙再忙也要洗脸刷牙一样——难道每天坚持洗脸刷牙还需要毅力吗？写这些文字，并不像有的老师想象的那么"累"那么"苦"那么"坚忍不拔"，因为用文字记录自己和学生每一天的成长,实在是一件非常有意思的事!注意:这里,我没有说"有意义"而是说"有意思"——有意义当然是不言而喻的,但首先是"有意思"!你想想,夜深人静的时候,我一边回忆着当天发生的事,一边在键盘上一个字一个字地敲下来,清脆的键盘声宛如生命时钟的秒针在"嘀嗒嘀嗒"地舞蹈,同时我也就真切地感受着生命原来是这样有韵有味有声有色地流过!我记录的也是学生成长的过程,因此,写的同时我的确是在真切地聆听着"花开的声音"。我和学生那"逝者如斯"的生命之水连同无数朵晶莹的生活浪花,便因为我的日记而永远地凝固了下来。若干年后,我这些文字,便会回到那一个个阳光灿烂的日子,我会重回青春时代。这,难道不是一件很有意思的事吗?

所以,教师职业对我来说,既是付出也是收获,既是吸收也是表达,既是思考也是感动,既是教育也是文学……

当然,在日新月异的时代,没有什么永恒不变的做法可以穿越时空。比如在互联网时代如何做班主任,我这本书就没有涉及,因为当年还没有出现这个问题。但教育的一些原则却是永恒的,比如教育的人性,教育的民主,教育的个性,教育的互动,等等。只要有人类存在,这些原则恐怕都不会过时。这可能就是这本《做最好的班主任》至今还受老师们欢迎的原因吧!

现在一些学校,比如北京十一学校,连行政班都取消了,班主任工作是否还有"市场"?这似乎也是一个"新问题"。但我认为,班主任工作的核心是"人"。虽然行政班不存在了,人却还存在。只要还有学校,只要还有教育,只要还有"人",班主任工作中科学而富有人性的教育理念和做法,依然会有生命力,而且这样的生命力必然还不断向前发展。

比如,面对一个后进生,无论多聪明的教育者,也无法预料明天他会给自己惹什么祸。也正是在这个意义上,我说过:"教育,每天都充满悬念!"这里的"悬念",主要就是我们通常所说的"教育的难题"。期待着每一天的"悬念",进而研究、解决不期而遇的"悬念",并享受解开"悬念"后的喜悦,然后又期待着下一个"悬念"……如此周而复始,这便是教育过程的无穷魅力!无论互联网怎么发展,无论行政班取消与否,这样的教育魅力都将存在。

人的永恒决定了教育的永恒，教育的永恒决定了教育艺术的永恒。这里的"永恒"也意味着，育人艺术的不断创新与发展。而这正是我期待更多年轻教师在实践中写出更棒的《做最好的班主任》的理由。

2016 年 1 月 9 日

知识分子的尊严和一个国家的荣光
——读《干校札记》

关于顾准,我读过他的《顾准文集》,也读过他的传记《拆下肋骨当火把:顾准全传》。长期以来,顾准在我心中一直高居云端般巍然神圣。现在这本148页的《干校札记》,把顾准请到了我身边,使我得以近距离平视这位杰出的思想家。作者徐方当年只有15岁,随母亲来到干校生活。40多年后,她把当年的所见所闻记录了下来,这让今天的我们能够通过一个孩子明澈的眼睛,看到这位思想家作为一个普通人在那个非常年代的常态生活,感受到他的从容呼吸或怦然心跳——

"借着昏暗的灯光,我偷偷看了那人一眼,只见他瘦高个子,戴着一副眼镜,在那里默默地吃着。心想,这个伯伯好可怜啊!"

"我开始注意他,发现他很少讲话,总是拼命干活儿。一次看见他一个人在那儿筛沙子,不停地挥动铁锹,干了很久很久……几年后,我们一起回忆干校生活,他说当时精神已经濒临崩溃,是想通过拼命干活儿使自己麻木,忘掉痛苦。"

"干校期间他尽管是斗争对象,却颇有几分傲骨,从不卑躬屈膝。一次开完批斗会,他对我说:'别看我前面头都快低到地面了,其实后面尾巴都快翘到天上去了。'"

……

这样的顾准,我们在顾准自己的文章中是看不到的。这样的视角也只有和顾准一起在干校生活过的作者才具备。正如顾准的学生、著名经济学家吴敬琏先生所说:"这本书既不是从'五七战士'的视角,也不是从政治运动参加者的视角去描述干校生活,而是用一个少年人的眼睛去观察非常特殊的环境下成年人的活动,常常能够在成年人习以为常的事物中看出异于常理之处,因而弥足珍贵。"

如果顾准只是满足于非常年代的"生活常态",那他就不是顾准了。正是在那个恶劣环境中,顾准以一种穿透历史的眼光,探索着中国的未来。他孤独而艰难地思考研究:新中国成立后,为什么会出现1960年前后的困难时期?为什么会发生"文化大革命"这样的政治运动?计划经济为什么没能让中国人富裕起来?中国要建立怎样的经济体制和政治制度,才能真正实现现代化?……在共和国最黑暗的岁月,他却试图回答"娜拉出走以后怎样"的问题,即当革命成功砸碎了旧制度、旧秩序、旧文化之后,如何建立新制度、新秩序和新文化?

顾准的思想求索当然不是自干校才开始的。他在1957年发表《试论社会主义制度下的商品生产和价值规律》,便提出应以市场价格的自由涨落来调节生产。他因此被打成"右派"并开除党籍。在干校,他已是"戴罪之身",却依然冒险继续着他的探索思考。顾准的观点无疑非常大胆且超前,他因此被公认为是在中国第一个提出社会主义条件下市场经济理论的人。顾准的观点启发和影响了孙冶方、吴敬琏等著名经济学家——后者沿着顾准的思想方向继续探索。他们的思想成为30年之后中国建立社会主义市场经济的重要理论资源,为改革开放起到了推动作用。

用今天的话来说,顾准的研究就叫"思想创新",但在那个特殊的年代,却被认为是不能容忍的"思想异端"。本来,在一个生机勃勃的社会,思想创新的权利应该属于每一个公民。人类思想发展史告诉我们,所谓"思想创新",往往就是"思想超前"。可以说,历史上所有新思想的萌芽,最初都是"不合常规"的;而一旦付诸行动,都是"违法"的。远如哥白尼的"日心说",近到小岗村的"大包干"。然而,这些创新后来都成了人类社会的基本常识和主流。顾准当年所苦苦思考探索的"市场经济",今天不已然成为中国走向富强走向现代化的选择,成了中国特色社会主义伟大事业必然的经济制度了吗?尊重每一个公民思想创新的自由,给"异端"以宽容,给思想以等待,这应该成为人类思想发展遵循的规则。

可当年的顾准没有得到这样的宽容，相反他遭到了种种非人的迫害，并承受着与亲人分离的痛苦。尽管如此，顾准还保持着知识分子独立思考的风骨与尊严。正如邵燕祥所说，因为有了顾准，"一代知识分子才挽回了集体名誉"。

读《干校札记》，我理解了为什么李慎之会在《点燃自己照破黑暗的人》一文中引用泰戈尔的诗句形容顾准："如果你在黑暗中看不见脚下的路，就把你的肋骨拆下来，当作火把点燃，照着自己向前吧！"不过顾准拆下自己的肋骨当火把所照亮的，不是自己脚下的路——他并非看不见脚下的路，他照亮的是中国人民走向未来的路。今天，社会主义市场经济成了绝大多数中国人的共识，或者说常识，但我们不能忘记，当年顾准为了提出这个常识，竟需要"拆下肋骨当火把"，付出自由与生命的代价。

让我忍不住落泪的是，他的"肋骨"熊熊燃烧之际，也正是他的生命遭遇绝症之时。他生命的最后岁月是极其不幸悲惨的。在最需要亲情的时候，亲人却都远离了他——

> 据母亲讲，顾准在生命的最后几天心情非常不好，伤心至极，甚至可以说是绝望。他后半生虽历尽坎坷、饱受磨难，却依旧热爱生命，留恋这个世界。希望借自己的不懈研究，为国家、为人类做出贡献。他对母亲说："生活毕竟是美好的！我才59岁，真不愿意死啊，我还有很多事没做完……"他为没来得及把已经日臻成熟的许多思想写出来而痛心疾首！
>
> 顾准伯伯仍然苦苦盼着孩子们来看他，时时刻刻等待着他们出现，他对前来探视的七弟声音哽咽地反复说："我想他们（指他的孩子们）想得好苦啊！"……
>
> 可是，所有的努力都白费了，得到的答复只有两个字"不去"，理由是"怕受爸爸的影响"。……
>
> 顾伯伯的六弟陈敏之在他去世两个月后，写了一篇纪实文字《悼念五哥顾准同志》……其中写道："11月27日，当他明确获知重之最终不会来，其他几个孩子也不肯来看他，情绪异常激动，连续四个小

时都不能平静。第二天，他对前来探视的三妹和七弟说：'想不到过去写的那个东西（指断绝关系的声明）竟有这么大的效力啊！'从这天起，他的病情急转直下，迅速恶化。仅仅过了不到5天，就永远离开了人世。"

在生命的最后几天，顾伯伯总是两眼长时间直勾勾地盯着天花板，吃力地大口喘息，内心的苦楚难以诉说，他实在是心有不甘啊……

历史并不仅仅是"大人物"的叱咤风云，也并不仅仅是"大事件"的波澜壮阔，还有和人物事件相关联的无数细节。有细节的历史才是丰满的历史，也才是真实的历史。上述这些细节，不但丰满并还原了一个有血有肉的顾准形象，而且让今天的年轻一代看到，在中国并不遥远的过去很长一段时间里，"亲不亲，阶级分"的"政治立场"是如何扼杀了亲情，泯灭了人性，践踏了良知，毒化了心灵！

在当时的中国，顾准的遭遇绝不是孤立的"个案"或偶然的"特例"，而是至少两代知识分子在一个特殊时代的必然命运。这本书显然不仅仅是写顾准，还写了在干校生活的一群知识分子。下放到河南息县"干校"的中国科学院哲学社会科学部（中国社会科学院的前身），集中了当时中国顶尖级的知识分子，可谓藏龙卧虎：经济所的顾准、骆耕漠、巫宝三、赵人伟，语言所的吕叔湘、丁声树、陆志韦，文学所的钱钟书、俞平伯、何其芳，宗教所的任继愈，还有当时算年轻人后来成为中国著名经济学家的吴敬琏等等；然而这些学者大师来干校并不是来研究其专业的，而是干各种体力活：拉沙子、拉木材、拉石灰、搭脚手架、卸砖、砌墙、挑水、打井、割麦、种豆、积肥、喂猪、运粮、修路、做煤饼……在本书中，我们看到吕叔湘卖饭票，钱钟书当邮差，何其芳、任继愈养猪，俞平伯夫妇为豆腐坊选黄豆、为盖席棚搓麻绳……劳动本身当然无高低贵贱之分，但让中国一流的学者大师来做这些简单粗笨的农活，无论如何是对国家人才资源的极大浪费，更是对知识尊严的极大轻贱。

曾继司徒雷登之后任燕京大学校长的陆志韦，1949年严词拒绝国民党给他发出的去台湾的邀请而毅然留在大陆。20年后到干校时已经是76岁的老人,他被安排的活儿是养猪,仅仅干了两个月,身体便不能支撑,有一次竟然晕倒在养猪场。这样的劳动,对年迈体衰的学者们来说,无疑是一种身体的折磨。

除了身体的折磨,还有精神的"改造"。宗教所所长任继愈,在"斗私批修"会上说,刚开始背粪筐觉得不好意思。一次碰到一堆粪,为拾还是不拾犹豫徘徊了很久。他说他这时想到了毛主席的教导:"最干净的还是工人农民,尽管他们手是黑的,脚上有牛屎,还是比资产阶级和小资产阶级知识分子都干净。"于是,他在羞愧万分的同时豁然开朗:原来不是粪脏,是自己思想脏。于是他把粪拾了起来。不知"文革"后回到北京担任国家图书馆馆长而不再拾粪的任继愈,是不是感觉自己的思想又变"脏"了。

干校"思想改造"最成功的体现是"告密文化"的盛行。虽然都是高级知识分子,可有人为了自保,而不惜以告密换取安全或"上进"。贺某请当时还算年轻人的吴敬琏帮他修收音机。几个月后,吴敬琏被打成"'五一六'反革命分子"。这时贺某向军宣队举报说,之前他从吴敬琏那里取回修好的收音机,打开后发现那个台是"美国之音"。结果"偷听敌台"就成了吴敬琏的罪状之一。

因此,干校并不只是知识分子被"改造"的地方,也是知识分子互整的场所——这可能正是干校需要达到的"思想改造"的成果之一吧!按当时官方的说法,干校的使命是"再造新人",就是把那些所谓的"资产阶级知识分子"再造为"共产主义新人",但最终这个目的达到了吗?作者在本书里勾勒了干校政治运动背景下的知识分子群像,记录了批判斗争气氛中的告密文化、犬儒心态等。正如吴敬琏在本书序言中所说:"这其实是被扭曲人性的记录,与共产主义实在扯不上什么关系。"

今天和后来的读者可以看到,在高级知识分子集中的干校,知识是怎样被嘲弄的,教养是怎样被践踏的,高贵是怎样堕落为卑贱的,善良是如何屈从于无耻的……而这一切,都是在无比高尚的"革命"名义下庄严地发生的。

从某种意义上说,知识分子的脸面代表了一个国家的荣光。在任何时代,如果代表思想和智慧的知识分子可以任意被羞辱被践踏被摧残,那么一个国家和民族也就没有了尊严,文明必然也就停止了前进的脚步。很不幸,中国就曾经有过这样黑暗的年代,它叫"文革";中国曾经有过这样屈辱的地方,它叫"干校"。

感谢作者徐方以朴素而真实的文字将自己在这年代这地方的耳闻目睹记录了下来,让读者深切体会到,为了开启今天的改革开放,我们民族的优秀分子曾付出怎样的代价;中国特色社会主义伟大事业,是多么的来之不易。铭记过去,是为了珍惜今天,并更加从容而坚定不移地走向明天。这是本书的珍贵价值所在。也正是由于这个原因,我认为这本薄薄的《干校札记》,注定将成为描写"文革"时代知识分子生活的经典之作。

2016年7月3日于成都至合肥的航班上

与苏霍姆林斯基精神相遇
——读闫学《跟苏霍姆林斯基学当老师》

暑假里,我给许多老师推荐阅读书目,其中一本便是《跟苏霍姆林斯基学当老师》。作者是闫学老师,她是我敬佩的一位小学语文特级教师。

钱理群教授在评论已故马小平老师时曾经说过:"不要看轻中学教师的意义和价值,更不要低估一个普通的中学教师他的生命力量所能达到的高度和潜能。"我经常套用这句话对小学老师说:"不要看轻小学教师的意义和价值,更不要低估一个普通的小学教师他的生命力量所能达到的高度和潜能。"我说这话的时候,想到的是斯霞、霍懋征、李吉林、窦桂梅等当代一大批杰出的小学老师,当然,闫学老师也是其中之一,这本薄薄的《跟苏霍姆林斯基学当老师》就足以证明其作为一名小学教师的"高度和潜能"。

我一直在中学工作,和小学语文界基本上没有接触,因此和闫学老师交往不多,不过,她的这本小书却让我产生了强烈的共鸣,她对苏霍姆林斯基著作的评价同样也是我的感受:"在他的著作中,我们处处可以感受到那流淌在字里行间的悲悯的情怀,对心灵的关切,对人性的尊重,以及永不言弃的理想与信念。这些蕴含在无数个鲜活而细腻的案例中,使我们感受到一个人之所以成为人的尊严,感受到作为一个教师的悲欢与忧乐。"30多年来,我不止一次地读过苏霍姆林斯基著作的全部中文译本,每次阅读都是一次心灵的洗礼。我曾这样说过:"我每次捧起苏霍姆林斯基的著作,甚至会忘记自己是在读书,像是正徜徉在情感的无边原野,飞翔在思想的万里晴空,品味着一首首灿烂的教育诗篇,观赏着一片片绚丽的人文风景……"感谢闫学老师，让我重温了这样美的享受。

闫学老师这本书迥然有别于我读过的其他专家研究苏霍姆林斯基的著作。如果说那些著作是纯粹从理论上来研究——这也是有意义的，那么闫学老师则是以一名普通的中国教师的立场来感受、理解苏霍姆林斯基的。注意，这里我在"教师"之前加了"普通"和"中国"两个定语，意在强调这是一线教师的理解，这是立足于中国教育现实的解读。正如作者在该书后记中所说，希望"能从一个教师的立场，结合自己对苏霍姆林斯基的理解，紧密联系当下中国教育的现实做一些思考"。而这，正是《跟苏霍姆林斯基学当老师》一书最大的特点。

作者试图从五个方面和读者分享苏霍姆林斯基："教师的智慧是照亮前方""教育就是升高免疫力""以天地为课堂""用一辈子备一节课""世界上的一切都与你有关"。而这五个方面分别是谈苏霍姆林斯基著作中的课堂教学、人格教育、教育的全面性与丰富性、教师素养与教师成长、教育的人性之美与人类之爱。特别要指出的是，闫学老师没有简单地罗列苏霍姆林斯基著作中的相关文字，或理性地进行阐释分析，而是以散文随笔的行文方式，谈苏霍姆林斯基的观点与做法，谈自己的经历，谈其他老师的案例……夹叙夹议，娓娓道来。虽然是谈对苏霍姆林斯基的理解，但闫学老师绝不是一味地重复教育家的思想，而是站在巨人的肩上，在表达对巨人崇敬的同时也表达着自己的教育理解。融情感于思考，寓思考于叙述。

比如《教师上课就是表现自我》一文，作者先从著名学者成尚荣的一次提问说起："你认为名师是否应该有鲜明的教学风格？"作者作了正面的肯定回答，并明确提出："我个人追求一种如茶般幽远芬芳的课堂教学风格。"然后作者谈了名师教学风格的意义，并强调"教育工作也应该有鲜明的风格"，不但名师应该有自己的风格，普通教师也应该有自己鲜明的教育教学个性。由此作者谈到了苏霍姆林斯基对他眼中优秀教师的赞叹："他们的教育技巧的最主要的特征就是表现自我，即把自己的精神财富展示在学生面前。"而这里，闫学老师自然又引出一个关键问题：教师本人是否有一笔丰富的精神财富？于是，她又讲了民国时期重庆南开中学一位叫孟志荪的语文老师：他渊博的学识，他丰盈的思想，他雄辩的口才……

由老一辈教师的精神世界和课堂境界,作者又谈到今天新一代教师的成长:如何处理好"学习名师"与"形成风格"之间的关系?接下来,作者向我们展示了苏霍姆林斯基的课堂情景:"他不仅是一个教育家,同时又是一个作家、诗人,他正是在自己的课堂上给孩子们打开了一个异常丰富、迷人的精神世界。"最后闫学老师以自己引发争议的一个课案《冬阳·童年·骆驼队》为例,表明了自己在这堂课中所体现出来的鲜明的教学个性、智慧与精神:"主张此课教学的立足点不在'知识',而在于感受氤氲在文字中的丰富、唯美的情感内蕴,从而对学生进行人文熏陶。"就这样,闫学从苏霍姆林斯基的教育思想出发,经过中国现实的教育实践,回到自己的理解,最后得出结论:"我们在教育教学中展现的是自我的智慧与精神。因此,我们每时每刻都应该去丰富自己的精神世界,最终把这完全属于自我的形象展现在学生面前。"坦率地讲,读到这里,我在心里也琢磨了一会儿,我觉得这个话题还有讨论的空间,但无论如何,闫学老师这样贴着地面、贴着心灵解读苏霍姆林斯基,让我感动;这样建议老师们"跟苏霍姆林斯基学当老师",对今天的中国教师是富有指导意义的。

因此,这本《跟苏霍姆林斯基学当老师》绝不是那种"理论二手贩子"式的小册子,而是一本紧扣中国教育田野且富有个人独到见解的著作——

> 美好的、符合人性的教育毕竟是我们追求的目标,它是一种信仰,一种激励我们的力量。人总是向往光明的,为了人的教育也同样应该如此。只要我们把人放在第一位,我们就一定能够突破当下坚固的壁垒,教育的天地将变得广阔而充满魅力。(《以天地为课堂》)
>
> 打破学科界限,具备开阔的视野,是一个优秀教师区别于一般教师的重要特征。如果说深湛的专业知识是一个优秀教师必备的底色,那么开阔的视野则是一个优秀教师必需的空间。(《每一个教师都该成为学校的骄傲》)
>
> 每一个父母、每一个教师都应该懂得,在我们非常看重的那些东西之外,还有更为宝贵的东西,比如善良的心地,那是人之所以成

自己培养自己

为人的核心所在，那是已经在我们的教育价值体系中被忽略很久的东西。要让"善良"这一人性中最美好、最珍贵的东西在童年时代就扎下根来。我们的孩子，他们应该成功，但更应该善良；他们可以不成功，但不可以不善良。（《让善良在童年扎根》）

始终去寻找那个未被发现的领域，坚信可以找到它；然后浇灌这一丝萌芽，使之长大；鼓舞这一星火苗，让它猛烈燃烧。这就是教师在这过程中应该做的事情。（《让学生喜爱你的学科》）

……

这样的观点，这样的文字，如此地打动我，不仅仅因为闫学优美的文笔，更因为她真诚的情怀。我是在读闫学老师，好像也是在读苏霍姆林斯基，甚至是在读自己。或者说，在阅读中，闫学老师和苏霍姆林斯基，还有我，已经融为一体。

不仅仅是闫学老师和我，我相信，所有用整个心灵去阅读苏霍姆林斯基的教育者，都会感到自己与苏霍姆林斯基天衣无缝、浑然一体的精神契合。今天，闫学老师的《跟苏霍姆林斯基学当老师》让我想到了我曾经说过并更加坚信的一段话："尽管中国不是苏联，我们所处的时代与苏霍姆林斯基的年代也有很多不同，但是，教育的人道、人情和人性是跨越民族的共同追求，人的发展和人的幸福是超越时空的永恒主题。只要人类存在一天，教育就会薪火不灭；而只要教育不消失，苏霍姆林斯基的魅力就不会衰退。"

2016年8月12日

告诉你一个更加真实丰满的苏霍姆林斯基
——读《追寻的脚步》

1988年底,我收到了远方寄来的一本译著《中小学集体教育学概论》。这是一本介绍苏联中小学班级教育的著作,寄书人也是翻译者:吴盘生。当时我对这个名字很陌生,在此之前从未与吴老师有过任何形式的交往,但吴老师在来信中说,他关注着我当时在报刊发表的一些文章,觉得我和他有着共同的教育情怀,便把自己刚刚出版的译作寄赠给我"指正"。

我一个刚参加教育工作几年的小伙子,哪敢"指正"专家的大作?但对吴盘生老师的感激之情,无论当时还是现在,我都难以言表。从此我和吴老师成了忘年交,他时不时通过书信对我进行指导和鼓励。1997年写《爱心与教育》时,我在后记中列了一长串对我成长有过重要帮助因而必须感谢的人的名单,吴盘生老师是其中之一。而当时,我们还没见过面。

我们第一次见面,是他给我寄书十年后的1998年11月,我在北京"纪念苏霍姆林斯基八十华诞教育思想国际研讨会"上,见到了吴老师。由他担任翻译,我和苏霍姆林斯基的女儿进行了简单的交流,正是通过吴老师的翻译,我听到了卡娅对我的鼓励:"您是中国的苏霍姆林斯基式的教师";还听到了她想收我为研究生的想法,卡娅说:"我想把您培养成中国的苏霍姆林斯基。"虽然后来由于种种原因我并没有成为卡娅的学生,但她这份情谊我一直记着。可以说,在中国有两位专家是我和卡娅联系的"纽带",也是我走近苏霍姆林斯基的"捷径":一位是北师大的肖甦教授,一位便是吴盘生老师。

最近一次通过吴盘生老师近距离感受苏霍姆林斯基,是前天——2016

年12月23日,从成都到哈尔滨的飞机上,我一口气读完了吴盘生老师的新著《追寻的脚步——结缘苏霍姆林斯基教育思想》。苏霍姆林斯基教育思想传到中国30多年来,这位教育家的著作和有关他的著作已经很多很多了。但我认为这本《追寻的脚步》有着不可替代的独特价值。

作者既是教育者,又是外交官,还是翻译家。吴盘生老师曾经在中学任教,熟悉基础教育,且经验丰富;后来到教科所工作,有着比较扎实的理论功底,研究能力自不必说;再后来又被调到中国驻乌克兰大使馆担任一等秘书和办公室主任,有着开阔的国际视野;翻译了包括苏霍姆林斯基的文章在内的许多乌克兰和俄罗斯教育论著。多年来,吴盘生老师一直穿梭于中国、乌克兰、俄罗斯之间,多次访问苏霍姆林斯基家人,并和他们结下了深厚的友谊。

这样一位有着独特优势和视角的学者写出的苏霍姆林斯基,自然非同一般。吴老师在书中以自己的亲身经历为线索,生动而详实地记述了自己拜访苏霍姆林斯基夫人、结识苏霍姆林斯基儿子和女儿的全过程,以及他八次参观考察巴甫雷什(也译作帕夫雷什)中学的经过,还有他请教被公认为"译介苏霍姆林斯基第一人"的杜殿坤教授的情景……通过夹叙夹议,吴盘生老师给我们展示了一个更加生动丰满的苏霍姆林斯基。

苏霍姆林斯基的夫人安娜·伊凡诺夫娜说:"1970年8月中旬,新学年开始前,他的健康状况严重恶化。8月下旬,他想坚持工作一会儿,但写作时常常连笔都拿不住了,坚持不下去了,才不得不进了区医院。他在昏迷时常呻吟着反复念道:'真正的人——多么峻峭的山啊……'这是乌克兰著名女诗人列霞·乌克兰英卡的诗句。醒来时,他几次嘱咐我:'安娜,千万当心,别把我写的东西弄丢了……'这就是他的遗言。"

苏霍姆林斯基的儿子谢尔盖说:"如果有人问我一生中最大的财富是什么,我会脱口而出:父亲写给我的信!……家信是父母与子女间以书面语言为工具而展开情感交流的最好纽带,是父辈传递人生价值和处世经验的重要方式,是相互间交流生活感悟的良好渠道。家信是家庭文化的主要内容,是家庭价值判断的承继渠道,是家庭文化水准的显示标尺。"

苏霍姆林斯基的女儿奥丽佳说:"我父亲是一位名副其实的共产主义

教育家，但他的很多主张已经超出了马克思主义原理的范畴了。例如，他突破了苏维埃教育学那千篇一律的刻板教条，以自己独有的教育主张的内在本质、概念范畴、研究态度等，构建了发展个性及培养新人的全新的教育学话语体系；他主张教育应当给予学生选择的自由，培养学生意志的自由，提倡学生作自我评价，从而确认每个孩子个性的不可重复性等，他把'自由'的旗帜亮了出来，并与对义务、责任的培养结合起来；他提倡回归到人性之本，以人为目的，从实践出发，独立思考；在有关集体教育等重大教育观点方面撰文，他指名道姓地批评马卡连柯，大胆挑战马克思主义教育权威，宣传教育的人道主义，主张教师应当用自己的头脑思考，决不可人云亦云。凡此种种，苏霍姆林斯基以自己睿智的思考和过人的胆略，走上了创新之路。他的这些突破性创新，冲击了苏维埃经典教育学的伤疤，他超乎常人的见解和决不妥协的性格，得罪了势力庞大的保守阵营。于是，就不可避免地产生了冲突。就是这种冲突和斗争，耗费了他的大量精力，也成了他英年早逝的重要原因。"

乌克兰前教育部部长克列缅说："苏霍姆林斯基是位思想十分超前的伟大的教育家，30年过去了，他的教育主张不仅没有过时，而且对当前的教育实践和教育科学研究仍然具有指导意义，对教育沿着人类文明方向发展具有指导意义。从哲学角度审视，他的高明之处就在于，能深刻认识教育的本质，突出人的价值，提出了'教育学是人学'的观点，举起了人道主义教育的大旗，这在当时的政治环境下是非常不容易的。"

俄罗斯著名学者、奥伦堡国立师范大学伦达克教授曾是苏霍姆林斯基的学生，后来又成了苏霍姆林斯基的同事，她深情回忆自己第一天走进巴甫雷什中学的情景："那天早上，我到校比较早，因为刚转学进入新学校，升入二年级，所以非常兴奋。我在校门口向校长问好时，他马上叫住了我，领我去他的校长办公室。走进校长办公室，我立即看到，他的办公桌上堆了好几叠本子，两侧靠墙立着很大很大的书橱，里面摆满了各种书籍，好多好多。校长让我坐下后对我说：'瓦莉娅（伦达克教授的爱称）！我一看就知道，你是个好孩子。欢迎你进入咱们的巴甫雷什中学，成为这个大家庭的一员！今天新学年开始，你将进入一个新的班集体。你们的班主任叫玛莉娅·尼古拉耶芙娜,她是位漂亮、和善、聪明、善于关心人的好老师,你一定会喜欢她的。'我记得那天校长对我的态度非常和蔼,充满信任,好像是在与我商量进入那个新班级的事似的。由于谈话的气氛很好,我原有的紧张情绪便马上消失了。我高兴地答道:'好的!听到您的安排,我非常高兴。'校长接着微笑地说:'好孩子!希望你到新班级后好好与其他同学交朋友,发扬你的优点,开开心心地学习,做个好学生!'我说:'好!'上课前,校长搀起我的小手,走出校长办公室,领我去新班级了。"

伦达克在巴甫雷什中学读了11年书,正是苏霍姆林斯基让她改变了原来想当飞行员的志向,报考了师范学院,毕业后又回到了巴甫雷什中学,成为老校长的同事。她回忆起有一年的新年晚会:"新年舞会开始后,我跳了一支舞曲。跳舞时我在想:校长干什么去了?随后我就悄悄离开了舞会,不由自主地来到校长办公室窗前,想看个究竟。站在窗前,我听到了不时传出的校长的干咳声,看到了那灯光在窗玻璃上投下的身影,校长低着头,在奋笔疾书。辞旧迎新之夜,我站在校长办公室窗前,听着校长的咳嗽声,看着校长低头工作的身影,我被深深地震撼了,我的心开始颤抖了,眼泪不知不觉流了下来。此情此景,令我终生难忘!是啊,校长惜时如金!他就这样挺着瘦弱的身体,努力挤出分分秒秒,全身心地为教育贡献着自己的生命!"

没有了苏霍姆林斯基的巴甫雷什中学是怎样的情景?《追寻的脚步》告诉我们,今天的巴甫雷什中学依然有着森林的美丽和花园的芬芳,低年级的孩子依然没有分数的压力,"蓝天下的课堂""到大自然中去上课""思维旅行"依然搞得有声有色,"第二大纲""培养公民"依然富有生命力,同时,在市场经济和互联网时代,学校与时俱进,大胆创新,同样成绩斐然,依然保持着世界名校的魅力。

借着吴盘生老师的眼睛,我们可以走进苏霍姆林斯基纪念馆,看到卫国战争中年轻的苏霍姆林斯基是怎样浴血战场的:1942年2月9日,在莫斯科西郊的勒热夫城下的激烈战斗中,苏霍姆林斯基身受数处重伤,浑身鲜血,在摄氏零下25℃的冰天雪地里,与大地凝成一体,昏迷过去,与牺牲了的同志们躺在一起。一位英勇的战地护士见他尚存一息，十分费力地把他从许多战士的遗体中抢救出来。

在书中，我们还能听到乌克兰教育科学院副院长萨芙琴科教授对当今中国教育真诚而直率的批评："我们参观你们的学校，有时到了下午4:30以后，甚至是傍晚，看到学生还在教室里，教室里灯火通明。而且，学生放学时背的书包很大很重，学生的学业负担是不是过重了？学生们每天有多少自由支配的时间啊？苏霍姆林斯基对减轻学生负担，给学生以自由支配时间是很关注的。没有自由支配时间，怎么可能谈得上自我学习、自我发展呢？我们参观有些学校，总感到有些不协调的现象：如教室设备比较现代化，但教师的穿着很随便，学生的衣着也是皱巴巴的，小脸灰灰的；又如会议室或接待室的家具很高档，但摆放的花盆却是劣质的塑料盆，甚至盆中的花卉也明显缺水、枯黄……苏霍姆林斯基说过，应当对学校的美学环境非常重视，让一切都显得协调、和谐。"

……

这样的关于苏霍姆林斯基的评价，这样的关于苏霍姆林斯基的故事，这样的关于巴甫雷什中学今天的状况，这样的关于对中国当前教育弊端的批评……在苏霍姆林斯基本人的著作中，我们显然是读不到的。

我听过一些教育专家对苏霍姆林斯基"不屑"的言论："不系统""缺乏理论性""没有严密的理论体系""显然过时了""最多不过是一个教育实践家"……但是，苏霍姆林斯基的著作自上世纪80年代初传入中国后，30多年来，没有任何行政命令和"专家引领"，全中国无数中小学一线教师却自发地迷上了苏霍姆林斯基。这不仅仅是因为苏霍姆林斯基的文字通俗易懂，且充满情感与诗意，还因为他的思想和实践紧贴着大地——用今天中国比较"时尚"的话来说，叫"接地气"。而且，苏霍姆林斯基的思想在今天依然鲜活。因为他在教育理论上的原创性建树不但是卓越的，而且是超前的。他关于人的价值的尊重，关于个性发展，关于创造能力培养，关于学校、家庭、社会三者教育合力的形成，关于公民教育，关于劳动教育等等理论，至今还有着现实的指导意义。我们今天津津乐道的"研究性学习""职业技术教育"等话题，都可以在苏霍姆林斯基的书中找到精辟的论述。

今天，读完吴盘生老师的《追寻的脚步》，我感到以前自以为已经非常熟悉的苏霍姆林斯基更加亲切了。我急切地想让所有苏霍姆林斯基的追随者也重新认识这位更加生动丰满的教育家，因此，我愿意向全国的教育同行推荐吴盘生老师的这部著作。

最后，我以九年前参观了巴甫雷什中学后写下的一段话，结束我这篇文章——

> 尽管中国不是苏联，我们所处的时代与苏霍姆林斯基的年代也有很多不同了，但是，教育的人道、人情和人性是跨越民族的共同追求，人的发展和人的幸福是超越时空的永恒主题。只要人类存在一天，教育就会薪火不灭；而只要教育不消失，苏霍姆林斯基的魅力就不会衰退。对我而言，追随苏霍姆林斯基是没有止境的"神圣之旅"。虽然教育之路荆棘丛生，但只要行囊中有苏霍姆林斯基的著作，我们就永远不会孤独。

2016年12月25日于哈尔滨至成都的航班上

教育之爱，呼唤民主与智慧
——20年后再说《爱心与教育》

1997年夏天，我从成都玉林中学调到成都石室中学。在搬家过程中，一张张发黄的老照片和一本本教育随笔触发了我的回忆，这些充满感动的回忆全是关于我和我的学生们的，我决定把这些故事讲述给更多的人听。于是，经过一个月坐在阳台电脑前的"零敲碎打"，《爱心与教育》写成了。当时，我怎么也不会想到，它会激起那么强烈的社会反响，更没有想到它会一直畅销到今天——今年，刚好整整20年。

教育需要爱。这个观点新颖吗？一点都不新颖，老生常谈。这个观点深刻吗？一点都不深刻，常识而已。可为什么一本毫无新意的谈常识的书，能够引起那么大的反响？只能说，在市场经济的今天，教育的爱在某些老师那里已经失落了。人们从书中读到了久违的温馨故事，因而热泪盈眶。本书出版20年了，它至今依然能够让一些读者流泪，这说明人们依然呼唤着教育的爱。但是今天我们重新审视教育的爱，它绝不应该是一种简单的教师对学生的情感，而应该是充满民主精神和智慧含量的爱。

教育之爱应该是充满民主精神的爱。民主的核心是对人的尊重，因此充满民主的爱同样意味着"尊重"——尊重学生，尊重学生的情感，尊重学生的思想，尊重学生的个性，尊重学生的差异，尊重学生的人权，尊重学生的创造力……当然，与此同时，也要教会学生尊重他人。特别要指出，这里的"尊重"还包括对规则（法律和规章制度）的尊重。因此，必要的教育惩戒也是充满民主之爱的固有要素。

不过，针对当下的教育现实，我更想强调的是，尊重学生，意味着教育者要有"儿童视角"。卢梭在《爱弥儿》中这样写道:"儿童是有他特有的看法、想法和感情的;如果想用我们的看法、想法和感情去代替他们的看法、想法和感情,那简直是最愚蠢的事情。"一个有真正民主之爱的教育者,应该在某种意义上把自己变成孩子,即学会用孩子的眼睛去观察,用孩子的耳朵去倾听,用孩子的大脑去思考,用孩子的兴趣去探寻,用孩子的情感去热爱。唯有如此充满民主精神的爱,才能培养出真正同样具有民主情怀和博爱之心的公民。

教育之爱应该是充满智慧含量的爱。这里的"智慧",特指教育的专业智慧。要说对孩子的爱,老师超不过家长,但家长不一定都能教育好孩子,最后还得把孩子送到老师手里,为什么?因为老师有教育智慧啊!但其实并不是每一位老师都有教育智慧的。这样的老师可能为数不少——发自内心地爱孩子,很投入很敬业,几乎随时都守着学生,可依然带不好班;几乎每天放学后都把学生留得很晚,给学生义务补课,可学生的成绩总是考不好。所以有人说:"一个学校最可怕的事情是,一群愚蠢的教师却兢兢业业。"

这样的教师为什么"兢兢业业",因为他有爱呀!爱学生爱教育。可为什么说他"愚蠢"?因为他缺乏专业智慧。缺乏爱的教育是伪教育,但用爱取代一切,也不可能有真正的教育。真正富有教育之爱的教师必须拥有厚重的文化底蕴、丰富的学科素养和高超的育人艺术——这些最后都体现于如何带班,如何上课,如何谈心,如何家访,如何个性化地对待每一个学生,如何化险为夷地处理每一次突发事件等智慧。离开了这一切,空谈对学生的爱是没用的。

没有民主的爱,是专制的"爱";没有智慧的爱,是愚蠢的"爱"。唯有民主与智慧的爱,才是我们需要的教育之爱。从这个意义上,我愿意重复我在《爱心与教育》中的一段话:"一个真诚的教育者同时必定又是一位真诚的人道主义者。一个受孩子衷心爱戴的老师,必定是一位最富有人情味的人。只有童心能够唤醒童心,只有爱心能够滋润爱心。素质教育首先是充满感情的教育,离开了情感,一切教育都无从谈起。"

2017年1月5日晚上

把好书化作自己的灵魂
——我的阅读经历和体会

一

阅读是件非常个性化的事。读什么书，怎么读，这都和阅读者的兴趣、性格、气质、环境、经历、职业等因素有很大的关系，总之是因人而异，没有什么"公式"可套的。但不同的人之间，交流各自的读书心得，互相启发，彼此参考，还是不无意义的。

"读书有什么用？"我的答案很简单：因为我们是"人"。本来，如果仅仅从生物学意义上看，我们如果不阅读，一点都不妨碍甚至危害自然生命的成长——千百年来，那么多目不识丁的文盲不也活了一辈子，有的还很长寿呢！但是，我们又绝不仅仅是"生物学意义"上的生命体，人之为人在于"精神"，而通过阅读，我们可以尽可能完整而完美地建构无愧于作为一个"人"所应有的精神世界。

正如培根所说："读史使人明智，读诗使人灵秀，读散文使人宁静，读小说使人认识社会和人生；博物使人深沉，伦理使人庄重，逻辑与修辞使人善辩。"茫茫宇宙，匆匆人生，"我是谁？""我从哪里来的？""我要到哪里去？"——真正的人才能对自己的生命有这样的追问，于是，就需要我们徜徉于人类精神文明的长廊，在触摸历史的同时憧憬未来，在叩问心灵的同时感悟世界。

我特别赞成朱小蔓教授对阅读意义的看法。她认为，读书是"有助于人的精神成长的积极的情感。我常常想，人若没有这五彩缤纷、波澜起伏的情感体验，生命是那样干枯、生活是那样暗淡，而有着这些情感充盈的生命和生活是那样让人感到满足、享受和向往"。她进而呼唤："让读书支撑我们的生命！"

二

所谓"支撑我们的生命"，就是阅读的意义。但是具体到一本书，我们又很难说"有用"还是"没用"。有些看起来"没用的书"其实对人生有"大用"，比如说《论语》《孟子》；而某些似乎很"实用"的书其实时过境迁之后"一点用都没有了"，比如说《2000年高考复习指导》。

说到阅读的"功用"，又涉及所读书籍的分类。不同的人肯定会有不同的分类法；我根据自己的经历将我所阅读的书大体上分为三类：人生的，教育的，教学的。这三类书对我的价值分别是——宏观层面上认识人生、历史和我们的世界；中观层面上认识我所从事的职业；微观层面上认识并指导我每一堂课的教学。

我这个分类，刚好和网上一个教师的阅读分类有些吻合——教师应该读20%的人文科学类的书，读30%的教育学心理学及职业知识类的书，读50%的本体性知识的书（即与所教学科本身相关的书）。这个分法也是三类，大体相当于我说的"人生的""教育的""教学的"三类书。但我认为，不同的人，三者的比例完全可以不一样。比如对我来说，人生类的书倒占了50%，教育类的书占了30%，而教学类的书只占了20%。我这样分配阅读比例，是基于我的一个理念：要站在人生的高度看教育，站在教育的角度看教学。

在我看来，阅读究竟有没有用，取决于阅读者是否把好书化作了自己的灵魂？这里所说的"化作自己的灵魂"，不是用别人的思想取代自己的思想，所谓"让自己的大脑成为别人思想的跑马场"，而是经过吸收消化后有机地融入并内化为自己的东西。那么，好书怎么才能"化作自己的灵魂"？我的体会是，关键要"读出自己"，或"读出问题"。所谓"读出自己"，就是从书中读出相似的思想、情感，熟悉的生活、时代等等，这是共鸣、欣赏、审美，就是"把自己摆进去"；所谓"读出问题"，就是要读出不明白的地方、不同意的观点等等，这是质疑、研究、批判，就是"与作者对话"。

回忆我自己的阅读，每当我感到心潮起伏的时候，往往不外乎两个原因：要么是从作品中读出了"自己"，要么是从作品中读出了"问题"——前者如我曾经读过的《把整个心灵献给孩子》，我由苏霍姆林斯基所描述的充满诗意的教育故事以及他所揭示的教育那纯真、纯正、纯净的人性之美，想到自己每一天平凡而同样美丽的教育实践，进而心潮起伏，难以自已；后者如我正在拜读的《"教育学视界"辨析》，作者陈桂生教授对许多人们习以为常的教育"常识""公理"进行质疑，敲打着我的心房，使我对作者的质疑以及其他一些教育"常识"也投去质疑的目光，以至放下该书后，我那被作者点燃的思想火把还在继续燃烧。——这种伴随着感情流淌或思想飞扬的阅读，才是真正深入心灵的阅读。

有的阅读，也许只能"读出自己"，或"读出问题"，而有的阅读，则二者兼有。下面我以自己的阅读经历为例来谈谈。

三

人生类的书很广很杂，哲学的，宗教的，政治的，经济的，历史的，文学的，美学的……这些书对于我了解历史、认识世界、形成三观有着潜移默化而又十分重要的作用。

我"文革"期间读中小学，那个年代除了"老三篇"等毛著，基本上（我说的"基本上"）无书可读，但我生长在教师之家，不但我的父母，就连我隔壁的叔叔阿姨都是老师，所以我可以通过各种方式找到"禁书"：《红岩》《创业史》《林海雪原》《草原烽火》《苦菜花》《欧阳海之歌》等；到了"文革"中期的"批林批孔"，我又接触到关于"孔孟之道"的书，后来毛泽东又号召全国人民"认真看书学习，弄通马克思主义"，提倡"读点鲁迅"，于是，从马恩原著及其辅导材料《共产党宣言》《国家与革命》《哥达纲领批判》《无产阶级革命和叛徒考茨基》等到国际共运的读物，还有鲁迅的书，都成了我高中和下乡期间的精神食粮。

这些书的内容涉及政治、哲学、经济、历史等领域。虽然今天看来我读的书依然有限，但在当时毕竟让我的精神世界不那么苍白。少年的我读《红岩》，自然会把自己想成是江姐和许云峰，情不自禁地问自己：如果我也处在那个环境中，能受得了吗？答案往往是否定的，我因此对红岩先烈敬佩不已。这是很肤浅地"把自己摆进去"，确实是一种"读出自己"。后来随着"革命形势"跟风读孔孟，读马列，读鲁迅，很多时候"读不懂"，但经过思考推敲，特别是和周围人的探讨，我有了跨越历史和国度的思考与联想：如果我生活在孔子时代会怎么样？如果我生活在19世纪的德国，会不会也是"第一国际"或"第二国际"的成员，成为马克思、恩格斯、李卜克内西和罗莎·卢森堡的战友？随着时间的推移和时代的变迁，这些书所浸透的阶级意识、政治信仰、思想观点等等，可能会渐渐在我心中蒸发，但通过文学形象所传递并最终过滤结晶的精神内核——正义、理想、气节、忠诚、刚毅、激情……则融入了我的血液，化作了我一生坚贞的信念。这种信念，使我将我的教育视为实现我社会理想的途径。这就是对人生"有用"。

后来参加工作了，几十年来，我读了更多的人文历史方面的书，《史记》《通往奴役之路》《哈维尔文集》《顾准文集》和"近距离看美国"系列等，我同样通过"读出自己""读出问题"纵横交错地审视历史和今天。这样我的精神世界逐渐饱满起来，关键是，看待人，看待历史，看待不同的文化和制度，就多了一些哲学的眼光、历史的眼光、经济的眼光。这种"眼光"，就是我的"灵魂"。我还想说明的一点是，人生类的读物，不一定都是鸿篇巨制，也可以是一些篇幅短小的经典。比如，最近几十年我经常给学生全文朗诵的短篇小说《一碗清汤荞麦面》，如果真的引导学生"读出自己"，文章所蕴含的善良与坚强，自然会融入孩子们的心灵，化作他们的血肉。

如此丰富的阅读，对自己的教育有什么具体的意义或者对自己的课堂设计有什么直接的作用，也许都谈不上；但这些阅读让我的思想丰满起来，视野也变得开阔起来，或者说看这个世界，看周围的人，多了一双眼睛。正如我曾在一篇文章中所说："这些著作的观点我不一定都能理解，或者即使理解了也不一定都赞同,但这些著作不仅开阔了我的思想视野,更主要的是,它们让我越来越明确地意识到自己的身份:'我是一名知识分子!'从那时候起,我就提醒自己,尽管我也许一辈子都只是一名普通的语文教师,但这不妨碍我在三尺讲台上通过语文教育传播人类文化精华,以行使一个知识分子推动社会进步的神圣使命。"

四

教育类的书相对比较专业,这是一种带有职业色彩的阅读,因为我从事的是教育。但我这里指的绝不只是教育学、心理学的教科书(当然也包括),更指教育史专著和教育大师的名著。

这同样是一个琳琅满目的世界:《中国教育思想史》《中国教育哲学史》《西方教育思想史》,中国古代的《论语》《大学》《中庸》,还有国外夸美纽斯的《大教学论》,爱尔维修的《论人的理智能力和教育》,康德的《康德论教育》,卢梭的《爱弥儿》,约翰·洛克的《教育漫话》,赫尔巴特的《普通教育学》,福禄倍尔的《人的教育》,第斯多惠的《德国教师培养指南》,斯宾塞的《教育论》,爱伦·凯的《儿童的世纪》,布鲁纳的《教育过程》,雅斯贝尔斯的《什么是教育》,阿莫纳什维利的"学校无分数教育三部曲"……说实话,读这些书并不那么轻松,但我几乎在读每本书的时候,都能情不自禁地"把自己摆进去",或共鸣,或质疑,以这种方式与作者对话。

比如,爱伦·凯提倡使儿童接触真正的生活,在各种方面遇到人生之真经验;儿童不仅需要了解蔷薇,还需要了解蔷薇上的刺。这个观点很容易让我联想到中国长期以来学校与社会脱节的"纯而又纯"的"玫瑰色教育"。又如,雅斯贝尔斯认为,教育与训练不同,训练是一种心灵隔离的活动,教育则是人与人精神相契合、文化得以传递的活动。教育也不同于控制,控制以被控制者个性泯灭为代价,而人与人通过教育而平等交往就是驱逐愚昧和塑造人格的最有利形式。人与人的交往应是"我"与"你"的关系,而这是人类历史文化的核心。他还认为,教育过程首先是一个精神成长的过程，然后才成为科学获知过程的一部分。我由此想到我多年前写过的一句话："教育，只有从学科转向了心灵，才是真正的教育。"似乎是一个意思，但我不如雅斯贝尔斯说得好，他的论述丰满了我的认识，成了我的"血肉"。这种和作者的隔空对话，真的美妙极了。

更不用说读苏霍姆林斯基和陶行知了，那更是一种愉悦至极的精神之旅。苏霍姆林斯基在《帕夫雷什中学》中写道："少年们夏天想进行'水上旅行'，可是我们没有船，于是我从新学年一开始就攒钱，到了春天，我就从渔民那里买来了两条船，家长们又买了一条船，于是我们的小船队便出航了。可能有人会想，作者想借这些事来炫耀自己特别关心孩子。不对，买船是出于我想给孩子们带来欢乐，而孩子们的欢乐，对于我就是最大的幸福。"

读到这里，工作才两年的年轻的我，忍不住热泪盈眶，因为我想到我曾与学生站在黄果树瀑布下面，让飞花溅玉的瀑水把我们浑身浇透；我曾与学生穿着铁钉鞋，冒着风雪手挽手登上冰雪世界峨眉之巅；我曾与学生在风雨中经过八个小时的攀登，饥寒交迫地进入瓦屋山原始森林……每一次，我和学生都油然而生风雨同舟、相依为命之情，同时又感到无比幸福。这种幸福不只是我赐予学生的，也不单是学生奉献给我的，它是我们共同创造、平等分享的。苏霍姆林斯基写的就是我啊！

《陶行知教育文选》中有这样的话："有人误会以为我们要在这里造就一些人出来升官发财，跨在他人之上。这是不对的。我们的孩子都从老百姓中来，他们还是要回到老百姓中去，以他们所学的东西贡献给老百姓。"我一下想到今天中国的许多"贵族学校"了，所谓"吃得苦中苦，方为人上人"至今还是一些教师和家长对孩子的教育。先生还说："民主教育是教人做主人，做自己的主人，做国家的主人，做世界的主人。……今日的学生，就是将来的公民。将来所需要的公民，即今天所应当养成的学生。"先生简直就是对着今天的中国教育说的。捧读两位大师的著作，读着读着就感觉自己走进了书中，或者作者走出了著作，就在我身边亲切地叮咛我。当我感到苏霍姆林斯说的就是中国，而陶行知说的就是当代时，我真正是读出了"自己"，也读出了今天的中国。

五

教学类的书指的是和我所教学科相关的书，比如有关学科知识、学科教法和学科文化方面的著作。这些书，直接指向我的课堂，因而也是我的必读书，尤其是刚参加工作那几年。

这些书包括教参、教辅、教学法，以及有关听、说、读、写、语、修、逻、文方面的资料性读物，甚至包括诸如《红楼梦鉴赏辞典》之类的工具书。对我来说，读的更多的是著名语文专家的著作和著名特级教师教育思想、教学案例的书。

我感受最深、对我影响最大的还是叶圣陶先生的教育思想。《叶圣陶语文教育论集》上下两册，我是读了又读，几乎翻烂。读他的书，我首先读到的是他那高尚的人格和挚爱孩子的心。他的语言朴实而寓意深远，没有一点"教育家"的面孔和"理论家"的学究气，读着先生的文章就像是在听一位慈爱长者的谈话。正是这位慈爱的长者告诉我，应从"人"（人的心灵、情感、道德、个性及其发展）的高度对待每一堂课，而教育者本身就应该是"大写的人"；应该从社会空间以及时代发展的大背景中把握教育的脉搏，因而教育者还须是博识多才的学者和胸襟开阔的思想者。

《中国著名特级教师教学思想录·中学语文卷》和《当代中国语文教育改革名家评介》也曾是我的案头必备，一有空便翻开品读。于是，于漪、钱梦龙、宁鸿彬、欧阳代娜、洪镇涛、陈日亮、蔡澄清等先生便来到我身边。读他们的书，我更是以"读出自己，读出问题"的心态，让心灵燃烧，让思想飞翔：如果我也上这堂课，我会怎样上？为什么这里会这样处理？如果不这样上，会怎样？还有没有比这更好的上法？对这些问题的思考，就是大师的思想化作自己"灵魂"的过程。

比如，于漪老师的书中曾有这样一个课堂教学细节。她讲《木兰辞》时，有学生问她："木兰每天行军打仗，为什么她的战友没有发现她是小脚呢？"于漪老师回答："木兰那个时代的女人还没有裹足缠脚。"学生追问："那中国是从什么时候开始要求女性裹足缠脚的呢？"这把于漪老师问住了,但她坦然回答:"我不知道,但我下课后一定会去查询。"后来于老师果真就去研究,最后给了学生满意的答复。这个细节对我影响很大,所谓"影响"不是说我遇到类似的提问也说"我不知道,但我可以查",而是作为一个教师,面对学生超出我们知识储备的提问,这种真诚坦然的态度,这种承认自己不足但愿意虚心学习的精神,正是对学生的教育与感染。之后在我的课堂上也遇到过类似的情况,我都以这种态度对待。这就是把于漪老师的思想化作了自己的血肉。

我不反对读具体课文教法的参考书,特别是年轻老师,但读这些参考资料最忌讳依赖。特别是和教材配套的"教师用书"里,连每一道作业题的答案都写出来了。如果长期依赖它,教师会养成不动脑子研究的习惯,这样专业素养必然退化。所以正确的态度是,既要参考,又不能被这些资料牵着鼻子走。怎么才能做到这样呢?我的做法是,备同一篇课文时看不同的资料,了解不同的观点,然后自己作比较和判断。这最能锻炼教师的思考研究能力。我长期订阅《中学语文教学》《中学语文教学参考》《语文教学通讯》和《语文学习》,每期杂志到了,我都要做资料索引。这样,无论我备哪篇课文,所有有关这篇课文的资料便汇聚于我的眼前,供我研判,最后通过比较研究这些参考资料所得到的观点,便是自己的"灵魂"。

多年前,我在一篇文章中谈到引导学生阅读时,这样写道:"引导学生在课文中读出'自己'读出'问题',就是让学生与作品在精神上融为一体。"那么作为教师,我们的阅读同样应该是让自己"与作品在精神上融为一体"。唯有这样,我们的阅读才真正走进了作者的心灵,也让作者的思想情感化作了我们的灵魂。因为"从来就没有人读书,只有人在书中读自己,发现自己或检查自己"(罗曼·罗兰语)。

2017年1月11日

行走与思考

一所让人惊奇和感动的学校

我们今天上午参观考察了台湾新北市成福国民小学，学校位置比较偏，类似于处于城郊结合部，是在一个山坡上，所以进校门得上一段台阶。知性而端庄的张乃文校长在校门口迎接我们。在一间会议室，校长作了简洁而真诚的致辞，然后由教务主任给我们介绍学校的课程建设。从教务主任的介绍中我们得知——

成福国小建校已有98年，全校共有11个班，学生总数195人。其中家境弱势的学生超过60%，特殊学生（自闭症患者、智力障碍者等）占10%。近几年来，成福国小的校本课程编写以学校愿景为核心，结合学校所在地的历史人文与自然环境的特殊性，开发了成福国小特有的"人文教育课程"与"环境教育课程"。这些课程分为"生态环境""环境行动""生活应用"和"艺文创作"四大类。其中，"生态环境"包括：以水为家的植物、昆虫游乐园、赏蛙呱呱呱、鸟类的衣食住行、台湾蓝鹊的故事、微距摄影；"环境行动"包括：生态纪录片、动植物复育、生态伦理、生态游学；"生活应用"包括：社群与游戏、影像与生活、网路的应用与安全、庆典与生活；"艺文创作"包括：主题摄影、生态写生、数位绘画、微电影、生态部落格。

不仅仅是开发这些课程，而且围绕这些课程，整个校园还有教学农园的设置、水生植物池的整理、透水铺面的铺设、生态教学橱窗的布置、生态步道的踏查到生态湿地的规划……因此，目前在校园内记录到的生物相当丰富，共有水生植物131种、鸟类40种、蛙类11种、蜻蜓38种……这一切，让孩子对家乡有了更深切的了解，进而培养了孩子爱护乡土与自然的情怀。最近几年，学校共得到两次"教学卓越奖"，并荣获"信息科技融入教学典范团队"。

说实话，在听校长和主任介绍时，我虽然感到了一些新意，然而并不十分激动。因为我在大陆许多学校听过太多的"创新"和"特色"，但大多言过其实——说的有十分，做的最多有三分。那一套又一套"理念""模式"等等，多半正是拿来应付参观者的。

但是，我们走出会议室后，校园所展示出来的一切，让我们每一个老师都感到了惊奇。

我们听了一堂课，不，应该说是"看"了一堂课。这堂课叫什么名字我忘记了，但它带给我的震撼实在太深了。主任把我们领到了一个水塘边。水塘不大，周围青草灌木，水面莲叶浮萍，塘中水草茂盛。一群手持尼康单反相机的孩子穿着青蛙服（齐腰的桶状的防水服）来到塘边，主任提醒他们："如果相机不小心掉进水里怎么办？"孩子们回答："马上把电池取出来！"主任很满意："对的。只要把电池取出来就没事了，相机打湿了不要紧，放入电烘箱里烘干就可以了。但千万别关机！好，下去吧！"孩子们从一个木质的台阶上，慢慢下水。水很深，孩子们缓缓地在塘中移动着身子，举着相机对着各种植物或昆虫拍照。

我完全蒙了，心想这是什么课，居然这样上！主任告诉我，这个水塘是人工挖的。原来这里是一幢老房子，但地面老渗水。后来发现这里原来是一处地下水源，于是干脆把房子扒了，挖了一个水塘。于是，这里便成了环境课程的最好课堂。

看着水中特别开心的孩子们，我问主任："虽然孩子们都拿着相机拍，但我理解这并不是摄影课，你们的主要目的也不是教孩子们摄影技术，而是以摄影为载体对孩子们进行生态环境教育。"主任说："是的，我们通过这种孩子喜欢的方式，让他们感受自然，热爱生命，保护环境。"我又问："孩子们手中的相机是家长买的，还是学校提供的？"他说："全部由学校提供。因为我们学校的学生家庭经济情况一般都不好。"

我们又来到塘边山坡上的一排木桌前，上面摆着水果打浆机、木方框的筛子等等，几个孩子正忙碌着。原来孩子们是在自制手抄纸。孩子们给我们讲解说，先把青草采来剪成一小段一小段的，再用水煮，然后用水果打浆机打成浆，倒进水里，最后用筛子过滤……这样，一张最原始的手抄纸便做成了。我看孩子们熟练地操作着，心动了，便按照他们说的步骤操作起来。几分钟后，我做的纸也成功了。

离开了水塘，我们转校园，看到一个青蛙的雕塑。走近一看，不是雕塑，而是一个青蛙外形的炭窑。老师告诉我们，学校原来有一些几百年的古树，被台风吹断，留下很多枝干，于是他们便在校园一角筑了这座窑，让孩子们实践怎么烧炭，还把烧的炭制作成炭笔，学校绘画课上孩子们用的素描炭笔都是他们在这个窑里面烧制的。

紧挨着这座蛙窑的是一台古老的砖灶。老师们在这里对孩子们进行传统生活的教育。当然，这里所说的"教育"依然不是抽象的说教，而是体验。孩子们在这里做饭，煮汤圆……

在操场边上，我们听一个可爱的胖胖的小男孩给我们讲解微距镜头里的昆虫。他开始有些紧张，刚一开口就说不出来了，只是对着我们一边想一边傻乎乎地笑，模样儿太可爱了。这时一位老师走过去，问他："你从微距镜头里面看到的是什么？"这么一问，男孩很自然地回答，接下来他的讲解就很从容了。后来我们得知，这男孩是一个智力障碍者，但通过摄影找到了快乐和自信。学校专门为他举办了个人摄影作品展。

我走过去，和这孩子聊了起来。我问他叫什么名字。他大方地告诉我，并用手指在桌上给我写是哪几个字。我乐了："原来你姓李啊！我也姓李，咱们李家的孩子，就是了不起！"他笑了。阳光照在他的脸上，他显得特别纯真可爱！

操场一角有一棵大树，两层楼房也只有大树一半那么高。树下，一个孩子手持一根长长的金属杆，杆儿的顶端捆绑着一个相机。另外两个孩子给我们讲解着他们和这棵大树的一些故事。原来，这树上曾经有不少鸟巢，大树太高，他们无法上去拍摄。于是他们便在一根长长的金属杆上面捆绑相机，并用数据线将相机与 iPad 相连接。于是，这根自制的自拍杆便可以拍摄树上的鸟巢，并通过 iPad 观察树上的鸟儿。真是太有趣啦！

放眼校园，房子是旧的，教室是旧的，操场是旧的，到处都有泥土和青草。校园里也没有刻意的所谓的"校园文化建设",我没有看到"办学理念""校风""教风""学风"之类的表述,也没有看到各种花里胡哨的"校园文化墙"之类的。但该校所有的教育追求,都写在了孩子们快乐的脸上。

想起大陆的许多小学,特别是名校,我不禁对同行的老师感慨:"在大陆,许多学校越来越精美、豪华和高大上:水磨石地面,瓷砖贴墙,喷泉水池,天文馆……总之,地面早已经干净得没有一点泥土了。孩子们在这样的校园里,被要求'规范行为''文明休闲',还有什么'轻手轻脚,轻拿轻放,轻言细语',整个学校就没有孩子尽情撒欢甚至撒野的地方!而这里的校园,如果按大陆某些验收标准,硬件就过不了关。但这里却是孩子们的乐园!这才是学校!"

让我和老师们感动的,还有这所学校的老师对孩子的爱。这种爱,体现在课程开发既从教育者的理念出发,也着眼于满足儿童的天性和情趣——正如我说过的:"好的教育,应该既有意义,又有意思。"也体现在对每一个孩子,包括特殊儿童的关照,让他们感受到生活的快乐和作为一个人的尊严。

离开学校的时候,我们在校门口合影,我特意把那个小男孩叫上,让他和我们一起合影。张乃文校长特别对我们说:"我知道你们下午要去台北市立建国高中。那里的生源和我们学校的学生完全不同,有许多方面是不好比的。"我没完全听懂张校长的话,但出了校门口,我特意回头握着张校长的手说:"你们让我惊奇和感动!成福国小,是一所真正充满爱的学校!"

下午,我们参观台北市立建国高级中学。该校是台北最牛的中学,已建校118年。接待的老师告诉我们,建国高中生源超好,高一录取率为1%,是夺得各科奥赛金牌最多的学校;高三毕业1000余名学生,考上台湾大学的就有600多人!马英九就是这个学校毕业的学生。

我一下明白上午离开成福国小时,张校长为什么要说那番关于"生源"的话了,她是担心我们下午看了市立建国高中的"赫赫成果"而轻看成福国小。其实,正如张校长所说,这两所学校是不好简单比较的。我也无意否定市立建国高中。但是，一所只教"优生"的学校和一所对所有普通孩子倾注爱心与智慧的学校，我显然发自内心地更敬佩后者。

　　我很自然地想到了大陆的一些类似于台北市立建国高中的名校牛校（但大陆的名校牛校很少主动说自己生源好）。于是在和该高中校方的交流中，我提了一个问题："为什么最好的医院收治的都是最难治的病人，而最好的中学招收的却是最好教的学生？医生与教师各自的价值在这里区别开来了。教育的意义何在？"

2016 年 3 月 31 日

新竹道禾实验教育学校印象

有可以让孩子爬树的学校吗？

有的。这所学校在台湾新竹，它叫"道禾实验教育学校"。

校长陈端仁看上去很年轻，说话的时候手势很大，表现出一种年轻的激情，包括他在这棵枝干横着长的大树下给我们讲"我们学校的孩子经常在这里爬树"时，都有一种孩子的气息。

我们围着这棵树，听着陈校长的讲述。这棵树的造型实在太奇特了。据说它本来和其他树没什么两样，如果不是外力的压迫，它现在应该也是笔直的，但十年前第一批道禾实验教育学校的孩子进校时就开始爬它。爬着爬着，它的枝干开始横着长，有的枝干几乎与地面平行。

从大陆来的我们自然会担心"安全问题"，陈校长好像看出了我们的心思，说："不用担心安全，孩子们越爬越熟练，就越不容易掉下来。当然，为了以防万一，我们在树下铺了一层厚厚的树叶，并画了一个圆圈，表示孩子们在树上不能越过的界限。当然，这也不是强行规定，而是给学生一个提醒。"

因为这个细节，道禾实验教育学校就在我心中与其他任何一所学校区别开来了。

关于台湾的道禾实验教育学校，我早有所闻。但今天身临其境，依然感觉大开眼界。走进校园，好像走进了田园：草地、树林、菜园、水池、窑炉、棚架，还有沟渠以及一群穿着雨鞋在沟渠里劳作的孩子。陈校长给我们介绍说："那是六年级的学生正在动手做栈道。"

不远处的草地上，一群孩子围着一位老师坐着，估计是在上课。但又完全没有我们印象中的"课堂气氛"。老师和孩子都那么放松。我们听不见他们在说什么，但每个人的脸上都写满了淡然而自然的笑意。

经过几棵大树，我们看到树下有一块长黑板。陈校长说："这里也是上课的地方。"我问："教室？"他点头："嗯，也可以这样说。"他们当然也有"正儿八经"的教室——室内的教学空间。但其实这样的空间也不"正儿八经"。陈校长带我们来到楼上的"教学区"——这是我根据其功能估计着命名的，我看到每一间教室都不像是教室，而是像家——有客厅，有书房，这是孩子学习的地方；还有厨房，里面有烤箱、电锅、电磁炉⋯⋯校长说："学生可以烧菜、煮饭、洗碗。"我问："孩子住校吗？"他回答："不，我们学校的孩子都不住校，但他们应该学会一些生活的技能。"

我们参观教室时，看到孩子们进进出出，走来走去，彬彬有礼，落落大方。我问校长："这是下课时间吗？"校长回答："现在是留白时间。""嗯？留白时间？"陈校长解释道："可以理解为下课时间。"我看到教室里，还有孩子围着老师谈话。校长介绍说："我们每间教室都配备一个生活导师和一个协同导师，就像一个家里的妈妈和爸爸，妈妈总是一直陪伴着孩子们，不管上什么课，而爸爸有时会在家里，有时会出去上课。他们的办公室就在教室里。"

我眼前所见的一切，正是道禾教育理念的必然而自然的体现。我想到了道禾教育的创始人曾国俊先生。他主张道禾教育应该是华人传统文化的教育，这种教育应该发生在生命真实的遭遇与体验中，而不是语言概念化、工具理性、拿来主义。传统文化在生活里、在经典里、在大自然里，离开生命的遭遇、真实的体验，文化就很脆弱。短短时间，我初步看到了教育在生活中在自然中的"真实发生"。

在互动交流环节，我问了陈端仁校长几个问题。我问："道禾实验教育学校还是按传统的班级授课吗？作息时间是怎样的？"他回答道："是的，我们还是班级授课。我们早晨读经，上午一般是上通常意义的人文知识课，比如语文、数学、外语，还有自然、社会等等。下午就是孩子们根据自己的兴趣上各种课，或者说开展活动。"我的第二个问题是："你们的课程，是不是也像大陆一样，有所谓'国家规定的统一课程'和校本课程？"

他回答说:"我们上午一般就是上你所说的统一课程,下午就是我们自己的课程。但即使是统一的课程,我们用的也是自己编写的教材。"

从刚才陈校长给我们播放的视频中,我已经了解到该校的"校本课程",包括登山、书墨、茶道、弓道、剑道、书法、二胡、直笛等等。这些课在大陆许多学校只是社团活动的内容,而在道禾却占有相当"主体"的分量。

于是,有一个问题在我心中自然而然地产生了。我问:"我理解道禾是以注重传统文化为重点的教育,你们的环境,你们的课程,都体现出浓郁的自然气息和中国气派。但我想,理想的教育目标,是培养背靠中国而面向世界的人,用比较流行的说法就是'走向世界的现代中国人',所以我想问的是,道禾实验教育学校如何在培养孩子中国文化内涵的同时,又让他们具有世界胸襟、全球视野和现代意识?"

可能是因为时间紧迫,也可能是我没表达清楚因而影响了陈校长对我提问的理解,他对这个问题的回答不是太让我满意。他说:"我们当然不可能让学生回到古代,我们只是给他们一些中国文化的传递与熏陶;我们现在也有许多国际交往,每当这时候,我们都让学生出面接待,让他们与各国的人交流。"

出于礼貌,我没再追问。其实,虽然我非常认可也很赞赏道禾"最中国"的教育,但我们不能培养"唯中国"的教育。我来道禾实验教育学校之前,就了解到曾国俊创办道禾教育的初衷。他说:有一天我突然想,如果联合国教科文组织官员站在面前问我,可不可以推荐一下属于你们自己的教育,让我把中国教育的经典案例介绍给全世界认识,就像华德福学校、蒙台梭利体系、瑞吉欧教育一样,你想介绍哪一个,我能数得出来吗?很惭愧,我不能。"于是曾国俊放下一切事务,全力开始了他的造梦之旅。"媒体这样报道。

我则认为,无论华德福,还是蒙台梭利,或是夏山,他们的根本教育理念和中国传统教育其实是相通的。无论因材施教,还是亲近自然,我们都可以从孔夫子的教育思想中找到中国版本。哪分什么"东""西"?

当然,在中国教育的中国元素越来越稀薄的今天,强调并强化教育中

自己培养自己

的传统文化，是非常必要的。因此，我对包括道禾在内的所有在这方面努力的学校肃然起敬，这份敬意是真诚的。

  我在微信上写道："融入自然，连通生活，回归传统，尊重天性。这就是我理解的新竹道禾实验教育学校。"其实，新竹道禾实验教育学校，只是道禾实验教育学校的三个校区之一，另外在三义和新北还有校区。我仅仅是在新竹校区看了短短的两个小时，所感所思是盲人摸象呢，还是管中窥豹？我将继续关注并思考道禾教育。

    2016年4月1日傍晚从新竹至花莲的大巴上

台北市奎山中学掠影

一

"你们谁是不喝珍珠奶茶的?"

一进校门,台北市奎山中学执行董事王立天博士第一句话,让我们感到很是意外。没想到他会以这句话开始对我们的接待。

有四个老师举手了。"好,那剩下的就是要喝奶茶的了。那么,要喝奶茶的老师里,有多少老师要喝热的,多少老师要喝冰的?"王博士继续问。

经过举手调查后,王博士拨通了电话,把数据告诉了学校的另一位老师,要他按照这个数字准备珍珠奶茶和茶。

"这么细心啊?"老师们开始窃窃私语,惊讶于这位学校管理者如此细心又贴心。

他给我们每个人都发了名片。我看名片上写的是"奎山中学",便问:"你们这是一所中学?"王博士说:"其实我们学校的教育包括了从幼稚园到高中的各个学段,但按注册的有关规定我们的校名必须写中学。"至于为什么"必须写中学",他没细说,我也没追问。

他接下来的话一下"击中"了我:"我们学校平时是不接待参观的,因为我们不想让孩子们安静的学习环境受到干扰。学校不是拿来参观的,是用来让孩子们学习的。但因为今天是清明节,学校放假了,没有学生,所以我今天才接待大家。"

这话引起我强烈的共鸣。我在成都市武侯实验中学担任校长时，曾在《中国教育报》发表文章声明："武侯实验中学谢绝参观！"我的理由也是"学校不是超市，不是公园，不是商场，不是景区，学校是孩子读书的地方，需要宁静。"没想到，我在这里找到知音了。

紧接着，王博士说："我们不愿接待参观者，还有一个原因，如果有人来参观，特别是官方组织的参观，我们就会不得不要求学生统一服饰，统一说法，还要教他们什么能说什么不能说，如果能说的应该怎样说，等等。这就是在教孩子作假。而我们不愿让孩子说假话。"

二

比如校门。

我们进校的时候，看到奎山中学的校门又小又旧，当时没在意，以为是学校历史悠久，而忽略了校门的整修。谁知这是人家故意为之。

王博士说："大家进来的时候，看到我们学校的校门又小又旧，是不是？那我们为什么不注重校门的修建呢？请问，学生用得到大门吗？用不着。漂亮的校门是给领导看的，孩子们不需要那么漂亮的校门，他们需要的是篮球场、沙坑、秋千、大树，还有各种各样好玩的东西。那我们为什么要修校门呢？没有必要。所以，我们应该经常问问自己，我们的教育真的是以学生为本吗？"我们都点头称是，我脑海里立即浮现出许多高大上的校门。

我们站在操场上，看到许多篮球架，三五个篮球就在篮球架下面的网兜里。原来，奎山中学的篮球不是放在体育器材保管室，而是放在操场上的篮球架下，目的就是为了让孩子随时都可以打篮球。

相信我们一般学校的篮球，都是放在保管室，学生要打篮球都要去登记然后借出。王博士问我们："你们回家看电视会不会借遥控器？不会吧！那孩子为什么要借球？因为篮球是学校的财产，怕弄丢弄坏，可见，篮球不是为学生存在的。"

篮球在奎山中学是消耗品，它的存在是为了服务学生，而不是学校财产。奎山中学大概有300多颗球，到底多少，谁也不清楚，因为这个数字并不重要。重要的是，篮球放在操场还是保管室，这体现了教育的立场是以学生为本位，还是以管理者为出发点？这是基本价值问题。

当然，篮球也不都是随时"自由"的。操场边一棵树下有一个大网兜，旁边有几个字："篮球的监牢"。原来，在奎山中学还有一个规矩，就是要求孩子打完篮球后必须"物归原主"，即把篮球放回篮球架下。如果随地乱扔，老师捡到篮球就丢进"监牢"。谁也拿不到篮球了。有一年的11月份，全球场一个球都没有，全部进了"监牢"，这是对乱扔篮球行为的惩罚，也是让孩子们学会一种责任。当时学校组织大家讨论为什么会发生这种事。

教育就是这样发生在生活中的，而不是老师在教室里的说教。

我们还看到操场上有许多篮球架，但这些篮球架都不是"标准高度"，而是有高有低。王博士解释说："我们这样设计，是为了照顾不同身高的孩子打篮球。"这就是站在儿童的角度设计学校的一切。

我们注意到学校六层高的教学楼居然没有楼梯。那学生怎么下楼呢？原来教学楼侧面有一个不锈钢的旋转滑梯，孩子们可以从六楼一圈一圈地滑到地面。王博士说，六楼的孩子最快可以在7秒之内从教室到达地面拿球。

真是好玩儿！想象一下，下课铃一响，孩子们纷纷顺着滑梯风驰电掣，"从天而降"。这多么富有儿童的情趣！"还不只是好玩，我们的目的是，让孩子可以迅速地活动。"王博士解释说。

可孩子们又怎么回教室呢？"爬上去。"王博士说。我们看到，在旋转楼梯的中心，有一个类似于烟囱形状的高高的金属爬梯，上课的孩子们便攀爬着到达每一层楼，再进入教室。

奎山中学学制是从幼儿园到高中，学生将近600人。因此我们首先想到的自然是"安全问题"——拥挤、跌摔，等等。可王博士说："我们的大课间有30分钟，下课时孩子们密集地顺着滑梯下来是没问题的。而上课时，孩子们是陆陆续续攀爬回教室的。我们不要低估儿童的自我保护能力。孩子们通过滑梯进出教室，从来没出过事。"

三

奎山中学是全台湾唯一不提供午餐的学校。学校坚持要家长每天中午都为孩子送便当或盒饭。为什么？就是为了让孩子们每一天都能够感受到亲情。学生一天在学校八个小时，在打开便当的那一刹那，他感受到的是来自家人的温暖。不管便当的味道如何，在孩子嘴里都是最香的，因为是来自爸爸妈妈的午饭。手中的便当，让他知道他的亲人就在不远处看着他。

奎山人认为，教育有五大要素——阳光、空气、水、亲情和营养。但"亲情教育"不是主题班会上老师的说教，也不是演讲比赛或征文比赛，更不是刻意煽情让孩子和父母抱头痛哭的所谓"感恩"教育。父母给孩子送午餐，这是一种发生在生活中的自然而然的教育，或者说，叫润物无声的感染。

这和奎山中学追求"家"的校园氛围有关。在一段视频中，我们看到毕业典礼上，高年级的大哥哥大姐姐都是牵着低年级的小弟弟小妹妹入场的。那情景相当令人感动。这也是奎山中学的教育。他们特别强调教育中的手足情深、兄友弟恭、长幼有序。王博士说："在我们校园里面你听不见孩子讲脏话。为什么？哥哥姐姐不讲，弟弟妹妹就没有机会学。幼儿园小朋友骑着脚踏车满场跑的时候，他的眼睛会偷瞄穿制服的小哥哥；孩子踢足球的时候，他在看哥哥打篮球，眼睛里满是羡慕。孩子期待着长大。"

在台湾，有很多学校有所谓的"幼小衔接"问题，这些在奎山中学从来没有发生过。为什么？"孩子期待着长大"。

奎山中学的篮球比赛不是以班为队的比赛，而是高年级的孩子带着低年级的孩子组队进行比赛。"我们的理念是让学生组成一个家，要有家的氛围。哥哥姐姐带着弟弟妹妹搞活动做游戏，这就是家的感觉。"

"家的感觉"，我一下感受到了这所学校的温馨之处，并情不自禁地问："除了打篮球是哥哥姐姐带着弟弟妹妹一起玩，还有哪些方面也是这样的呢？"王博士说："多了，比如出去露营，搭建帐篷，都是大孩子和小孩子一起动手做。还有每年新生入学典礼和毕业典礼，都是大孩子牵着小孩子的手走进会场。这种兄弟情谊，就是家的感觉。"

王博士又说："我们的小孩子都是跟着大哥哥大姐姐一起长大的，大哥哥大姐姐的一言一行都是示范，你看着大哥哥大姐姐的言行，你还敢放肆吗？学校的好多活动，都是跨年级的。"

奎山中学没有小卖铺，但每天早上都会为老师和学生准备丰盛的早餐：鸡蛋、牛奶、馒头、面包、点心等。而孩子们每天都去领自己的早餐，也为老师送早餐。早上，幼儿园小朋友就会推大独轮车，"翻山越岭"地去领他们的早餐，独轮车很重，三个人推就要协调，你推去我推回来。领到早餐，就装在篮子里，然后在楼下通过滑轮送到各楼层各教室。这种互帮互助，也是一种"家的感觉"。

奎山中学给孩子们营造了一个非常温馨的"家"，但这家里不仅仅是温馨，还有家庭成员之间互相比试互相激励的"同侪效应"。比如，校园里有一间树屋。班上的女生都爬上去了，男生怎么可以爬不上去？当然要试试看，在没人的时候偷偷练。这种勇气、冒险精神和自我挑战，可能是老师在教室里难以教会孩子的。

从某种意义上说，教育，就是给孩子提供一种真实的成长环境。

四

奎山中学是一所能够"让孩子撒野的学校"。

他们首先从场地上就让孩子拥有撒野的宽阔空间。王博士说："我们的教育法规是从成人的角度订立的，比如认为幼稚园的孩子比较小，每人占地两平方公尺；中学的孩子比较大，每人占地 10 平方公尺。错了！越小的孩子占的空间应该越大。所以你常常在学校看到那种很小的小朋友骑着脚踏车满场跑，而其他大点的学生就一个篮球场、两个乒乓球桌。而一个大人呢，一个牌桌就够了，打麻将三天都不会动。什么时候你会蹲下来真正看孩子的需要？"果然，我们在奎山中学看到，除了一幢教学楼，更多的空地都留给了孩子们。

王博士说："有的学校不准孩子出去玩，出去撒野，怕收不了心。错错错！为什么要让孩子去撒野？学校的目的是为了什么？是不是为了学习？是。那好，学习辛不辛苦？辛苦。那你学校有没有提供一个场域去帮助学生缓解学习的辛苦？让孩子撒野，这些跟学生的学习有什么关系？当然有。教育的五大要素——阳光、空气、水、亲情和营养，一项都不能缺。你在培育你的孩子的时候，如果这五项没有到位，不要跟我谈课程、教育和教学，那是做不好的。当他顺着滑梯下来的时候，当他在操场上打篮球的时候，当他在树上爬的时候，当他在撒野的时候，五项教育元素之中，他得到了什么？阳光、空气。这是最重要的。尤其是空气，当他活动到满头大汗的时候，说明什么？说明新鲜空气让他血液里的氧气增加了。当他回到教室里，脑袋是新鲜的还是糊涂的？他的学习是不是有效的？"

因此，奎山中学的校园环境不是为孩子"学习"准备的，而是为他们"撒野"设计的。比如，校园里有很多树。

第一类是"爬"的树。孩子们下课后可以爬上爬下，特别开心。操场边有台北市唯一一座树屋。屋子真的是建在树上的，树继续长，那屋子就歪了，然后就用柱子把它撑起来。要爬上这树屋，绝对是要手脚并用，手脚协调。这就是在训练孩子的平衡能力，协调能力。而且孩子爬上树后，登高眺远，心情特别好，然后跟下面的孩子挥挥手，下面的孩子也会要急着上去。

我们同样本能地担心："孩子会不会摔下来？"王博士说："确实有过，但小孩子摔摔怕什么？揉揉腿，拍拍土，就好了。孩子没那么娇气！"

第二类是"吃"的树。芒果、莲雾、桑葚、香蕉……满校园都是。奎山的教育人认为，"爱护大自然""爱护地球"对孩子来讲太抽象了，自然从哪里开始？从嘴巴开始。认识大自然，从吃开始。

校园里有不少桑树，是为孩子养蚕而种的。孩子养蚕的过程，就是体验生命的过程。当蚕开始结茧的时候，孩子拿小剪刀把它剪开，放在扇子的骨架上，会织出一把扇子或者斗笠来。那一刹那间，孩子才发现，原来蚕跟人类社会是有关联的。这就是大自然的人文韵味，让孩子明白大自然跟人文其实是有关系的。"所以养鸡不是为了养鸡，养蚕不是为了养蚕，种菜不是为了种菜。"王博士说。

第三类是"观"的树。就是学校的景观。在教学楼旁边，是几排挺拔的椰子树。王博士是本校1974年的毕业生，他回忆说："这些椰子树种下的时候，我刚好上初中三年级。当时老师就问我们：你们知道为什么在教室外面种椰子树而不种枫树、榕树吗？一方面当然是为了不让茂密的树叶遮挡教室里面需要的阳光，更重要的是，椰子树的树形很美。当你在教室里面，你知道外面是一片小树林，春天婀娜多姿，下雨了滴滴答答，情绪自然而然就放松了。夏天我们教室外面都挂着常春藤呢！"

连种什么树，心里都装着孩子，这就是教育的"儿童视角"。

五

"请李老师来体验一下，抱着这棵树，眼睛闭起来，10秒钟。"在一棵大树下，王博士对我说。

我用双手抱着树，耳朵贴着树皮，闭上眼睛。周围的一切声音都消失了。

10秒钟后，王博士问我有什么感觉。我说："非常静。"王博士说："是的。当人闭上眼睛贴着树的时候，四周一片寂静，心情也自然放松了。这是非常奇妙的。"

所以在奎山中学，小孩子闹脾气罚他去干吗？去抱树。

在两棵大树之间，有一个摇椅。这摇椅其实相当于"心理辅导室"。当孩子犯错误的时候其实他自己情绪也很差，你还拉他去房间训他？于是，老师便带孩子到树底下，坐在这摇椅上摇一摇。往往摇到第三下第四下，孩子的情绪放松了，他什么都愿意跟老师说。

在奎山中学，连惩罚都和谈心和树发生关系。的确，学校尽量为孩子提供亲近自然的机会。比如，学校每年要花几十万台币来养这个草地。曾经很多人建议学校把草地换成人工草坪，但他们坚持不用人工草坪。因为他们认为，孩子的成长离不开土，离不开草，离不开沙，离不开水。孩子脱了鞋在草地上奔跑时，那种脚丫子踩着青草的质感，是用钱都买不到的。

校园里有三个沙坑。奎山的老师们认为，孩子自己挖沙坑以及挖好后在沙坑里玩，这里面蕴含了孩子成长所需的许多要素。王博士说："我们的教学现在谈创意，你们觉得老师在教室里能够把孩子的创意教出来吗？可以把团队合作教会吗？你往沙坑边一站，首先会发现什么？第一，创意；第二，团队合作；第三，每个孩子的特性。每个孩子的特性在沙坑边都一览无遗。团队，创意，合作，全部能在沙坑里面发现。还有，孩子所有手的动作全部能在沙里面学到，这在人体解剖学上都是非常重要的，可是今天在台湾的许多学校，一个沙坑都不见了。"

　　曾经有一个导演来奎山中学拍纪录片，一进校园见到沙坑激动得不得了，因为他儿子所在学校的校长，上任第一天就拿水泥把沙坑埋了。为什么？因为觉得脏，怕学生玩野了。王博士还谈到，他女儿在念四年级时，她的老师有一年时间不准孩子们玩沙坑，理由是什么？脏。"我听到后，眼泪都差点落下来了。而我们学校，有三个沙坑！"王博士非常自豪地说。

　　学校巴不得孩子把自己埋在沙坑里。所以老师们要带着孩子去玩沙，从玩沙中能体验出太多的教育原理。太多的东西是教室里面教不会的。

　　除了沙坑，奎山中学还有假山池塘。因为他们认为，大自然有山有水，那学校也应该有山有水。我们来到假山前，有独木桥、有吊桥，还有跳石。王博士要我们注意那块半截浸在水里的跳石："可能有老师会觉得这跳石没什么了不起的，但是，请大家蹲下来看看这跳石。"我们纷纷蹲下去看。果然，当蹲下来看这跳石和假山以及水的时候，我们发现石头很大，水面很宽，山很远。我们一下恍然大悟，当我们蹲下来从孩子的高度看周围的一切，我们看到的不是成人眼里的世界，而是孩子眼中的世界。因此做教育不要老是以成人为本位，要以孩子为出发点。这就是"儿童视角"。

六

　　教育即生活，是一种真实的生活；教育，也是体验，是一种自然的体验。在奎山中学，这种生活体验无处不在。

在奎山校园听王博士给我们讲述的时候，"喔喔喔——"时不时传来嘹亮的鸡鸣。在台北市区的学校里居然有鸡叫，让人有点梦幻穿越的感觉。那鸡鸣来自教室外面的一个个鸡笼。

奎山中学的孩子们养鸡是非常精彩的事。从鸡蛋开始孵，观察记录……这是生活体验。奎山教育者认为，让孩子养鸡这件事蕴含着两个很大的题目：第一是生命教育。鸡死了，孩子哭，老师带他把鸡埋在树下，告诉他生命的虚幻与永恒。过几天孩子跑到树下，把鸡挖出来看变成什么样子。第二是责任教育，就是责任感的养成。孩子们排队轮流来喂鸡养鸡，到了期末放假，他们把鸡养得又肥又大，或吃掉，或卖掉，或带回去继续养……面临取舍，作出抉择。其实人生就是一连串的抉择。通常都是老师下命令让孩子这样做那样做，没有让孩子自己作抉择的，而学会选择的过程非常重要。"请问有多少老师能够带孩子养鸡？养成或养不成不是重点，重点是过程，哪怕最后鸡全养死了也没关系。"王博士说。

说到"过程"，王博士给我讲了一件"好玩"的事："前年有一个班养鸡，他们开始设计鸡所，还有什么休闲区、睡觉区，真正开始做的时候发现自己眼高手低、知易行难，建的鸡舍破破烂烂，根本和设计不符，但在这个过程中，孩子们同样有收获。"

学校还种菜，现在还保持着一洼洼的菜畦给小朋友种。每一个班级都是种可吃的蔬菜，为什么？还是奎山教育人那句话：认识大自然，从吃开始。蔬菜被虫吃掉了怎么办？要不要用肥料农药？用了农药还是不是有机？这些问题都要孩子思考，这个过程太重要了。

我们来到一排类似于平衡木的木架前。这是专门供孩子搭桥用的。木架有一米高，木架与木架之间的距离有两三米。应该说，孩子搭桥从这边搭到那边，是有一定危险性的。"但是，你可以发现什么？"王博士问我们，然后他自己回答，"工程设计。搭桥的时候当然危险，他会跌，但摔一次他就知道什么叫作平衡了。我们不要过度保护孩子，不要低估孩子自我保护的能力。孩子本身就喜欢这样玩儿，开心得很，何况在玩的过程中他会学到许多非常有用的东西。所以我们的确不应该以成人为本位去看孩子。学校出了很多很多建筑师，不知道跟这里的搭桥有没有关系。"

自己培养自己

学校还有许多跷跷板、秋千等玩具。在过度强调"安全"的今天，这些东西在许多学校已经绝迹。但奎山中学的老师们不让"安全问题"妨碍孩子的成长，他们相信"野孩子才有春天"。奎山中学的孩子种菜，把菜种在金属罐子里，因此他们要做的第一件事就是从家里找一个废弃的奶粉罐带到学校，然后学会在奶粉罐上扎孔。"于是，你会看到一群小朋友拿个打榔槌坐在那边敲敲打打，危不危险啊？我告诉你，学校50年间没有一个孩子砸到过手。"王博士说。

不要低估孩子的自我保护能力。以"安全"的名义剥夺真正的教育，就是剥夺孩子的童年。

七

学校的幼儿园不教写字，因为奎山教育人认为，孩子的肌肉还没有发育好，他可以握笔画字但不可以捏笔写字。幼儿园也不教算术，因为算术在生活中发生。校园里有许多脚踏车，小朋友们看这些脚踏车，每一个都有一个号码。骑完了15号就会还到15号这里来。他们私下里都会传言："第8号脚踏车最好骑。"教学从生活中发生。

我们走进一个室内空间。我说"室内空间"而不说"教室"或"阅览室"，是因为这里既不像教室也不像阅览室，虽然这里的确是图书馆。里面所有的椅子都是彩色的，这是为了让孩子在这里读书有一种轻松的心情。这里从来没有人对书进行管制，虽然他们也教育孩子读了书应该放回原处，但假如有孩子把书带回家去了也不要紧，因为奎山教育人认为这说明那本书到最适合的读者手里了。

我说这个图书馆不像图书馆，还因为这不是学生借书的地方，而是学生自我学习的地方。所以老师们在有限的空间里把图书馆变成一个学生自我学习的地方，按照孩子阅读的需要，让所有书都方便取阅。这里的所有家具都可以动，以方便孩子以各种姿势阅读。室内有一个隔板很厚，可以做临时大黑板。这里还有投影仪，需要时就是上课的空间。但这里是孩子的空间，没有老师来指导，所谓"上课"就是让他们自我学习和交流。

奎山中学的教室也很有意思。通常的教室走进去，看见的是一排整整齐齐的灯光。而这里的教室，进去后看见的都是不规则的灯光，这是为了让坐在不同位置不同角度的孩子都能够吸收到同样明亮而柔和的光。

奎山中学所有孩子在中午都有一个小时的午睡时间，而且都是躺下来睡的，而不是趴在桌上睡。为什么那么多孩子近视？根据科学调查和研究，孩子趴着睡的时候其实压迫了视神经。因此，学校努力创造条件让孩子们都能躺着睡午觉。但没那么多的床怎么办？低年级的孩子是睡在躺椅上。学校在做椅子的时候，设计的椅子靠背是可以放下来的，放下来就成了一张床，这样小朋友便可以躺下来睡了。每把椅子都是20年不换，因为每间教室都有工具箱，螺钉、锤子都有。椅子坏了，都是孩子自己修。

高年级的孩子则睡在床上。因此，在教室后面都是双层木床。床靠窗边，干脆让孩子可以直接从窗口爬进教室然后直接上床。孩子们觉得有趣极了。那么，孩子们是否会摔下来？反正直到现在，还没有小孩子摔下来过。这再次印证了奎山教育人的那个观点：不要低估孩子的自我保护能力。

学校所有的作业都不会用电脑做，更不用iPad，而是手写。奎山的老师认为，现阶段就是要训练孩子的基本能力。另外，老师也不教孩子们计算机编程。他们认为教孩子编程一点道理都没有。"五年后计算机会变成什么样子？不知道，今年刚好是iPad上市五周年，五年前会有人想到电脑是这样子玩的吗？为什么我们要教小孩子去做五年后还不知道存不存在的东西？"王博士说。

但我们看到教室外面的墙上贴着许多手写的菜谱。王博士说，这就是编程。"写一个食谱就是编程的基本能力。编程是干什么？处理资料。什么是资料？就是食材嘛！你怎么把食材一步一步搜集起来，再做出来，这就是编程啊，这就是编程最基本的能力啊。所有东西都可以在电脑上找资料，但必须用手来完成。"

如此生动自由的奎山中学是一所私立学校，但它一样要参加体制内的各种统一考试，包括升学考试。50多年来，奎山中学以出色的教育质量在台湾赢得了良好的口碑，这证明了真正的教育即使在"应试的镣铐"中，同样可以有优雅自如的舞姿。

八

短短的两个小时,奎山中学一次又一次让我们目瞪口呆。

我问了王博士一个问题:"奎山中学的做法,在台湾是否是主流?"

他回答:"非主流。但我们一直坚持我们的理念和做法。所以我们从不接受捐款,因为吃了人家的嘴软,我们不想被别人牵着鼻子走。"

其实在提问之前,我就估计这样的学校绝非台湾的主流——不说其他的,就满校园随处可见的安全"明患",教育当局就不会容忍。不只是奎山中学,我们这次来台湾看到的成福国小和道禾实验教育学校,应该都不能代表台湾多数学校。我那天在花莲市晨练时路过一所小学,进去跑了一圈,看到的校园格局和布置,其实同大陆许多学校差不多,教学楼上也写着"团结""创新"之类的校训,橱窗里也是学生的优秀作文之类的。所以我对老师们说:"我们到台湾来看的,都是他们最符合教育本质的学校,但这未必代表台湾基础教育的整体水平。我们不能看了这么两三所学校,回去就大谈'人家台湾教育如何如何';同样,如果台湾的教育同行到大陆去考察,我们给他们看的,也是素质教育做得非常棒的学校,如果他们由此盛赞大陆基础教育如何了不起,那不是盲人摸象吗?"

我对奎山中学这样的"非主流"肃然起敬。告别时,我对王博士说:"奎山中学,为我们这次台湾之行画了一个惊叹号。我想说的是,你们许多令人惊奇的做法,看起来很是富有创意,其实这'创意'不过就是你们一切都从儿童的角度思考问题,只要心中随时装着孩子,一切所谓的创新,都是自然而然发生的。你们是以'儿童的视角'办学校。"

王博士握着我的手说:"正是,正是。"

在大陆,太多的学校把"以人为本"挂在嘴边,把"办人民满意的教育"写在文中,把"一切为了孩子,为了孩子的一切,为了一切孩子"镶在墙上;而实际上,一切都是成人视角,追求的多半是办"局长满意的学校"和"媒体关注的学校"。这是一种教育的"叶公好龙"。

愿我们每一个教育者都拥有真正的"儿童视角"——

用儿童的眼睛去观察,用儿童的耳朵去倾听,用儿童的大脑去思考,用儿童的兴趣去探寻,用儿童的情感去热爱!

2016 年 4 月 11 日深夜至次日凌晨

与"真爱梦想"的老师一起飞翔

一

记得当时我去办签注，心里很是不爽。因为赴台的日期延后了，确切的出发时间待定，而且一拖再拖，这让我很被动。牵一发而动全身，改一个日期都会像倒塌的多米诺骨牌一样影响我后面的工作。为办签注我都跑了两趟，如果再往后推，我将无法前往。

这次台湾之行，是上海真爱梦想公益基金会搞的一次公益活动。他们将去年参加全国真爱梦想课程赛课的优胜者集中起来，组织到台湾游学，所有费用均由基金会承担，也就是说，老师们不花一分钱便可享受一次为期八天的台湾之行。真是机会难得。

但台湾对于我来说，并不如对其他老师那样有吸引力，因为我已经去过两次了。我在微信上跟溯悦说："我干脆放弃算了！反正我都去过两次台湾了。"但溯悦用非常温柔甜美的声音给我留言，说基金会为这次台湾之行克服了很多困难，旅行社迟迟不能确定出发时间，而全国各地的老师们各自的情况也不一样，有的因为地处偏僻，比如云南、贵州、甘肃等边远地区，办理相关证件手续很是麻烦。她安慰我说："来得及来得及！"同时，微信上有不少老师也对我说"一辈子都没出过这么远的门，何况这次要和李老师一起去台湾，一想起来就很兴奋"。这些话既让我感动，又让我惭愧。我问自己：你忙，难道其他老师就不忙吗？为什么你就不能将就一下其他老师呢？骨子里面还不是把自己当作需要照顾的"专家"了！

于是，我又给溯悦发微信："明天早晨再去出入境管理处办签注。只是如果又要延期的话，我办了也没用，就白跑路了。但是，我想，人家云南、贵州的老师比我更艰难。如果真的不能去，就算是我这个所谓的'专家'对老师们作出的'牺牲'吧！——无非就是多跑路，浪费点钱。"溯悦马上就表扬我："李老师，您真是一个温暖的人！我已经作好一切准备被大家吐槽，您还这么理解。感谢，感谢！我们的工作都值得！"

那一刻，我就像小学生得到老师表扬似的，心里美滋滋的，自己都觉得自己高尚得不得了。

后来的一切都证明，我没放弃这次台湾之行，是我这一生中迄今为止最英明的选择之一。幸好没放弃啊，否则我失去的远不只是台湾的见闻，更有一群善良、真诚而且有趣的老师。那可真要终生后悔了。

二

和梦想老师一起飞向台湾，是一次既有意义又有意思的旅行。因为他们真是一群有趣的人。

不过，我想先说说这次台湾考察活动的组织者，就是上海真爱梦想公益基金会的五位"干部"：陈溯悦、申宇、文慧、张霞和SIMON。（排名不分先后）

说是"排名不分先后"。但我还是得先说SIMON（网名"男得糊涂"，中文名"胡明辉"）。他是这次整个团队的总领队。个子挺拔，相貌英俊，眼眶深邃，貌似欧洲杯某个球队的明星。总之帅得仅次于我。但比帅更让我印象深刻的，是他一口"五味杂陈"的普通话。他是上海人又长驻香港（或者我说反了），我们听他说话比他自己说话还吃力。比如，他首先声明自己的普通话"荒言很重"（方言很重），又说"小菊长相当于系西令，互菊长就相当于互西令"（小组长相当于是司令，副组长就相当于副司令），还有把"相声"说成"上心"……最初我们听着很吃力，到后来不但习惯了，而且每当他咬牙切齿地发表演说时，我们感到特别开心。

他第一次亮相是宣布有关规矩，他的表情如同他颁布的内容一样庄严肃穆，甚至有些凛然正气。可惜，SIMON后来"自毁形象"。有一天早晨，因为头天晚上有几位老师超过了规定时间回酒店，SIMON 先是沉痛地诉说了这几位老师迟迟不归的事实，然后说："结果他们等我们睡了才花（发）红包，更恶劣的系（是），我们已经睡了无华（法）抢红包，红包却让回来得晚的人抢了，这对我们系（是）又一气（次）香（伤）害！"说到此，全车厢的人已经笑得前仰后合。

我一边笑一边想，原来他还会单口相声啊！这么一个可爱的人和我们在一起，"店内外充满了快活的空气"（语出鲁迅《孔乙己》）。

如果 SIMON 属于豪放派，其他几位女干部则应该归入婉约派。她们的确"婉约"——温柔的淑女陈溯悦，说话若春风拂面，笑容如阳光般明媚，还特别细心；文静的雅女张霞，内敛、低调，话不多，甚至我都没怎么听到过她说话，但她爱笑，现在想起张霞，我眼前呈现出的是上世纪30年代无声电影里正迷人笑着的女主角；乐女文慧，豪放爽快，成天乐呵呵的，笑起来特别开怀，而且是那种哈哈大笑，让人看着就特别舒服；"女神"申宇，容易感动，容易流泪，心肠特别柔软，但她更有一种古典的优雅，一笑一颦、或坐或站都有着民国知识女性的范儿。

这几位美女，总是在大家最需要提醒的时候，用柔柔的声音伴着甜甜的笑容给我们以温柔的提醒：明天早晨几点出发呀，早餐在几楼呀，请大家不要忘了什么什么呀，等等。亲切，体贴，可心。如果 SIMON 的话语如同气势磅礴的江水一样激荡着我们，让我们开心，那么几位女干部的声音则如涓涓溪流浸润着我们，让我们舒心。

每当看到溯悦从车厢前面一边点数着人头一边走到后面时，我就想到了他们的辛劳。我们整天无忧无虑，嘻嘻哈哈，他们却随时担心着我们的安全。每天晚上老师们去逛夜市，他们却等候着我们每个人的归来。等累了一天的我们都进入梦乡后，他们却还在房间开会，讨论问题，处理问题，考虑第二天的注意事项。

去阿里山那天，车行山下突然停下，我以为是过关卡检查，周导说："有两位干部不上山，要在这里下。"（"干部"的称呼便由此传开）果然，文慧和申宇下了车，不知她俩要做什么。然后大巴继续朝山上行驶。等我们游山又乘车下山，她们上车了。我问文慧和申宇为什么不上山，文慧说："我们要写这几天的简报，就是老师们参观考察学校的感受收获，得及时发回基金会。"我们听了都很感动。

三

那天在阿里山，我说："比起大陆那么多名山大川，这阿里山实在谈不上有多么美，但我却非常开心。所以关键不是在什么地方玩，而是和谁一起玩。"

这次我之所以感到开心，就是因为和我一起玩的是来自全国各地的20多位纯真可爱的梦想老师。他们大多是80后、90后，相对年长的也超不过40岁。他们的青春气息也让我重新焕发青春。

还是先说我最早认识的七位老师吧！她们是：李毓敏、余道容、岳拉、陈红、李新花、田娜和羊茜。

我说"最早认识"她们，是因为去年12月梦想老师分组集训时，她们被分配在我这组，我担任她们的"导师"。除了陈红本来就是我学校的，是我的同事，其他六位过去都素不相识。但我们一见如故，很快便成了好朋友。

在成都集训期间，我们一起说课、上课、磨课，我领略了她们在台上讲课的潇洒与机智，也感受到了她们在台下准备时的焦虑和紧张。最后一个晚上，我请她们吃火锅，席间谈笑风生。虽然是分别之际，却无半点伤感，因为我们相互安慰说："半个月后，郑州再见！"

半个月后，我们果真在郑州相聚。记得那晚我走进餐厅时，七位美丽的姑娘纷纷拥过来，把我团团围住，真像久别重逢的故人。那气氛让周围的人都很感动。郑州赛课结束，大家又要分别了，但依然没有伤感，因为我们相约："明年春天，台湾见！"

现在，我们不就在台湾相见了吗？

毫不夸张地说，虽然这只是第三次见面，但无论是我和她们，还是她们彼此之间，都建立了亲人般的感情。她们戏称"七仙女"，还按年龄排出了大小——大仙女李毓敏，二仙女余道容，三仙女岳拉，四仙女陈红，五仙女李新花，六仙女田娜，七仙女羊茜。

我就以七仙女的排行为序，对每位仙女作个简单的介绍吧——

白白净净，文文静静，更多的时候，还安安静静，一副大家闺秀的模样。这就是大仙女李毓敏。那天在慈济基金会，她凝神谛听的样儿——嘴唇紧抿，目光专注，已成为我镜头中的经典肖像。不过，讲台上的她却一点都不"安静"，而是激情飞扬，极富感染力。聊天中谈到工作，我没听到她一句抱怨的话，相反，她说起学校的老师，包括校长，以及周围的人，总是充满感恩与敬佩。我感到毓敏的心里总是阳光灿烂，因而她看周围都是满眼明媚的春色。比起我们来说，这次台湾之行，毓敏还有个意外的收获，就是在成福国小见到了老乡——张乃文校长和毓敏居然都是四川资中人！在回来的飞机上，我和毓敏聊天，说到我小时候生活过的古镇罗泉井，毓敏居然说她小时候也在那里玩过。于是，古镇、老桥、小河……成了我俩共同的记忆。相隔20年，我俩同在一个地方留下脚印。如果把这20年的"时差"剪切了呢，那我俩就算是童年玩伴啰！

嘻嘻哈哈，叽叽喳喳，不消说，这就是老二余道容了。她是我们大家的开心果。一来，她的笑声极为爽朗，"哈、哈、哈、哈……"宛如晴天里的响雷，这笑声能够感染我们，让我们也忍不住跟着"哈哈"起来。二来——更重要的是，她喜欢讲笑话，还有用重庆话朗诵《再别康桥》："悄悄眯的，我来了"……只要有她，笑声便源源不断。我和她还有个共同爱好，那就是吃辣椒厉害。每次吃饭，我俩都找海椒吃。如果哪样菜有辣味，或者说在哪个盘子里抬到辣椒，我俩都会想到彼此因而给对方递眼色："嗯，这个巴适（正宗）！"我给她抓拍了几张肖像，都是笑得眯着眼，张着大嘴巴。一看照片，就能听到其笑声，并情不自禁地跟着笑了起来。道容看上去大大咧咧的，其实心肠特别细腻，很容易被感动。那天我在微信群里发了一篇《母亲的故事》，她读得泪流满面。最后一天在台北桃园机场，她一直帮我拖着行李箱，叫她给我，她坚决不干，倒好像我是要抢她行李的劫匪。

柔和，柔软，柔美，柔声细语——三仙女岳拉是一个很柔的美人。她的笑容特别妩媚。椭圆脸上，嘴角俏皮地上翘，眼睛眯成一条弯弯的缝，连眼角都盛满了快乐。岳拉是我最满意的人像摄影模特之一。因为她的美丽，也因为我的敏锐，在她浑然不觉之间，我为她抓拍了好几张生动的肖像。看着自己的照片，她开心极了，直说："原来我这么漂亮啊！""岳拉"这个名字就颇具唯一性，平时我们都叫她"啦啦"。我曾对她说："如果你有个弟弟或妹妹，应该取名'岳常'。这样，你俩合起来就叫'岳拉岳常'，越拉越长，哈哈，兰州拉面！"

四仙女陈红是我的老朋友了，因为我俩是同事。但平时在学校的时候，可能是因为大家都忙，我和她很少交流。校园相逢，往往彼此点头微笑，便匆匆擦肩而过。但我知道她是一位非常棒的老师，这次在真爱梦想课程大赛中，能够获得特等奖，便是明证。获奖后的陈红虽然开心，但并没有欣喜若狂，而依然那么淡定，因为她更看重内心的幸福感。她以自己的教育行为不断阐释着"幸福比优秀更重要"的理念。如果要说"仙女"的话，她苗条的身材最符合古戏台上仙女的形象了。当然不只是身材好，我们的四仙女有着大学生一般的清纯和美丽。那天在慈济，我看她笑盈盈地走过来，赶紧端起镜头，"咔嚓"一声，一个青春袭人的大三女生形象便定格在我的相机里了。

黝黑而健康的肤色，富于雕塑感的面部轮廓，线条分明的五官，尤其是那因皮肤黝黑而更显明亮的眼睛——"炯炯有神"这个成语好像就是为她眼睛而创造的。这是我们的五仙女李新花。李新花的美是一种略显粗犷的美。看见新花，我们会油然想起高山与森林，河流与原野，白云与蓝天。是的，新花正是从云南高原的澜沧江畔走来，她是我们这个团队中唯一的拉祜族老师。她能唱好几首动人的拉祜族民歌，每次她一展歌喉，我就感到一股清泉沿着山涧喷涌而出，那么活泼泼的，充满生命力。在台湾的大巴上，她每天都和我并排而坐。在和她聊天中，我知道了她对学生的爱，知道了她身在美丽的云南，却哪儿都没过去，丽江、大理、腾冲、香格里拉和泸沽湖……和她统统没关系。每次上车，她总要说"我还是要挨着李老师坐"，其实这是我的荣幸。

我相信任何人第一眼见到田娜，都会感到一种源于青春与清纯的少女之美。一双大得有些夸张的明亮眼睛，一头如瀑布般秀美的长发，一张很中国很稚嫩又很光洁的脸，脸上的笑容如和煦的阳光。她沉静的时候更具韵味。或仰头凝视，或俯首沉思，让人感到这姑娘可有内涵呢！和她聊天，得知她工作时间并不长，却经历丰富，在靠近大都市重庆的彭水教过中学，后来因家乡情结而回到了偏僻但美丽的酉阳小县城，在郊外一所学校默默地和孩子一起沐浴着阳光与清风成长。因为热爱教育，所以加入了真爱梦想的团队。那次来成都参加培训，早晨从家里出发，一直到很晚才到成都。当我们已经吃了饭坐在客厅看电视时，她还在夜色中的大巴里颠簸，让人感到这柔弱姑娘的身上所蕴含的坚韧。记得当晚我在微信上和她聊天，感叹她路途艰辛时，我说："田娜，天哪！"后来她终于安全到达，我又发去一条问候的微信："田娜，甜呐！"

老七是羊茜，一个90后小姑娘。我给她拍的那张凝神谛听的照片，萌翻了好多人。照片上的羊茜，黑框眼镜后面的眼眶已经湿润，明亮的眼睛蓄满感动，目光专注，凝视着吕凤英老师讲着一个个关于爱心的故事。羊茜手捧稚嫩的脸蛋，嘴角因感动而紧抿。她似乎已经完全忘记了周围的世界，整个身心都沉浸在感动之中。老师们从这张照片上看到的是羊茜的可爱，是她的"萌萌哒"；我却看到了她的善良。是慈济善良的光芒，照亮了羊茜同样善良的心房。我想到在成都集训时，羊茜特别紧张，课上得也并不理想，但我们都鼓励她。后来因为她还要赶回学校参加另外的赛课，而不得不提前和我们告别。看着寒风中她远去的背影，我想，这小丫头的内心可真够强大的。

四

因为成都集训，我对"七仙女"的了解自然就比其他老师多一些。但八天台湾之行，我对其他老师也有了一些感受，这些感受虽然不如"七仙女"那么细腻，但印象都非常不错。

这次的团队中，最活泼最让人开心的，莫过于黄欣欣了。她给人最深的印象是，随时都精气神十足，好像有使不完的力气，走路都是蹦蹦跳跳，步子富有弹性，完全是十五六岁少女的气质。她特别爱笑，而且她的笑容具有强烈的传染性，只要你看着她眉飞色舞的模样儿，自己都会忍不住咧开嘴。她的幽默更是大师级的。第一天晚上在深圳见面，她的自我介绍就让人捧腹："我姓黄，黄色的黄，来自东莞，东莞扫黄，我被幸运地留下了……"话音刚落，不少老师已经笑得岔气。但黄老师淡定自若地继续介绍："我名叫'欣欣'。第一个'欣'是'欣喜'的'欣'，为台湾游学而欣喜若狂；第二个'欣'是'欣慰'的'欣'，为能成为一名梦想老师而欣慰不已。"这两个"欣"不就是一个字吗？硬是被她讲成了两个字。众人再次大笑。大伙儿一致认为，如果这次没有欣欣，我们的台湾之行将黯然失色。不过欣欣并非随时都笑逐颜开，那天在车上，她一边读我写的关于母亲的随笔，一边擦拭眼泪，让我看到了她一颗柔软的心。无论开怀大笑，还是动情流泪，都源于欣欣善良的本色。当然，更多的时候，她的确给我们带来了欢乐。虽然分别已经两天了，但写到这里，想到欣欣，我心里还是暖融融的，嘴角又忍不住翘了起来。

原娟，名字秀丽，却有一种男子汉的豪爽与担当。那天在阿里山嬉戏打闹时，她像捉小鸡似的把武强拎起来抱在腰间，让我们都觉得横在她半腰的武强实在是既不"武"也不"强"——白白辜负了"武强"这个名字。同时又觉得"力拔山兮气盖世"这句话本来是属于她而不是项羽的。我总觉得她有点"生不逢时"，因为如果时间倒退几百年上千年，她应该是花木兰或穆桂英。不过，生在今天，她就是我们心中最美的原娟。这次我见她最美的形象，是她弯腰蹲在大巴下面帮大家搬运行李箱的时候。不是一次，而是每次，或者是出发前装行李，或者是到达目的地时卸行李，我们亲爱的原娟总是不惜蜷曲着自己魁梧的身躯（不好意思，这里说"魁梧"有些失敬了）吃力地猫在那狭小黑暗的空间里，吃力地劳作。有一次，我还亲眼看见她不小心把头撞在了车门上。当时我问她："疼吗？"她一边揉着头，一边说："没事儿没事儿！"但她的眉头分明是皱着的。我想，原娟其实根本没有想到要"学雷锋"——关雷锋什么事儿呀，没有雷锋，我们的原娟还是那个善良的原娟。是的，她所做的一切，不过就是她的善良天性使然。而这份善良的芬芳，至今还氤氲着我。

我还想到了张军。全国中小学教师中，男教师越来越少，而小学教师中，男教师就更少了。因此，这次我们团队中，只有张军、郭云和武强是男教师。物以稀为贵。"女儿国"里有了三个帅哥，自然会有很多有滋有味的故事。三个帅哥，今天我只想说张军。但我不说他那些永远搞不清是真是假的"绯闻"，也不说他扭着屁股从车头走到车尾的喜剧，更不说他那天在大巴车上对黄欣欣和张婷"动手动脚"的"非礼"，我只说他对我真实的帮助。那天我们要坐火车从苏澳新到花莲，大件行李都放在车上，但我的双肩包里有相机，我便决定自己背着。张军见状，不由分说"抢"过我的双肩包便背上。我说"不用不用"，他却一点都不听，只顾朝前走。就这样，无论在车下，还是在车上，他一直帮我把双肩包背到了花莲。现在这个年代，都说雷锋成了传说，可张军不就是"活雷锋"吗？当然，还有我前面说的原娟。

还有向开薇。其实开薇也算是我的老朋友了，因为在郑州我就听了她的课，她的课上得真好，生动活泼，精彩纷呈。她因而和陈红一样，荣获特等奖。我欣赏她的不仅仅是她那堂课，还有她那堂课展示出来的作为优秀教师的素质。且不说她新颖的教学设计，从容的课堂组织，出色的口头表达，亲和的师生关系……单是黑板上那一手秀美得亮瞎我们双眼的粉笔字，就显示出了她出类拔萃的基本功。后来我俩有了较多的交流，我再次感到她的确是一位有追求有想法的老师。还有林泉玉。大概是因为她性格文静，为人内敛，我和她交流不多，但我能够感觉到她对我由衷的尊敬。我想说的是，就这么一位不声不响的老师，在从台北到香港的飞机上，因为一个有趣而又感动的细节，让我对她印象深刻且难忘。是这样的，泉玉当时隔着过道坐在我旁边，我偶然侧身看到她拿出一个精致的盒子，然后小心打开，于是一块亮晶晶的男表便闪烁起来。她仔细地端详着，不时用手轻轻地擦拭着上面并不存在的灰尘。她在默默地欣赏着这块表，完全不知道旁边的我正在默默地欣赏着她的欣赏。也是随意那么一侧身，她看到我了，有些不好意思，脸也红了。我没话找话地明知故问："给老公买的？""嗯。"她微笑着点头。我又问："什么表呀？"她摇头说"不知道"。我心里再次升起感动：不知道什么牌子，但她一定觉得这表很好，便给老公买了。刚好见多识广的 SIMON 走过来，她请教 SIMON，SIMON 俯身仔细看了看那表，然后肯定地说："争工表。"我一听便反应过来了，他说的是"精工表"。我情不自禁地惊叹："名表呀！你老公多幸福！"泉玉又幸福而有点羞涩地笑了，好像她手里拿着的，不是她给老公买的表，而是老公给她买的钻石。

我们这个团中的老师各具特色，各有性格，各有故事。遗憾的是，我无法一一作工笔描绘，我这里就三言两语作个勾勒吧！（排名不分先后）

武强，名字既武又强，但其实随时都很温和，脸上的笑容好像从来没消失过，配上生动的言谈举止，大伙都一致认为，此人颇有喜感。

郭云，富有书卷气，颇具男人味，言谈举止风度从容，眉眼之间英气逼人。在慈济凝神谛听时的冷峻表情，已经被我的镜头化作经典。

张婷，当你笑起来的时候，我感到春天的花开满了山坡；当你唱起来的时候，我感到空中的鸟都飞上了云端。

郑秀霞，苗条的身材是一流的，柔美的秀发是一流的，悦耳的歌声是一流的，温柔的性格是一流的……

饶小英，平时在家是怎样的我不知道，反正几天台湾之行我感到你就是一个淑女：甜甜的，默默的，轻轻的，柔柔的……

王颖，几次讲座时你的提问，朴素而有深度，让我看到你小女人的外表下其实有一颗时刻都在思考的大脑。

侯朝霞，温和，大气，文静，随时都笑盈盈的；那天几句天津快板，一下子让满车厢都弥漫着天津麻花和"狗不理"的香味儿。

虞永梅，我镜头中的你，老是微微皱着眉，眼睛里总是闪烁着晶莹的光——这叫"凝神"。那天偶然听你说你的出生年份，我一下子就对你有了亲切感，因为你和我女儿同年。

崔平，善良得像个菩萨，纯真得像个孩子；性格特别温柔，那么和蔼可亲；声音特别好听，那么清脆悦耳——遗憾的是没听你唱歌。下次补上。

王安阳，没有什么依据，我却"无端"地感到她的大气、正气和豪气。那天在深圳酒店大厅交流时，她要言不烦，一语中的，就让我感到了她清晰的思路、准确的表达和独到的见解。难怪她自称"石妹"——"王安石的妹妹"。当之无愧。

麻玉琴，麻辣妹子出湘西，玉洁冰清志亦奇。琴声相伴唱真爱，美在梦想润桃李。

亲爱的真爱梦想的老师们，请原谅我笔拙，不能准确而细腻地写出你们的风采。幸好我这次在台湾为所有老师都抓拍了特写肖像照。这是我为老师们创作的礼物。这些照片都是在你们完全不知道的情况下抓拍的，因此特别自然生动而美丽。你们最美的一瞬间已经被我定格，你们永远在我心里鲜活地笑着。

五

在台湾期间，节奏相当紧张。我们不停地从这所学校奔向另一所学校。一般是早晨八点就出发，有时候甚至七点半就上车；晚上往往也是忙到七八点钟。那天去奎山中学时间很赶，我们一行人居然在大街上奔跑，而且不是短短的一段路，凭我每天早晨锻炼的经验，至少有三公里吧。我们累得上气不接下气。说来可怜，仅有的两次教育以外的观光——台北故宫博物院和阿里山，也只有不到两个小时的步履匆匆，连走马观花都谈不上，纯粹就是表示"来过"。

但是，就是在如此紧张的情况下，老师们还利用晚上时间进行交流，分享着白天各自的收获。有一天晚上，我们坐了三四个小时的大巴车，到酒店都十点钟了，但老师们一下车，便"兵分三路"（三个小组），在酒店大堂，或在房间，展开讨论。

那天晚上，我参加二小组的讨论。老师们的思考和发言，让我感到了他们真的不愧为我们国家当前最优秀的老师。我说："我在你们眼里是专家，我也知道你们对我的尊敬是真诚的，但是除了我比你们多写了几本书，我和你们真的没有什么两样，甚至你们在某些方面做得比我好。你们很优秀！凡是加入真爱梦想课程的老师，都是有'真爱'也有'梦想'的人！"

我又说:"现在我们有的老师喜欢抱怨,的确,我们对教育环境还不满意,但抱怨是没用的。优秀的老师和一般老师的区别在于,他在任何情况下都不抱怨,而力图通过自己点点滴滴的行动改变教育。我们这次到台湾考察的20多个老师,恰恰就是优于一般老师,当一些老师成天抱怨发牢骚的时候,我们在做'梦想课程'。而这一切都是我们自愿的,没人强迫我们,就是因为我们有理想。"

然后我给老师们讲了我的成长经历,我讲我也曾经不被理解,被人争议,但我不管,也不觉得委屈,因为我所做的一切不是为别人做的,而是我自己心甘情愿的选择。最后,当我作出成绩了,认可我的人自然越来越多。"所以,关键是要让自己强大起来。幸福比优秀更重要,就这么简单。"我说。

最后,我给老师们提了三条建议:"第一,要多思考,要有自己独立的大脑,善于鉴别和判断。第二,要多读书,书读多了,就不容易被人蒙骗,信息获取丰富了就会有更接近真相和真理的判断。第三,要多写作,多积累。写作就是反思,就是整理,就是提升,也是为自己的将来留下鲜活的教育故事。"

还有一个晚上,我来到向开薇的寝室,李毓敏、虞永梅、王安阳、郭云、武强等老师正在那里闲聊。他们希望我跟他们说点什么。我便跟他们讲了我少年时代求学的故事。那同时也是我的一段"文革"经历,讲我的故事,也是讲共和国的一段历史,一直讲到我作为77级大学生走进大学校园。老师们听得非常认真。后来我离开后,他们还给我发来短信,说"很受震撼""想到了自己的人生"等。

六

分别的时刻终于残酷地到来了。

从酒店去桃园机场的大巴上,我由衷地感慨:"我要感谢真爱梦想公益基金会这次对我的邀请。你们几位这几天为我们的付出,我们都看见了,并永远记在心里。基金会做了一件非常有意义的事,就是你们唤醒了一批最基层老师的梦想，完全有可能因为这次活动，他们的教育人生得以改变，他们因此受到鼓励而变得更加优秀！谢谢你们，谢谢基金会！我还要说，尽管这次出发之前，我就知道这是一次快乐之旅，是一次感动之旅。但八天的快乐和感动还是远远超出了我的预期。我知道老师们非常尊敬我，把我视为专家，但我要说，你们才真正让我尊敬。你们是一群有理想有追求的一线老师，长期在边远地区默默无闻地守候着孩子，并付出你们的智慧和辛劳。我会继续关注你们的！而且我有一个愿望，争取在五年之内，我一定到每一个老师的学校去看你们！"

"好！""太好啦！"老师们兴奋地喝彩，并热烈鼓掌。

在台北桃园机场下了车，办了相关的登记手续，台湾的周导和我们告别，我们和他一一握手。八天的陪伴，我们感受到了60多岁的他作为国军后代对大陆亲人的浓厚情感和对祖国统一的真诚愿望。好几次说到国事家事，他都哽咽，流泪，泣不成声。他跟我们挥手说"再见"时，我知道其实很难再和他"再见"了，于是，我突然对着远处苍老的周导大声喊道："欢迎您回大陆看看！"

准备过安检了。突然，SIMON把大家召集到一起，很庄严地说："一会儿过了安检进去后，可能大家就要去购物，或转转，估计就不容易集中了。所以我在这里跟大家说一件重要的事。这次台湾游学，也许其他人可以缺席，但有一个人必须来，因为他和我们同行，让我们都感到了此行特别的价值和快乐。他就是我们最最敬爱的——"

老师们突然转过头，一起看着我，大声说："李老师！"

完全没有思想准备，我蒙了。SIMON继续说："为了表达我们对李老师的感谢和敬意，我们给李老师准备了一个小礼物，这个小礼物，是昨天晚上我们老师们临时赶出来的。"说着，他从包里拿出一个信封，郑重地用双手交给我。掌声中，我也双手接过信封。在大家的注视下，我抽出里面的一张卡片，满满的手写赠言以及所有老师的签名，便跃入我的眼帘——

"亲爱的李老师：希望能追随您的脚步，徜徉于教育和爱的海洋！永远敬您，爱您！"

"最最亲爱、敬爱、可爱的李老师：和您在一起的时光好快乐耶！"

"亲爱的李老师，生命中有您真美！愿您身心安康，童心永驻，幸福快乐！"

……

我非常感动，鼻子发酸，一时语塞，只是说："谢谢，谢谢……"

SIMON又拿出一本厚厚的精装书，赠给我："这是昨晚在诚品书店特意为您买的摄影作品集，送给喜欢摄影的李老师！"

溯悦补充说："里面的肖像摄影作品都是上过《纽约时代杂志》的。"

我郑重地接过这本书，感到一份沉甸甸的厚重。我知道这本书凝聚着基金会对我的深情厚谊。

文慧因为还有事需要留在台湾再待几天，她向我们告别，我和她握手，她说："可以拥抱一下李老师吗？"我说："当然。"文慧和我们大家一一拥抱告别。她离去的时候，我看她的眼圈红了，许多老师的眼圈都红了。

台湾摄影师也要和我们告别了，我们向他表示感谢，谢谢他几天来的辛苦。这是一个非常帅的小伙子，八天来一直跟着我们拍照摄像，几乎从没跟我们说过话，他留给我们的形象永远都是端着相机看着镜头微笑。

飞机抵达香港，我们一下飞机，申宇老师要从香港机场直接飞上海，她也要跟我们告别了。还没开口，申宇的眼泪就已经夺眶而出。"女神再见！""女神一路平安！"老师们和她拥抱，告别。当我们去深圳的大巴缓缓驶出机场的时候，申宇老师还站在原地向我们挥手。苗条的身影孤独又凄美。

从香港机场到深圳皇岗口岸还有一个小时的车程。大家都知道一个小时后彼此便要各奔东西。于是，在SIMON的主持下，我们每一个人都说一段话。最开始老师们还很真诚而动情地抒发着自己的离别之情，后来不知是谁用歌声来表达自己想说的，于是"车厢综艺演唱会"开始了。张婷的美声演唱，王颖的贵州山歌，李新花的拉祜族民歌，郑秀霞的"鼓浪屿之波"，侯朝霞的天津快板，余道容的方言朗诵，以及我和七仙女的四川民歌合唱……歌声、笑声、掌声、欢呼声，还有我肆无忌惮的口哨声，几乎要把车顶冲开。

深圳皇岗口岸到了，我们和宋导告别。在和宋导几天的接触中，他的热情、温和和儒雅给我留下了深刻的印象。从和他的交谈中，我知道他比我大一岁，是78级大学生。同一个时代成长起来的我俩，自然有许多共同的情感与语言。临别，我握着宋导的手说："谢谢！您是我见过的最具书卷气的导游！"

老师们还要在深圳住一夜，而我则必须连夜赶回成都，因为次日还有许多事等待着我。我和老师们握手拥抱告别。我跟每个老师说："再见！"他们也跟我说："李老师再见！""李老师一路平安！"

暮色中，我走出口岸大厅，虽然前面有学生来接我，但从"这里"到"那里"的一段路，我感到了空白。一种孤独感油然而生，觉得自己孤零零的，就像刚刚离开了热乎乎的家，离开了亲人。那一刻，我再次真心觉得我们是亲人了。我背着双肩包，推着箱子走着，同时在心里对自己说："我说过以后要去看每一位老师的，我一定要做到！"

2016年4月9日深夜于成都飞济南的航班上初稿
2016年4月12日上午于成都飞武汉的航班上修改

他居然把国家领导人的车拒在了校门外
——李海林的儿童视角

我曾撰文呼吁,教育要有"儿童视角"——用儿童的眼睛去观察,用儿童的耳朵去倾听,用儿童的大脑去思考,用儿童的兴趣去探寻,用儿童的情感去热爱……

前不久,我应朋友李海林邀请去他担任校长的上海新纪元双语学校参观。我在这所新建的学校只待了小半天,但我从一些细节上,看到了海林的"儿童视角"。

没有大路的校园

对于许多学校来说,大门一定要"气派",这个"气派"的标志之一,便是一进门便是一条宽阔的道路,两边辅之以雕塑、橱窗之类。但这所学校的大门一点都不"气派"。一进大门,看不到大路,而是草坪。

海林对我说:"大路是供开车用的,而孩子们上学是不开车的,他们是走进来的,为什么要大路呢?如果有大路,就意味着车可以开进校园去,尤其是领导来视察的时候,车自然就开进校园了,可学校是孩子们的天地。所

以，我在进门后这个地方，弄了一片草坪。一进门，就是一片草坪，领导的车就开不进来了，所有的汽车都开不进校园。后来果真有一位国家领导人来视察，车到门前进不来，也下车步行走进校园。"

我想起我曾经工作过的成都石室中学，这是一所古老的学校。语文教研组的老组长杜学钊老师曾对我说，在民国以前，校门口有一块石碑，上面刻着八个大字："文武百官就此下马"。这是对教育的尊重。而上海新纪元双语学校进门后这片草坪，意味着对儿童的尊重。

富有童趣的草坪

这草坪上有什么呢？按照习惯性思维，我们会想到一些口号。比如，可以在草坪上弄几块牌子——当然会装饰得很艺术，然后上面写着"团结，奋进，求是，创新"之类的校训，或"富强、民主、文明……"的社会主义核心价值观，或"师生共携手，托起中国梦"的标语。这些内容都很好，但过于成人化了，缺乏儿童气息。

海林首先想到的是：如果我是一个6岁到16岁的孩子，踏进这个学校的第一眼，我想看到什么？

"孩子想看到什么？"这是海林设计草坪的唯一依据。这就是"儿童视角"。孩子的世界，应该有花，有草，有树，有小动物……于是，最后建成的草坪，让孩子们走进学校大门看到的是——点缀着高大的树木和灌木丛的起伏草坪。缓坡的高点，有一辆木制的大花车，里面开满了鲜艳的花。花车的左侧，随意摆放了三个大小不一的白色花瓮，里面盛着鲜花。一段枯木，被精心地凿空，里面安置了几丛野花和小草。更有趣的是，枯木前还有一个可爱的小蜗牛雕塑……

能想到蓝天白云的沙坑

海林特意带我来到女生公寓的窗外，指着一片地对我说："这是我学校的沙坑。"嗯？我看不像呀！我弯腰仔细看，哟，真有沙子。不过这沙子

很特别,颗粒很大。海林跟我解释:"当时我就想,这个沙坑里的沙子不能太细,因为太细的沙子很容易撒到孩子的眼睛里;也不能太大,否则孩子们会喜欢拿在手里掷到同学的头上,容易伤着孩子;最合适的沙子是比米粒大一点,比豌豆小一点。"

"哪里有这样的沙子啊?"我问。

他说:"后来还真找到了,这样的沙子还有一个正式的名称,叫米石。我们不辞辛劳,从越南北部湾买来这些沙子,建成了这个沙坑。"

我用手捧起一把端详,真的如米粒,但不是白色的,而是黑色的。海林有些遗憾地说:"可惜不是白色的,我本来是想买白色的,但他们却买回来黑色的。但我还是准备买白色的米石,到时候,这里就有海滩的感觉了。孩子们躺在沙坑里,会有在大海边的感觉,有看到蓝天白云的感觉。"

在全国,不只是上海新纪元双语学校有沙坑,但有如此"儿童视角"内涵的沙坑,可能只能在海林的学校里看到。

湿漉漉的桂花

海林给我介绍三幢大楼之间的一棵桂花树。

他说因为这里是死角,为了不影响校园形象,这棵树曾经被一堵矮墙掩盖了。但当海林看到这棵原来是桂花树,而且是学校里为数不多的最大、树冠最完整的桂花树后,决定让它"大放异彩",给校园多一份美丽,给孩子们多一份惊喜。

经过后勤人员的一番努力,矮墙打掉了,桂花树干周围建起了用防腐木围成的四方形,上面可坐可躺,里面种上花草,还埋了两盏景观灯,晚上景观灯一打开,非常漂亮。秋天来了,桂香满园,孩子们坐在桂花树下看书聊天，十分惬意。

此刻，这棵树静静地屹立在冬天的风里。海林给我讲了一件几个月前的事："那天早晨刚刚下了雨，我巡视校园，路过这里，一下子惊呆了——桂花落了一地，满眼金黄，因为地面是湿的，所以落地桂花也湿润润的，厚厚的一层，就像一层金色的地毯。太美了！"

海林说，他曾经担心来来往往的孩子们会踩着桂花，但他发现，不用提醒，没有一个孩子忍心踩它们，甚至都没有一个孩子捡起一两朵，只是远远地看着，经过这里的每个孩子都笑着对老师说，这桂花真美。

听完海林的讲述，我感到海林为这棵桂花树所费的所有心思，都是为了孩子们这一刻的开心。此时虽是隆冬时节，可我眼前好像正丹桂飘香。

我认识海林快20年了。当年，他以成名作《言语教学论》奠定了他作为著名的语文教育专家的地位。但海林绝不是坐在书斋里的纯粹的思考者，而是且思且行——先后执教过中学语文，担任过教育局副局长，当过重点中学校长和大学教授，最后，他辞去大学的工作来到美丽的崇明岛，出任上海新纪元双语学校的校长。

当他带着我转校园的时候，不停地给我介绍着，言语中出现频率最高的词是"孩子们"。我感到孩子就是他的信仰。

在这所学校待的时间太短了，但我已经从许多细节处感受到了海林的"儿童视角"。拥有一颗贴近孩子灵魂的心，这也许就是一个真正的教师必须具备的——用个非常时尚的词——"核心素养"吧！

2017年1月12日

首尔印象点滴

今年春节是在韩国首尔度过的。因为是"自由行",所以在首尔的一周真的很自由,浮光掠影地有了一些观感。今天不打算全面介绍我的首尔经历,就说几点印象比较深的见闻吧!

一

无论去朝鲜还是韩国,板门店是一定要去的。五年前我从朝鲜一侧去看过板门店,这次我又从韩国一侧进入板门店。板门店是朝鲜战争和朝鲜半岛分裂的见证,也是当今韩朝双方最为敏感的前线阵地。这是一个民族裂痕的起点。别说韩国人和朝鲜人,就是我们这些"外国人",到了这里都不能不感到一种源于悲剧的切肤之痛。

去板门店之前,我们先来到了著名的"第三隧道",它位于坡州,离板门店不远。在20世纪70年代,韩国在韩朝边境非军事区共发现了好几条越过三八线以南进入韩国境内的隧道。据说这些隧道都是朝鲜用于向南入侵韩国的秘密通道。第一条隧道是1974年发现的,当时一名叫金福成的"脱北者"从朝鲜进入韩国,向韩方供述了自己作为测量工程师曾参与了秘密隧道的测量。于是朝鲜企图南侵的秘密隧道不再是"秘密"。"第三隧道"距离地面73米,总长1635米,为拱形地道。地道已经跨过了韩朝的分界线,进入韩国境内435米。

我们按要求戴着安全帽进入了隧道。洞内阴暗潮湿,洞壁上有类似于煤炭一样的黑色痕迹,这是朝鲜人为了掩人耳目故意在花岗岩上抹上炭灰涂成黑色，声称是一条运输煤炭的隧道。隧道高和宽均为两米左右，空间是很宽阔的，据说每小时可以通过一个师的兵力，又"据说"这是朝鲜从中国抗日战争中的地道战受到的启发。可以想象，如果当时这些隧道没被发现，朝鲜一旦突然南侵，会对韩国造成怎样的后果。当年朝鲜准备用于大规模进攻韩国的战争隧道，现在成了韩国的一个旅游景点。这是40多年前的金日成无意中为今天的韩国"开发"的"旅游资源"，这可能是他唯一为韩国的经济发展所作的"重要贡献"吧。

在隧道外面的一块空旷地上，矗立着一座构思奇特的雕塑：地球被分成了两半，横切面是被分裂的南北朝鲜半岛，南北的人们正在奋力推动地球的弥合，寓意渴望南北朝鲜统一。

离开了第三隧道，我们还参观了自由桥、拜望台等景点。自由桥于1953年韩战停战协议签署后铺设，长83米。当时12000多名战俘走过这座桥，高呼着"自由万岁"回到了韩国，"自由桥"也因此而得名。如今自由桥大部分已经被拆除，大概只保留了二三十米，桥的尽头依然保持了当年的原样。许多韩国人到桥上写下自己的祈福，盼望有朝一日能和北方的亲人团聚。在铁丝网上还挂满了彩条，上面写着人们渴望统一、渴望和平的字样。在蓝天下，铁丝网和彩条都那么醒目，"战争"与"和平"在这里对峙。

下午我们乘坐大巴向板门店进发。导游的表情严肃起来，一再提醒我们各种注意事项，比如穿着要求很严格，不能穿短衣短袖，更不能穿迷彩服；又如坐在大巴里不能起身站立，不能用手指窗外，等等。我一下感觉进入了"临战状态"。导游还特别提醒，到了板门店，绝对不能对着朝鲜方面指指点点，以免引起误解而造成"严重后果"。果然，到了板门店韩方一侧，到处戒备森严。除了允许在当年签署停战协议的小房子里围着桌子走一圈之外，不允许四处走动。

出了那个小房子，我看了看远处的朝方一侧，那是几年前我去过的大楼，里面陈列着朝方宣传其神勇的战果，主要还是突出金日成如何英明无敌。我记得当时反映朝鲜战争的宣传画面上，都是人民军战士冲在最前面和美国军人搏斗，而身后是中国志愿军从远处跑来。当时我从展览厅出来后，还可以相对自由地在附近走动，远没有韩方这边"不自由"。开始我还不理解，后来一想明白了：在朝方一侧随便动动，韩国这边是不会那么敏感的；但在韩方一侧稍有不慎，可能对面就会有"动作"。是不是这样的呢？

关于朝鲜战争，60多年来一直是一个没有停歇的话题。是是非非、曲曲直直，见仁见智，争论不休。在此我不想多说。我只想说五年前，我在朝鲜一侧参观板门店时，导游说朝鲜人民都非常感谢金日成将军，因为美帝国主义的走狗李承晚向北越过三八线侵略朝鲜时，正是金日成率领朝鲜人民军打退了美帝国主义的"侵略"。但他们不知道，当年并不是韩国的李承晚"侵略"北方，而是朝鲜的金日成首先突破三八线向南进攻。战争把中国拖了进来，给中国造成了巨大的牺牲。最后的结果，军事分界线依然是三八线。这能说金日成"胜利"了吗？至于金日成"胜利"之后几十年朝鲜的"社会主义建设"的成果究竟如何，已经众所周知。

19世纪，马克思先后在《共产党宣言》和《资本论》中，把社会主义和共产主义称为"自由人联合体"，是比资本主义社会"更高级的、以每个人的全面而自由的发展为基本原则的社会形式"。可到了20世纪一些自称是"伟大的马克思主义者"那里，其治下的"社会主义国家"却灾难不断。我想起马克思曾引用据说是海涅的一句话声称："我播下的是龙种，收获的却是跳蚤。"

二

金旼宣，是女儿的韩国姐姐。她给自己取的中文名叫"好好"。是女儿十多年前读四川大学时访韩结识的一位东国大学的女生。

在中国，现在如果叫没有血缘关系的人为"姐姐"或"哥哥"（不是"×姐"或"×哥"），可能会感到有些别扭，但在韩国这是很自然也很真诚的称呼。女儿告诉我，韩国人的长幼有序、礼尚往来，最明显、最直接地体现在他们的语言里。韩语分为敬语和非敬语，和长辈及不熟悉的人说话一定要使用敬语，只有大家很熟悉或者是同岁之间才可以不用敬语。除了说话的语气，韩国人对称谓也很讲究，我们在韩剧里经常听到女主角叫男主角"哥哥"，让人误会在韩国只有恋人之间女生才会这样称呼男生，其实不然。严格说来，在韩国只有同岁的人才能互相称为朋友并直呼其名，同一所学校或者同一家公司里年龄比你大的是前辈，年龄比你小的就是后辈，后辈见了前辈是一定要行礼的。当然一般人并不用"前辈""后辈"这样的词来相互称呼，因此就用"哥哥""姐姐"来称呼，对后辈则可以直呼其名。我们也许会觉得有些肉麻，但在韩国这很正常，而且在一个集体中大家这样"哥哥""姐姐"地称呼着，自然就拉近了彼此的距离，让人感觉这个集体更团结更友爱。

所以，女儿称比她年长的好好为"姐姐"是再正常不过的了。好好非常热爱饮食文化，并乐于研究，是"韩国传统饮食生活文化研究"专业的硕士。她不只是喜欢韩国饮食，对中国菜也很喜欢，到过中国许多地方；尤其对川菜很感兴趣，先后七次到成都，专门去吃川菜。她还在四川大学学了八个月的川菜烹饪，后来因为汶川大地震，她爸爸妈妈让她提前回去了。她每次来成都，我们都请她吃川菜。

目前，她在首尔开了一间料理体验教室。这个已经被纳入了韩国旅游局资助项目的店不大，每次只能接待五六位客人，所以每天都很忙。客人必须在网上预约。和一般的料理店不同，在这里客人不只是"吃"，还可以"做"——所谓"体验"嘛！每当来了客人，好好会带上他们去农贸市场买蔬菜、肉类等食材，然后回到店里，指导客人一起做菜，从洗菜、切菜一直到吃，体验韩国料理的全过程。在这过程中她会给客人讲韩国料理的一些知识和经验。所以，来她的店体验，不只是吃一顿美食，也是获取韩国饮食文化和学习烹饪技术的过程。

我们是腊月三十去的，好好带着我们逛菜市场，在人山人海中挤到一家家摊位前挑选猪肉、豆腐、年糕、辣椒、海带丝、小南瓜、海白菜……我们问她是不是韩国人也特别重视除夕。我说："中国的年夜饭都在除夕之夜。"她说，韩国不是，今天其实并不重要，家家户户今天都是为明天作准备的，出来买食材是为了明天做年饭。"今天我们都要将剩饭吃完，不留在明天，明年新年第一天，我们上午先在家里的祖先灵位前祭祀，之后就开始做饭,中午一家人团聚在一起吃饭,这是一年中最重要的一顿饭。"我又说:"在中国,春节都会吃特定的食物,比如饺子、汤圆等等。韩国在春节吃什么呢?"她说:"吃年糕。"

买完食材回到店里,我们开始做了。今天除了我们,还有三位来自香港和台湾的客人。我们有的切菜,有的切肉,有的搅鸡蛋……气氛和谐,大家像一家人一样。在炒蛋饼时,需要将蛋饼在锅里翻个身。我拿着铲子,轻轻铲起蛋饼,然后迅速一抛,整个蛋饼便翻了个个儿。大家以为我在家是做饭的好手,其实我平时在家不做饭,但我是会做的,当过知青的人没有不会做饭的,我做的回锅肉、麻婆豆腐等都很好吃呢!

那几天,好好尽可能抽时间陪我们逛街、吃各种韩国菜。初一晚上,她特意带着我们去吃韩国烤肉。作为中国人,一想到烤肉,我们便会想到被穿在竹签或铁丝上的一串串薄薄的肉片,在火上被烤得青烟直冒。韩国烤肉不是这样的。他们在底部平坦的锅里放一大块没切过的肉,翻来覆去地烤,表面熟了之后,再用大大的剪刀将肉剪成一小块一小块的,排列在锅里,这些像仪仗队一样整齐的肉块便慢慢烤熟了。吃的时候,先用一片蔬菜叶将肉裹起来,一起放进嘴里,那真是香啊!

好好还带了一瓶只有十多度的酒,连不喝酒的我也举起杯子向她表示感谢。但她喝酒的方式很特别,就是把干辣椒粉放到酒杯里,就这么一起喝下去。这让我这个酷爱吃辣椒的人都觉得不可思议。

离开首尔的前一天,好好请我们在一家料理店吃面。然后又带我们逛了几条很有特色的街区。临别时她拿出一本精装书送给女儿:"这是我的硕士论文。"我们欢迎她再次来成都,她说:"一定会的,我们成都见!"

写到这里,我愿意为好好的料理店做个广告——

欢迎大家预约首尔的五味料理体验教室,地址在……我也不记得了。那就加个微博 @万颂伊的美食之旅,或是 insta: ome_korean_cooking。

三

首尔市内就有许多景点:景福宫、昌德宫、云岘宫、古韩屋村、壁画村、城北洞等。参观各景点当然是自然风光与历史文化的双重享受，但同样给我留下深刻印象的，还有首尔市民对游客的热情。

那天早晨，我和女儿逛北村——那地方建筑古朴，相当于成都的"宽窄巷子"。当时刚下了雪，四周几乎没有人，因此远处两位身着红色衣服的大妈特别引人注目。女儿看了看她们手臂上的臂章说："她们是旅游流动咨询员。"这样的咨询员在首尔街上有不少。那天去梨花女子大学，快走到时，也是两位红衣咨询员走了过来，很热情地问我们去哪里，女儿用韩语和她们交流。她们很耐心地指着地图为我们比画着。她们完全是自愿的，也是义务的。同样"自愿"而"义务"的还有各景点的免费中文讲解员。

这是一项令我"匪夷所思"的服务——讲解员分文不收，却热情耐心地带着我们转景点，给我们解说。有这么好的事儿吗？当然有，只要游客在网上预约，到了规定时间规定景点，就会有一位义务解说员等着你。

参观景福宫时，已经有一位40多岁的男子在宫墙外等候我们了。他态度热情谦卑，带我们进入宫门之后，刚要给我们解说的时候，正碰上仿古表演，我们都想看看。他便在旁边等我们。大概20分钟后，表演结束，他带着我们转各个宫殿和宫门。

"我系你们今天的讲解员，我叫刘成爷……"他吃力地自我介绍，怕我们没听清楚——实际上我确实没听清楚，他拿着挂在胸前的标志牌给我们看："景点解说师柳承烨"，原来他的名字是这三个字，不是"刘成爷"。

他的汉语明显很不流畅，但他特别认真，特别热情。我们跟着他，每到一处他都尽力给我们介绍，而且不是一般地讲"是什么"，还要讲"为什么"，围绕着"为什么"自然牵出许多历史，这更增加了他的讲解难度。有时遇到中韩语言表达的差异，我们会有些不解，他就会很耐心地解说。比如，说到宫殿里一个设备的用途，他用了"消火"这个词。这个词在中文里面显然是表示"消消气"的意思，但他要表达的是"把火扑灭"的意思，我女儿熟悉韩语，马上给他提示："汉语说的是灭火。"还有一处讲到一个历史典故，他说了一个中国古代的书面用语："敕使"。我女儿说："就是皇帝的使者。"这些表述连今天普通的中国人都不用了，可见他的中文水平至少从书面上看其实是不差的。但就是口语可能还不熟练，好些地方说着说着卡壳了，他好像想不起那个相应的汉语词语，于是拿出随身所带的一个大本子——里面有他今天的解说内容，还有一些生僻的词——翻给我们看他要表达的那个词。比如，在介绍一座石桥上的兽型图案时，他说"这是，这是……"他马上翻到本子的一页，用手指着其中一个词给我们看："瑞兽"。我们一下明白了，"对，是瑞兽。"他也如释重负，很开心的样子。那副认真样儿，实在是让我们感动。

他跟我说，他一直对汉语有兴趣，曾经在上海待过两年。我问他的本职工作是什么，他说："我在一所大学工作，教围棋。"我说："是教授。"他点点头，腼腆地微笑着，好像有些不好意思。我问他为什么要来做志愿者，他想了想，说："这也是学习嘛！"我说："今天是大年初一啊！"他笑了："那我更应该出来了，因为如果在家，老婆肯定让我做这个做那个，今天是最忙碌的，要准备年饭。"我们都笑了。

第二天我们在城北洞参观几位历史文化名人故居时，义务解说员是位60岁左右的大妈，名叫姜庭华，看上去特别慈祥，总是笑眯眯的。和昨天的柳承烨相比，她的中文可就流利多了，一点交流障碍也没有。讲起韩国文化以及和景点相关的人物，真是如数家珍。

我问她以前是什么职业，她说退休前是中学教师。我一听就感觉特别亲切，我说我也是中学教师。她脸上的笑容更明亮了："是吗？"我说："我是教语文的，您呢？"她说："我是教数学的。"说到教育，我们聊开了。我问她韩国中学的班额多大，她说以前比较多，50多个学生，现在只有30多个。她也说当老师很辛苦的，一周要上15节课。我问："韩国有班主任吗？"她说："有呀！班主任就更辛苦了，所以很多老师都不愿意当班主任。"这点和中国倒是一样的。

我问她："你们这种志愿者讲解员在首尔多吗？"她说："现在挺多的，大概有两百多人吧！这项制度已经实行有十多年了。"我问："您平时是几天出来做一次义务讲解员呢？"她说："每个月要接待十批游客左右。"我一算："那就是平均三天一次，每周两次。"她说："差不多。"我又问她："您为什么想到做这个志愿者呢？"这个问题是我一直不理解，一直想问的。她说："我愿意为社会做点事，为别人服务，我觉得很有价值。我也在传播我们国家的文化，让更多的人了解韩国，这很有意义。再说，和你们在一起，对于我也是一种学习，学习历史，交流文化。"

她说得很平静，很自然，我却很感动。我想：这不就是"爱国""文明""友善""敬业"吗？原来韩国也有他们的"核心价值观"啊。那么，他们的"核心价值观"怎么会那么深入人心呢？

四

去首尔不能不去景福宫，去景福宫自然会看到光化门和光化门广场。如果说首尔的景福宫相当于北京的故宫，那么首尔光化门就相当于北京天安门，而光化门广场则可以看作首尔的"天安门广场"——虽然前者远不及后者那么宽阔。

广场上有两座著名的雕像，一座是李舜臣的雕像。李舜臣是朝鲜王朝著名的海军将领，民族英雄。在16世纪日军侵朝时，曾立下汗马功劳。1597年，在朝鲜南部的珍岛与朝鲜本土的鸣梁海峡（今韩国属地）仅靠12艘舰船击败敌军300余条船。1598年在露梁海战中牺牲，享年53岁。还有一座雕像是世宗大王的雕像。世宗大王名李祹，朝鲜王朝最出色的君主之一。他共在位32年，在位期间是朝鲜王朝的鼎盛时期，朝鲜社会文化得到长足发展，他还创造了谚文，为朝鲜之后的语言和文化发展带来深远影响。后世的韩国史学家通常都尊称他为世宗大王，同时，他也被称为"海东尧舜"。

但我今天不打算详细介绍这两位韩国人心目中的历史伟人，也不打算讲光化门附近景点的建筑风格和历史沿革——只要百度一下便一目了然。我想说说我在光化门广场的见闻和感受。

刚走进广场，就看到李舜臣威武的雕像巍然矗立，但更夺人眼球的是广场上还有许多帐篷，显然是示威者为驻扎此地而临时搭建的。帐篷上有许多横幅，横幅上是朴槿惠、崔顺实等人的肖像以及各种标语。李舜臣雕像下有几个用塑料做成的人像，其中最"触目惊心"的是朴槿惠的造型，她的脖子上扎着一个巨大的针筒。这是嘲讽她在"岁月号"客轮沉没时正在打美容针。还有一个模拟的笼子，里面关着被缚的朴槿惠以及"亲信干政门"的有关人员。

我请女儿给我翻译了几条标语，都是质问、抨击朴槿惠在"岁月号"沉没时的表现和她的"亲信干政门"的。有一条标语是写在朴槿惠头像旁边的："岁月号沉没的七个小时里，朴槿惠在做什么？"接着印的是朴槿惠的回答："学生们都穿着校服，难道会找不到吗？"如此攻击和丑化国家领导人，让我目瞪口呆。

好好告诉我们，光化门广场是前段时间首尔市民烛光游行的地方。韩国是允许游行的，允许民众对政府领导人公开表达不满，但游行是有规定时间的，就是星期六，到时候警察会来维持秩序。我想到刚到首尔的第二天，我在首尔广场也看到类似的一幕：帐篷林立，横幅夺目，还有人在广场上情绪激昂地演说。一位中年男子主动过来对我们讲他们的诉求——要求朴槿惠下台。女儿和他交谈了几句，问他能不能解释一下这件事的究竟，他说："这件事恰恰是荒唐到无法解释的，因为不合常理；如果能够解释得清楚，我们就不会来这里抗议了。"

我想许多中国人和我一样，其实对朴槿惠曾经颇有好感。但韩国人民认为，好不容易用几代人的生命和鲜血结束了独裁统治，换来了民主制度，那就要拼命捍卫它，不允许它有一丝一毫地被玷污。朴槿惠作为一个女性，也许有很多令人敬佩之处，但作为一个总统，只要违反了民主制度，哪怕是一点点，对不起，人民就有权说"不"，有权要求她"下课"。广场一侧有一幅巨大的标语震撼着我的心："坚持走在正确的民主道路上的大韩民国，该动摇如果不去动摇，那么什么都不会被动摇！"

同样是对国家领导人的态度，我想到了五年前去朝鲜，所见所闻全是对金日成、金正日和金正恩的赞歌，大街上全是金日成和金正日父子的巨幅画像。导游一提起金正恩就热泪盈眶。旅游过程中，导游还安排了一个项目，就是去凭吊金日成和金正日塑像并献花。我当时觉得莫名其妙，但导游希望我们"尊重朝鲜人民的感情"。至于像我在首尔这样以"自由行"的方式旅游，在朝鲜是不可想象的。当时明确规定，任何游客不能随意离开导游,到了住地不能走出酒店。同样是朝鲜半岛,却有如此大的差别,我不知道说什么。

离开首尔的那天上午,我们在闹市区的乐天大厦前,还看到几位年轻人举着牌子表达他们的意愿。牌子上用中韩英三种文字写道:"乐天,不要提供萨德用地!"关于部署萨德,在韩国也有完全不同的声音,有不少反对者。不过,同样是反对萨德,有的是反对部署萨德,有的并不反对部署萨德但反对部署萨德这个决策的程序。好好说:"在韩国一个重大的决策应该是国会提出,然后议员们投票决定。不能是总统或几个人说了算。"她的意思是,因为老百姓纳了税,所以国家哪怕是用一分钱,都不能是总统一个人决定。

顺便说一句,这次我到韩国旅游,网上就有朋友说我在这个时候不该去。对此,我不想多解释。但我想说的是,作为中国人,我当然反对萨德入韩,因此我对所有反对萨德的韩国人都有几分敬意。这敬意一方面是因为他们"帮中国说话"——其实我也知道,人家也没想过要为中国"主持正义",但他们的反对声毕竟客观上是有利于中国的;另一方面,也是更重要的,我敬佩他们表达意愿、监督政府的勇气。当然了,所谓"勇气"也是我的感受,人家也许并不需要什么"勇气",他们只是行使宪法赋予自己的不可剥夺的权利而已。

2017 年 2 月 1 日